晚清危亡录

战争，以鸦片为名

凤城杜哥 ——

著

天津出版传媒集团

天津人民出版社

图书在版编目（CIP）数据

晚清危亡录：战争，以鸦片为名 / 凤城杜哥著 . --
天津 : 天津人民出版社 , 2018.7
ISBN 978-7-201-13548-9

Ⅰ . ①晚… Ⅱ . ①凤… Ⅲ . ①鸦片战争 (1840–1842)
– 通俗读物 Ⅳ . ① K253.09

中国版本图书馆 CIP 数据核字 (2018) 第 147181 号

晚清危亡录：战争，以鸦片为名
WANQING WEIWANGLU ZHANZHENG YI YAPIAN WEI MING

凤城杜哥 著

出　　版	天津人民出版社
出 版 人	黄　沛
地　　址	天津市和平区西康路 35 号康岳大厦
邮政编码	300051
邮购电话	（022）2332469
网　　址	http://www.tjrmcbs.com
电子信箱	tjrmcbs@123.com

责任编辑	章　赪
封面设计	吴黛君

制版印刷	天津旭丰源印刷有限公司
经　　销	新华书店
开　　本	787×1092 毫米　1/16
印　　张	20
字　　数	200 千字
版次印次	2018 年 7 月第 1 版　2018 年 7 月第 1 次印刷
定　　价	49.00 元

目 录

楔 子　天朝奇闻，洋人上访告御状

1. 蛮夷商人在广州

乾隆二十四年六月廿九日（1759 年 7 月 23 日），北京，紫禁城养心殿。

乾隆皇帝的御案上，摊开一封特殊的奏章：一个叫洪仁辉的洋夷，状告广州海关监督李永标纵容家人、属吏敲诈勒索，征收陋规杂费，行商黎光华拖欠商款等七件事。

和洋夷告御状的奏章一起进呈的，还有直隶总督方观承的奏折。方观承在奏折中强调说："（洪仁辉）若非实有屈抑，何敢列款渎呈。"

洋人上访告御状，如此奇事，大清立国百余年来，还是头一次发生。海关官员贪墨不法，欺负得洋人无法忍受，直抵京畿，闹嚷嚷来告御状。如此情势，实属丑闻，堂堂天朝，颜面何存！

乾隆皇帝龙颜大怒，当即批示："事涉外夷，关系国体，务须彻底根究，以彰天朝宪典。"

乾隆皇帝派给事中朝铨赶赴天津，将告御状的夷人洪仁辉带回广州，又谕旨福建将军新柱前往广州，会同两广总督李侍尧，共同审理广州海关贪污勒索一案。

一个洋人，不远万里来到中国，给大清皇帝告御状，这得是受了多大的委屈？

此事的原委，颇为复杂，还得从头慢慢道来。

洪仁辉，本名詹姆士·弗林特（James Flint），金发碧眼的英国人。他曾在广州学过中文，会讲一口流利的中国话。凭着这个本事，他受聘于英国东印度公司，担任翻译。不久，又升任为英国东印度公司的商船船长。

清初，为了对付东南沿海的反清力量，清廷实行严厉的禁海政策，下令沿海省份"无许片帆入海，违者立置重典"。

康熙二十二年（1683年），台湾收复，东南反清威胁解除。次年（1684年），清政府便开放海禁，设立海关管理对外贸易。当时，清政府在东南沿海设立四个通商口岸。它们分别为广州黄埔、福建厦门、浙江宁波和江苏云台山（今连云港）。

这四个通商口岸，除了广州黄埔比较热闹之外，其他三个基本没生意。洋人漂洋过海来到中国，人生地不熟，两眼一抹黑，他们就认准了广州，对其他地方基本没概念。

当时，洋人来中国做生意，日子也是过得憋屈无极限。大清一向以天朝上国自居，所谓通商，在天朝的认识中，不过是施于蛮夷的一种恩惠，是怀柔远人的德政。大清除了在各个口岸设立海关收税之外，再无任何管理外交和外贸的政府机构。

大清官府一向高高在上，根本不屑于和夷人打交道。但是海关负责收缴进出口关税，和夷人打交道就在所难免。为了避免直接同夷商交往，又能有效管理通商收税，广州海关想到了一个巧妙的法子——指定代理人。

广州海关招募了十三家实力雄厚的商行，指定他们代理海外贸易。这十三家商行，俗称"十三行"。其实这些代理海外贸易的商行数量并不固定，时多时少，"十三行"不过是个约定俗成的称呼。

十三行受广州海关的指派，就具有了半官半商的性质，在对外贸易中居于垄断地位。

外国商人到广州贸易，所有的货物都只能卖给十三行。不管他们开出的价格多么低廉，洋商们都只能和他们贸易，因为除了十三行，再无分号。如果敢和十三行之外的人做生意，那就违反了大清律法，到时候非但生意做不成，而且还会让自己死得很难看。

洋商采购货物，也必须经过十三行，不管他们如何提高价格，降低质量。原因无它，只因为他们是官方指定的，和他们做生意才算合法。

行商在中英贸易过程中，既做运动员，又当裁判员。各国商人为了做生意赚钱，只能忍气吞声，任由他们盘剥勒索。

除了贸易，十三行还承担管理约束洋人的责任。当时洋人在大清的地界上混，真的没有尊严，憋屈无限。官府为了"严华夷之防"，对洋人进行种种限制：

——洋人每年夏季才被获准到广州贸易，到广州后，只能住在"十三行街"，不得乱跑乱逛。

——严禁洋妇进入广州，严禁洋人乘坐轿子肩舆。

——严禁洋人私自和中国人接触，严禁洋人学习中国语言文化。

——严禁洋人直接同官府联系，如必须与官府沟通，必须由行商转禀，而且文书必须是言辞恭顺的禀帖。

在中国的传统文化中，商人是士农工商四民之末。黄头发蓝眼珠子的蛮夷商人，更是末等中的末等，根本就不受待见。在洋夷遍地的澳门，中国娼妓都看不起黄头发蓝眼珠子、满脸胡子拉碴的洋夷，压根儿不愿意跟他们做生意。自诩为上帝子民的西洋人，来到孔孟教化的天朝上国，混得连妓女都看不起。

民间尚且如此，作为官方机构的海关，更是不拿洋商当人看。贪污勒索洋人的银子，那真是小得不能再小的事情。惹恼了这些官老爷，没收你的货物，驱逐你滚蛋也是家常便饭。

民国著名近代史学家蒋廷黻先生曾说过："在鸦片战争以前，我们不肯给外国平等待遇；在以后，他们不肯给我们平等待遇。"此可谓要言不烦，一语中的。

2. 宁波口岸关闭了，赶紧滚蛋！

英国商人在广州，遭受海关和十三行的种种克扣和盘剥，生意做得苦不堪言。到了乾隆二十年（1755年）夏天，英国商人才想起，除了广州口岸，大清还有三个能通商贸易的地方。虽然那些地方人生地不熟，情况不清楚，但他们还是决定去试一试。

于是，英国东印度公司船长洪仁辉领头，前往宁波去撞运气。这一撞还真的撞出个鸿运当头。宁波虽为通商口岸，可一直没有外国人来做生意。洪仁辉等驾船而来，当然就受到当地官员和商人的欢迎。

洪仁辉运来的洋货，备受欢迎，被抢购一空。他们要采购的茶叶，价格也比广州的便宜得多。这里没有广州海关形同敲诈的关税，没有广州十三行克扣和勒索，生意自然好做得多。此番宁波之行，洪仁辉赚得盆满钵满，收获喜人。

经过第一次试探，宁波确实是适合贸易的好地方。既然有钱可赚，那么大家一起，同去，同去！于是，外国商船纷纷北上，前往宁波进行贸易。

乾隆二十二年（1757年），洪仁辉再次来到宁波。可是，这次运气极差，赔了个血本无归。

洪仁辉他们兴高采烈地赶到宁波，可宁波官府并没有开关贸易，而是让他们等着。等了没多久，就等来一队中国士兵。他们上来就没收了洪仁辉半船商品，而且还把洪仁辉商船上的火炮全部拆除，统统拉走。

洪仁辉蒙了，这是啥情况？怎么说翻脸就翻脸，为啥没收货物，拆除火炮，总得给个理由吧！

负责没收货物、拆除火炮的官员大手一挥说：这里不让做生意了，你们赶紧滚蛋！

这个官员说得对，这里不让做生意了，宁波这个通商口岸被大清关闭了。

原来，频繁到来的外国商船，让宁波的地方官感到十分不安。于是，他们就将情况奏报朝廷。接到宁波的奏报，乾隆皇帝立刻警觉起来。

洋人频频到宁波贸易，显然不是一个好的信号。在乾隆皇帝的意识里，任何民间自发和主动的行为，都具有危害清朝统治的危险。清朝入关，人口才区区几十万。要统治几亿汉人，必须时刻保持警惕，将一切潜在的威胁消灭在萌芽状态。

如果各个通商口岸都生意火爆，那么汉人就有可能和洋人勾结。多一个通商口岸，就多一个老百姓里通外国的窗口。为大清长治久安计，多余的通商口岸必须关停。

于是，乾隆皇帝下旨：关停宁波、厦门、云台山通商口岸，所有通商事宜皆在广州进行。从此以后，清廷的对外贸易就从原来的"四口通商"，转变为"一口通商"。

清廷改变了贸易政策，洪仁辉还蒙在鼓里，糊里糊涂被收缴了货物和火炮。宁波的官员也懒得向他这个洋夷解释，而是命令他马上滚蛋。

莫名其妙就吃了这样大的亏，洪仁辉无法接受，他背后的东家英国东印度公司也没法接受。于是，他们开始策划，如何打通消息渠道，让大清最高统治者了解中国对外贸易的真相和弊病。

洋人们认为，广州海关贪腐成性，广州十三行肆意克扣盘剥，这些实情大清皇帝都不知道。如果将中外贸易的实际情况上达天听，英明神武的大清皇帝一定不会坐视不理。只要皇帝派出官员进行调查，就会查个水落石出，真相大白。到那个时候，大清皇帝一定会彻底改革这种不合理的外贸体制。

洋人们按照他们的思维，揣度大清统治者的心思，真的算是很傻很天真。中国五千年历史，盛产各种阳谋阴谋，这些高深烧脑的计谋和策略，岂是那些洋夷所能理解的。

3. 英吉利四品文官

经过东印度公司的策划，派洪仁辉进京告御状，以改变中国对外贸易制度，扩大中英贸易的计划开始启动。

乾隆二十四年五月十九日（1759 年 6 月 13 日），洪仁辉等十二人组成的进京上访团，驾驶三桅小船"成功"号，正式从广州出发。为了防止广东官府拦截阻止，洪仁辉等人谎称"成功"号是出海回国的。实际上他们是扬帆北上，准备直奔北京。

洪仁辉告御状，表面的诉求是状告粤海关监督李永标纵容家人、属吏敲诈勒索，征收陋规杂费，行商黎光华拖欠商款等七件具体事。实际的真实目的是，希望推动朝廷严查粤海关积弊，扩大中国对英贸易开放程度。

洪仁辉等人驾着"成功"号一路北上，走到定海四礁洋面，就遭到浙江水师拦截。面对浙江水师的盘问，洪仁辉撒谎说，英国东印度公司准备派两艘商船到浙江贸易，所以先派自己打个前站，提前来联系买主。

定海总兵罗英笏听说洪仁辉是为做生意来打前站的，就派人告知他们：浙江不能贸易，请他们回到广州做生意。洪仁辉见忽悠不过去了，干脆就实话实说，并提出，希望两江总督能替他们主持公道，将告御状的状纸呈递给大清皇帝。

洪仁辉准备告御状的想法，让定海总兵罗英笏十分震惊。他断然拒绝了代为呈递诉状的请求，并派守备陈兆龙率兵船尾随洪仁辉，护送他返回广东。说是护送，其实等于武力押解。

陈兆龙用兵船押解着洪仁辉的"成功"号，向南行驶了三天，然后就返回定海。陈兆龙觉得洪仁辉已经玩不出什么花样了，肯定会乖乖地返回广州。于是，他就回去复命：英船确已南下。

谁知，洪仁辉见陈兆龙返航，就立马掉转方向，继续北上，直奔天津大沽口而去。

乾隆二十四年六月廿四日（1759 年 7 月 18 日），经过一个多月行程的洪仁辉一行，出现在天津大沽口洋面。大沽营游击赵之瑛发现挂着米字旗的"成功"号，顿时大惊失色。大清的海防要地，怎么冒出来这样一艘怪里怪气的船只，这是什么情况！

赵之瑛马上驾船前去讯问。洪仁辉在中国混迹十几年，对大清的官场规矩门儿清。他知道在大清官员的眼里，商人屁都不算，他们只尊重当官的人。于是洪仁辉就牛哄哄地说，自己是英吉利四品文官，有冤情要面禀大清皇帝，到御前告状。

英吉利四品文官驾船来到天津大沽口，这可是大清立国以来，前所未有、闻所未闻的奇事。天津城里已经传得沸沸扬扬，官府也不得不重视。

天津知府灵毓满心好奇，他亲自出马，赶往大沽口拜会这位金发碧眼的英吉利四品文官。

洪仁辉操着流利的汉语，向灵毓倾诉了在广州遭受的种种委屈，并说自己要进京觐见皇上，到御前陈诉冤情。

这可是旷古未有的奇事，灵毓一时有些蒙圈。当官这么多年，奇事怪事见过不少，可今天遇到的事，还真是前所未有，闻所未闻。

黄头发蓝眼睛的外国鬼子要告御状，这事该咋处理？史无前例，自然心中没底，灵毓一时拿不定主意。

4. 洋鬼子进天津

久经宦海的灵毓，在短暂的惊愕之后，马上就从这件事中闻到了银子的味道。眼前这位"英吉利四品官"大人，真是个上天送来的冤大头。灵毓大人准备对这位洋大人下手，弄出白花花的银子来。

灵毓向洪仁辉表示，听了洪大人的讲述，自己深表同情，他愿意向上级汇报洪大人的冤情。但是，代替洋人陈述冤情，此事前所未有，风险极大。如果出现差错，自己头上的乌纱帽就保不住啦。

灵毓大人说愿意帮忙，又说可能承担风险。其中的言外之意，洪仁辉还是品得出来的。毕竟在中国混了多年，对官场上的那些套路，洪仁辉门儿清。

大家都是聪明人，自然沟通起来没难度。

灵毓伸出五根手指头，洪仁辉觉得这个要价太高，于是大摇其头。经过一番讨价还价之后，双方以 2500 块西班牙银圆成交。洪仁辉答应先付 2000 块银圆，等到事成之后，再交付剩下的 500 块银圆。

乾隆二十四年六月廿五日（1759 年 7 月 19 日）下午，收了银圆的灵毓允许洪仁辉的"成功"号由水路开到天津。离船登岸后，灵毓又安排他们前往一处庙宇安歇。

洪仁辉一行进城的时候，受到天津百姓异常热烈的"欢迎"。大家纷纷走上大街，像看马戏团的大猩猩一样，围观洪仁辉等洋鬼子。有些人甚至冲上来，扯他们的衣服，摸他们的头发。

天津的百姓十分惊异，这些黄头发、蓝眼睛的家伙竟然也是人。而且这些所谓的人，脑袋后面竟然没有辫子！没有辫子就敢在大清地面上行走，难道他们就不怕砍头掉脑袋吗？

好奇的老百姓将洪仁辉等人围得水泄不通，寸步难行。虽然洪仁辉见多识广，可面对如此狂热的围观，他还是紧张得脊梁骨冒冷气，手脚不知道该放在哪里合适。

最后，多亏官府派出的士兵解围，洪仁辉一行才得以穿越人山人海，平安抵达灵毓给他们安排的落脚地。

与百姓不管不顾的热情相比，天津的官员显得礼貌而克制。他们以关心英国人的名义，前来看望洪仁辉。其实，关心是假，满足好奇心才是真。

洪仁辉在灵毓安排的庙宇中住了七天。他的呈诉被层层呈递，最后经直隶总督方观承之手，进呈到乾隆皇帝的御案前。方观承还专门另写奏折强调"若非实有屈抑，何敢列款读呈"。

天津知府灵毓，收钱办事，堪称大清"诚信不欺"的"好"贪官。

乾隆二十四年闰六月初五日（1759 年 7 月 28 日）晚六点，京城来了一个官员指名要见洪仁辉。这个官员告诉洪仁辉，皇上已收到他的呈诉，并谕旨大臣前往广州调查处理。洪仁辉明天必须同他一起返回广州，等候朝廷会审。

既然皇帝有谕旨，那就回广州听审。闰六月初六日（7月29日），洪仁辉驾船南归，轰轰烈烈的告御状事件，暂时告一段落。

5. 案情大反转

洪仁辉所呈诉的七条，事实清楚，无须太多调查就可真相大白。广州海关贪墨勒索，证据确凿，粤海关监督李永标罪责难逃。但洪仁辉等洋人希望严查粤海关积弊，扩大中英贸易的诉求，则事关重大，非会审官员可以擅自做主。

两广总督李侍尧、福建将军新柱等会审官员，将案情详细奏报。乾隆皇帝经过一番权衡，授意李侍尧做出了判决：

一是惩处腐败。以"失察"为名，将粤海关监督李永标革职查办，就是先撸官，再调查审理；参与贪污勒索的粤海关役吏"杖流科罚"，就是先扒了裤子打屁股，然后该流放的流放，该罚款的罚款，其中情节严重的，既流放又罚款。

二是免除部分陋规。"规礼名目，一概删除，合并核算。"但因为大部分陋规实际上是政府的半合法收入，故此将这部分合法化。

三是同意英国人提出的一个小小要求，就是对他们带来自己消费的食品和生活日用品免税。"番商食用所需，已征进口，所有出口税银，准予豁免。"

以上三点，算是对洪仁辉呈诉的七条，做出积极正面的回应。可是，接下来的判决，就大大出乎洪仁辉等英国人的意料了。朝廷的判决明显对洪仁辉等人不利。

让案情出现反转的原因是，乾隆皇帝琢磨出，洪仁辉的呈诉言辞畅达，格式正确，而且还可以顺利地呈递到皇帝面前。显然，这中间有精通大清官场规则的奸人在幕后指使。中国人和洋人暗中勾结，这还得了。于是，案子的调查重点就不再是粤海关贪墨等问题，而成为严查何人勾结指使洪仁辉。

经过调查，确有几个中国人和洪仁辉上访告御状有关系。福建籍华侨林怀，在海船上替洪仁辉撰写了告御状的状纸；四川商人刘亚匾替洪仁辉修改和誊写了状纸；安徽商人汪圣仪父子，与洪仁辉关系密切，有暗中指使的嫌疑。

李侍尧按照乾隆皇帝的授意，严加调查并判决如下：

一是英国商人提出多口自由通商要求，被斩钉截铁地驳回，并告以中华体制，不可变更。

二是处理"汉奸"。刘亚匾明正刑典，当众问斩；汪圣仪依照"交结外夷罪"，杖六十、徙一年。华侨林怀远在海外，乾隆帝命设法招回治罪，毋令漏网。其家属如有留在国内者，密拘审讯，务使沿海之民不敢重蹈覆辙。

三是洪仁辉以"勾结内地奸民，代为列款，希图违例别通海口"的罪名，在澳门圈禁三年，期满后驱逐出境。

洪仁辉本来觉得自己的官司稳赢不输，谁知天朝竟判处他有罪，将他圈禁在澳门。三年的圈禁生涯，令洪仁辉苦不堪言。

在中国海关担任过税务司的美国人马士（Hosea Ballou Morse），在其编撰的《东印度公司对华贸易编年史》一书中记载，洪仁辉曾致信英国东印度公司的同事道：

我被关在一幢像笼子似的四间小房子里，全部门和窗都上锁，每晚七时，敲过锣和竹筒四五声后，即行上锁。早晨六时才开启，有两个人睡在室内，防我逃走。

另外还有一封信，更道出了他悲惨：

我的脚水肿很厉害，我不得不穿一双大鞋，在脚跟的三四英寸以上有色肿纹，在伸脚时非常疼痛，希望医生给一些药物治疗……

6. 越级上访，皇帝很生气

黄毛蓝眼珠子的洋人，竟然越级上访告御状，这让堂堂大清国威何存，体统何在！

乾隆皇帝认为，发生洪仁辉事件，是对洋夷管理不严所致。他谕令两广总督李侍尧严加处置，拿出管理洋夷的办法。李侍尧不敢怠慢，精心制定出《防范夷商规条》，上报朝廷。乾隆皇帝立刻批转，并命照准执行。

《防范外夷规条》规定"防夷五事"：

一、外国商人不准在广州驻冬，每年贸易季结束后，立即回国；若有未清事务，可在澳门居住，下年随船回国；

二、只许行商与外国商人交易；

三、不许内地商人借领外国资本；

四、不许内地人向外国商人传送信息；

五、派兵对外国商船进行稽查。

从此，大清国门开始禁闭，苛刻的通商政策被制度化地执行。

洪仁辉做梦也没想到，他自以为将成为后世传奇的告御状壮举，最后竟落得如此结局。自己非但没有改变清朝的贸易政策，反而身陷囹圄，被圈禁在澳门苦熬了三年。外国商人在华受到的种种不公，非但没有改善，反而进一步加剧。

东印度公司的同人们想尽了办法，营救洪仁辉。但是天朝声威不可挑战，他们的努力最终是无济于事。没招了，洋人和大清是没办法讲道理的，只好听凭洪仁辉一个人在中国人的监管下受苦。

乾隆帝宣布了新的对外贸易准则：

内地物产富饶，岂需远洋些微不急之货。特以尔等自愿懋迁，柔远之仁，原所不禁。今尔不能安分奉法，向后即准他商贸易，尔亦不许前来。

这就是"天朝上国"高高在上的姿态，是将中西贸易视为怀柔远人的手段、恩赐藩国的工具，可大可小，可有可无。

于是，一切照旧。

洪仁辉告御状，其实给大清提供了一个主动融入全球市场的机会。可是，大清将洪仁辉圈禁了，也将这个历史机遇关在了紧闭的国门之外。

此后，大清历经了种种磨难。这些历经的种种，皆与资本主义的疯狂扩张和大清紧闭的国门有关。

第一章 虚假的盛世与腐朽的天朝

1."大"而不"盛"的康乾盛世

乾隆二十四年（1759年），洪仁辉直奔天津，要进京告御状。这一年，正是大清剿灭新疆大小和卓叛乱，国力达到顶峰的时候。在举国形势一片大好的时期，一个黄头发蓝眼珠子的洋夷跑出来搅局，这岂不是给大清的圣明天子添堵，给大清脸上抹黑？

于是，洪仁辉的结局很悲催。官府将他弄到澳门，圈禁了三年。三年期满，洪仁辉被广东官府驱逐，让他有多远滚多远，永远滚出大清的视线。

清朝入关以后，历经顺治、康熙、雍正、乾隆各朝的努力，国力空前强盛。到乾隆年间，帝国版图北起蒙古唐努乌梁海地区及西伯利亚，南至南海诸岛；东北抵外兴安岭，包括库页岛，东南包括台湾、澎湖群岛；西南达西藏的达旺地区、云南的南坎、江心坡地区等，西抵葱岭、巴尔喀什湖地区。大清国土面积达一千三百余万平方公里，形成一个大一统多民族的国家。

朝鲜、琉球（今日本冲绳）、安南（今越南）、暹罗（今泰国）、廓尔喀（今尼泊尔）等十九个周边国家，臣服内附，接受册封，成为大清藩属国。

雍正四年（1726年），苏禄（今菲律宾一带）国王遣使朝贡。乾隆十九年（1754年），苏禄国王上表，请求将苏禄国土并入大清版图，给人民都上个大清户口。乾隆皇帝觉得苏禄太远，事情太麻烦，所以就客气地拒绝了。

大清强大到如此程度，所以《清史稿》中盛赞："汉、唐以来未之有也。"

从康熙到乾隆年间，大清国内生产总值占到世界的三分之一。国库财政储备充足，最高的年份达到八千万两，常年保持在六千万到七千余万两。

乾隆年间，中国人口接近三亿，约占当时全球人口的三分之一。

康熙至乾隆一百三十多年，大清疆域辽阔，人口众多，经济实力雄厚，史称之为康乾盛世。

但是康乾盛世一直是备受史学界质疑的一个存在。康乾时期，清王朝可谓有"大"而未必有"盛"。康乾年间虽国力强盛、领土广袤、人口众多，可也是吏治腐败、贫富对立、文字狱大肆兴起、国民精神萎靡麻木的时期，远远达不到政治清明、文化蓬勃、精神昂扬的盛世标准。

清朝是从东北山林子里钻出来的落后政治力量，他们能入主中原，完全是机缘巧合，侥幸捡了便宜。清朝入关时，人口不过区区二三十万。靠这么点人，统治人口基数庞大的汉族，他们心里发怵，没有自信。清朝贵族一直担心，汉人起来反抗，将他们赶回东北老家去。

清朝得国不正，根基不牢，所以治国时瞅谁都不放心，皇权政治空前强化。他们重用满人，拉拢蒙古贵族，处处防范汉人。思想管控无处不在，读书人言论和思想稍有出格，就会触动清朝统治者敏感的神经。于是，文字狱大兴，许多读书人因为诗文和言论，不单自个儿掉了脑袋，亲友故旧也受到牵连，跟着一起遭殃。

其中最著名的"明史案"，先后牵连千余人，其中七十余人被杀，数百人流放宁古塔。

清朝入关至乾隆年间，文字狱不断。其中顺治朝文字狱七次，康熙朝文字狱二十余次，雍正朝文字狱二十余次，乾隆朝文字狱多达一百三十余次。

清朝入关初年，各地反清复明活动频繁，满汉矛盾激烈。此时士子缙绅在诗文中，多少会流露出一些故国之思，发泄对异族统治的不满。文字狱兴起，也算是无风不起浪。

乾隆年间，文字狱就成为朝廷党争、互相构陷的工具，多属于捕风捉影，滥杀无辜。胡中藻《坚磨生诗抄》案，就为此等文字狱的代表。

胡中藻，号坚磨生，乾隆元年进士，曾任翰林院学士、广西学政、内阁学士等职。胡中藻著有《坚磨生诗抄》，乾隆十八年（1753 年），有人告密，《坚磨生诗抄》中有"一世无日月""一把心肠论浊清"等诗句。乾隆皇帝大怒，命严查胡中藻诗文和一切"恶迹"。

乾隆二十年（1755 年），胡中藻案审结。胡中藻及族人被处斩，师友多被牵连。

"一世无日月"中，"日""月"合写为"明"字，于是胡中藻就落下有意恢复明朝的罪名。"一把心肠论浊清"在乾隆皇帝眼中变成："加'浊'字放在国号（'清'）之前，是何心肝？"

所谓盛世，面对"明""清"这类字样，竟如此敏感。可见清朝统治者内心虚弱到何种程度。这样的时代，有何面目宣称为盛世！

2. "盛世"的物质基础

雍正年间，清政府实行摊丁入亩政策，即废除人口税，将丁银（人口税）并入田赋征收。这一政策客观上促进了人口的增长，所以清朝统治者就标榜其为"盛世滋丁，永不加赋"。

清朝入关至乾隆年间，人口大量增长。到乾隆五十五年（1790 年），人口已突破三亿大关。全国三亿张嘴都要吃饭，而土地的粮食产出有限，让这样人口基数庞大的帝国人人吃饱饭，可算一个艰巨而庞杂的系统工程。

好在有一种外来农作物进入中国，它有效地解决了老百姓填饱肚子的问题，为大清的"盛世滋丁"提供了物质基础。

这种外来农作物的名字叫红苕。

红苕，又名番薯、红薯、地瓜、甘薯等。红苕好种植，易高产，大江南北、黄河上下都能够落地生根，长得肥肥胖胖。它块儿大面多，顶饥耐饱，实为既能填饱肚子，又可消脂减肥的上佳食品。当然，它也有缺点，那就是吃多了肚子胀气爱放屁，营养价值不值一提。

在饥馑时发的年代，红薯的引入实属大功一件，引进红薯的人绝对是值得世人铭记的英雄。这个英雄人物，名叫陈振龙。

陈振龙，福建省长乐县青桥村人。明朝万历年间秀才，后来弃儒从商，在吕宋（今菲律宾）经商。陈振龙在吕宋，见当地人种植的红薯耐旱高产，生熟都能食用，于是就产生了引入中国种植的想法。但是，当时统治吕宋的西班牙殖民政府，实行红薯保护政策，严禁一切形式的红薯出口。想要把红薯引种到中国，必须冲破西班牙殖民者的严密管控。

明万历二十一年五月（1593年6月），陈振龙避开西班牙殖民政府的耳目，广泛收购红薯藤，然后将它们编进吸水绳中，带回福建。这些漂洋过海的红薯藤，栽进福建的土地中，很快就生根发芽，长出胖嘟嘟的红薯。

就在陈振龙将红薯带回来的当年，福建就发生旱灾。饥馑威胁将至，陈振龙上报官府，红薯可以救灾，建议试种。短短四个月后，红薯收获，解决了饥民的吃饭问题。

于是，红薯正式进入官方视野，流向百姓餐桌。从此以后，红薯开始走向南北各省，成为中国粮食产品中的重要一员。到清乾隆年间，红薯的种植已推广到全国各地，中国人终于有了应付饥馑荒年的底气。

除了红薯之外，玉米这种高产粮食作物，也在清代康乾时期普遍种植。在填报国人肚子的问题上，玉米也是居功至伟。

有了赖以填饱肚子的东西，加上摊丁入亩、永不加赋的政策引导，清朝人口开始不断增加。大清似乎超过前代，成为熙熙攘攘的盛世。

可是，一个以红薯为物质基础的"盛世"，毕竟只是徒有虚名。土地资源有限，而人口不断滋生，大清遍地还是饥饿的嘴巴。

康熙中晚期一位学者唐甄，在其著作《潜书》中说：

清兴五十余年矣！四海之内，日益困穷，农空、工空、市空、仕空。谷贱而艰于食，布帛贱而艰于衣。舟转市集而货折赀，居官者去官而无以家，是四空也。金钱所以通有无也，中产之家，尝旬日不睹一金，不见缗钱。无以通之，故农民冻馁，百货皆死……

民间歌谣往往最能反映世态民生的真实情景。乾隆时期有民谣曰：

> 公公糊灯笼，婆婆拔牙虫。
> 儿子做佣工，媳妇做裁缝。
> 一家无闲口，还是一样穷。

一家四口人人都干活，没有一个吃闲饭的，但"还是一样穷"。到底钱都去哪儿了？

民生凋敝到如此程度，康乾时期也就是个徒有虚名的盛世。

3. 甘肃冒赈案

康乾时期，钱当然不缺，不过它的流转主要在上层进行。在皇权专政的时期，所有财富的累积背后，都离不开权力的支撑。普通老百姓只能艰难度日，根本享受不到帝国经济发展的成果。于是，贫者益贫，富者愈富，贫富两极分化，严重对立。所谓盛世，不过虚有其表，有名无实。

贫富对立的背后，则是帝国普遍的吏治腐败。它就像一个毒瘤，肆意滋长蔓延，侵蚀大清的肌体，让所谓的天朝上国日渐趋向崩溃。

极权专政必然腐败横生，虽然朝廷反腐不遗余力，但根本无法改变无官不贪的现实。康熙晚年，面对官场上无官不贪的普遍贪腐，已是无能为力，放任自流了。

康熙皇帝曾说这样两段话：

人当做秀才时，负笈徒步，及登士版，从者数十人，乘马肩舆而行，岂得一一问其所以来耶。

故朕于大臣官员，每多包容之处，不察于细故也。

康熙的话其实道出了封建帝王面对全面吏治腐败的无能为力。帝国管理需要人才，科举选仕，与士大夫共治天下。这些读书人奔向科举之路的目的，就是为了升官发财。于是，穷秀才中举，就成了举人老爷，举人中进士，就会"三年清知府，十万雪花银"。科举仕进的背后，就是权力地位和聚敛财富能力的不断提升。

面对这样一个从娘胎里就带着腐败基因的群体，康熙皇帝只能说："朕于大臣官员，每多包容之处，不察于细故也。"

乾隆年间的甘肃捐监冒赈案，十分生动地诠释了什么叫作全面腐败，无官不贪。

乾隆四十六年（1871年），甘肃发生叛乱，朝廷急调邻省军队进入甘肃平叛。大军调集，粮草军需短时间难以筹集。这时，甘肃布政使王廷赞主动上书朝廷，声称愿意捐银四万两，充当军饷。

王廷赞忠心体国，捐银子助军饷，这当然是好事。但是乾隆皇帝就纳闷儿，这个甘肃布政使王廷赞咋就这么有钱呢？于是，乾隆皇帝就下令追查，一查就拔出萝卜带出泥，查出一个震惊朝野的甘肃捐监冒赈案。

清初，朝廷在甘肃实行捐监，即读书人可以通过捐谷粮换得国子监监生的功名。捐的粮食由官府仓存，待到灾年用于赈济灾民。甘肃的捐监曾一度停止，后来，有个叫王亶望的官员担任甘肃布政使，他以甘肃仓储不足为由，请求朝廷重开甘肃捐监。

王亶望是个贪污捞银子的高手，他利用重开捐监的机会，授意府县官员，将捐监收谷粮改成直接收银子。收粮食变成收银子，这就留出了多收多占、贪污侵吞的空间。

王亶望在贪污的道路上，不是一个人在战斗，而是上下串通一气，将贪污侵吞的银子，统统私分了。

王亶望升任浙江巡抚后，王廷赞接任甘肃布政使。有前任铺平的捐监冒赈之路，王廷赞就如法炮制，继续上下一体，共同贪污。

前后七年间，历经两任布政使，甘肃共捐监生二十七万余人，收取捐监银一千五百多万两。此项巨款大半归于捏造灾情、滥行冒销，被甘肃全省大小官员私分了。

这是集体作案，上至陕甘总督，下至甘肃省各州县衙役，所有大小官吏无不染指，人人都参与分钱，没有一个干净清白的。

如此严重的贪腐行为，竟然无一人检举揭发，朝廷监察制度形同虚设。案发后，乾隆气得发抖，连连大叫说："官官相护之风，至于举朝皆然！"

按照大清律法，甘肃全省官员，人人都够得上砍头掉脑袋的罪名。但是将所有官员统统弄死，甘肃这么大个省级行政区谁来管理？为此，乾隆皇帝不得不划限：二万两以上者立斩，一万两以下者再议。

即便如此，要判死刑的官员还是太多。乾隆不得已，只好再次放宽标准：贪污二万两以上者，如以前有考核得了嘉奖，可免死。

最后，甘肃冒赈案审结。前任布政使王亶望、兰州知府蒋全迪处斩；后任布政使王廷赞绞首；负有监管责任的陕甘总督勒尔谨赐死。贪污数万两的巨犯处死者 56 人，免死发遣流放者 46 人，革职、杖流、病故、畏罪自杀者数十人。

此案为甘肃官场塌方式腐败，通省官员个个有罪。虽然最后只处理了 113 人，但甘肃行政事务瘫痪达一年之久，大清一个行省，竟然到了无官可用的地步。

4. 陈辉祖调包案

甘肃冒赈案竟然引发了一起贪腐的案中案。

冒赈案的首恶王亶望，被依律处斩，家产籍没。

按照浙江上报的抄家结果，王亶望所有家产达三百万两之巨，其中包括数额庞大的美玉、青铜、瓷器等奇珍异宝。

乾隆皇帝雅好收藏品鉴，对珍玩玉器尤为喜好。于是，他下旨浙江官府，将查抄王亶望的奇珍异宝火速运往京城，入内务府。内务府为皇家私库，东西一进内务府，就成了皇帝陛下的私人财产。

乾隆皇帝对抄没王亶望的珍宝玉器，心中满怀期待。因为他知道，这里面有绝世佳品。去年，乾隆皇帝70寿诞，王亶望曾进贡了一批美玉珍玩。

臣子进贡，君主不能照单全收，而要按照进九退三的祖制，退还其中一部分。王亶望进贡的珍宝玉器件件精美绝伦，让乾隆皇帝爱不释手，一件也舍不得退回。

经过百般挑选，乾隆皇帝最终忍痛将一对玉瓶和一座玉山子退回给王亶望。这些玉器虽然被退回，但乾隆皇帝一直念念不忘，十分挂怀。

现在，王亶望家产被查抄，去年忍痛退回的玉瓶和玉山子肯定就在其中。乾隆皇帝兴致勃勃地亲自查验，结果却大出意料之外。那对玉瓶和那座玉山子竟然不翼而飞！而且浙江送给内务府的这些珍宝玉器，无论材质和设计，大都庸劣不堪。事情太过蹊跷，其中必有隐情。乾隆皇帝便找出抄家簿册，一一详加核对。这一核对，结果令人震惊：登记在册的珍宝玉器竟有上百件不翼而飞；簿册上没有记录的东西，竟然多出了89件。王亶望的珍宝被人掉了包！有人竟然偷偷换走了运往内务府的奇珍异宝，将皇帝念念不忘的珍玩玉器据为己有。这真是旷古未闻的奇事。调包者利令智昏，胆大包天到令人发指的程度！乾隆皇帝龙颜大怒，下旨彻查。

一经调查，案犯浮出水面，真相令人瞠目结舌。调包皇帝珍玩的竟然是堂堂的闽浙总督陈辉祖！

陈辉祖，湖南祁阳金兰桥（今祁东县金桥镇）人，乾隆朝军机大臣、两广总督陈大受的儿子。

乾隆二十年（1755 年），陈辉祖凭借当高官的老子，以荫生的身份授职户部员外郎。这个官二代，一入仕途就是从五品，起点相当高。此后，步步高升，历任郎中、广西巡抚、湖北巡抚、河南巡抚、河东河道总督等职。乾隆四十六年（1781 年）正月，陈辉祖授闽浙总督兼浙江巡抚。

这样一个身受国恩、历任要职的官二代，竟然不念皇恩浩荡，反而大咧咧地调包抄家的珍宝，私吞皇帝念念不忘的珍奇。大清官员利令智昏，大胆妄为到何种程度！大清吏治的腐败，真是空前绝后，令人叹为观止！

甘肃冒赈案，可说是清朝官场贪腐"普及"、人人有份的典型。

陈辉祖调包案，更是大清官员贪腐弊病之深的代表。

一广一深，一纵一横，所谓的天朝上国，其实已经朽烂到根子上了。

5. "英吉利贡使"

吏治腐败，贫富对立，社会矛盾日趋激烈。到乾隆晚年，大清各地已经是民乱蜂起，大清帝国已趋向没落。

在世界的另一端，西方各国已昂首阔步迈入蒸汽机时代，资产阶级登上政治舞台，社会发展一日千里。

在这一消一涨之间，世界格局悄然发生变化。清朝统治者昧于时局，依然沉溺于天朝上国的迷梦中难以自拔，骄傲而愚蠢地守着自己的一亩三分地。

乾隆五十八年（1793 年），英国马戛尔尼使团访华，历史再次为中国打开了融入世界新格局的大门。可是中国并没有及时把握这个重要的历史机遇。乾隆皇帝傲慢地拒绝了英国要求扩大通商的请求，大清因此失去了和西方平等交往、齐头并进的机会。

乾隆五十八年五月廿四日（1793 年 7 月 1 日），马戛尔尼率领使团，在浙江舟山登陆。使团受命于英国国王乔治三世，带着建立中英外交关系、扩大通商的使命，远涉重洋而来。

此时，乾隆皇帝 83 岁寿诞在即。高高在上的清朝统治者自然而然地以为，这是一个化外蛮夷之邦前来祝寿，并具表纳贡。

海外番邦前来朝贺，乾隆皇帝当然龙心大悦。他连颁数道诏书，亲自确定了体恤优礼的接待方案。

马戛尔尼外交使团刚一上岸，接待的中国官员就给插上了一个"英吉利贡使"的旗帜。然后护送着他们，一路浩浩荡荡地北上。

身负建立平等外交关系使命的马戛尔尼使团，就这样被强行安上了"贡使"的名头，远涉重洋带来的礼品也就成了"贡品"。

到了北京，礼部官员告知马戛尔尼，朝觐天子时，必须行三跪九叩的大礼。这个要求让马戛尔尼感到崩溃，他认为这是屈辱的要求而坚决拒绝。

在马戛尔尼看来，中英两国都是主权国家，作为大英帝国国王的使者，根本没有向大清皇帝下跪磕头的道理。可在大清官员眼中，普天之下莫非王土，朝贡的番邦使者，岂能妄称平等，不行跪拜之礼。

双方为了朝觐的礼仪，争执不休。马戛尔尼访华之行，眼看就要无功而返。

此次访华，英国准备了很久，如果就此泡汤，那就十分不划算。最后，马戛尔尼决定让步，以此换得大清皇帝的接见。

乾隆五十八年八月十三日（1793 年 9 月 17 日），马戛尔尼在承德避暑山庄，谒见乾隆皇帝。对于觐见时有没有三跪九叩，中英双方说法不同。

马戛尔尼使团的记载是：马戛尔尼等人按照觐见英国国王的礼仪，单膝跪地，没有磕头。乾隆宠臣和珅的奏折却说：英国使臣等人向乾隆皇帝行三跪九叩的大礼。不管有没有叩头，马戛尔尼总算是见到了大清的乾隆皇帝。

见了面，并不等于完成了外交任务。

在乾隆皇帝和清朝官员的眼中，马戛尔尼就是专为贺寿朝贡而来。现在既然已经一睹天颜，而且拜了寿，送了礼，那就好好玩几天，看看天朝上国的风光吧。玩好了，逛够了，就打道回府吧。

马戛尔尼急眼了，这是要来建交的，这是要进行通商谈判的，怎么能就这样打发我们走呢，于是提出六项要求，请求通商谈判。

清政府的答复倒也干脆，"天朝物产丰盈，无所不有，原不藉外夷货物以通有无"。你们从哪儿来的就回哪儿去吧。

英国计划中的建交请求，就被乾隆皇帝轻轻松松地拒绝了。马戛尔尼只能无功而返。

虽然没有完成外交使命，但马戛尔尼此行并非一无所获。通过在中国实地走了一遭，他敏锐地察觉到了清朝的衰落。中国普遍的贫富分化、人民精神麻木怯懦，都逃不过马戛尔尼锐利的目光。于是，他得出结论：

（中国）自从北方或满洲鞑靼征服以来，至少在过去的一百年里没有改善，没有前进，或者更确切地说反而倒退了；当我们每天都在艺术和科学领域前进时，他们实际上正在成为半野蛮人。

马戛尔尼认定，清王朝是"一艘破烂不堪的头等战舰"，并预言它将"不再有纪律和安全"。

马戛尔尼摸透了清朝的底细，可是傲慢的大清皇帝和举朝官员，却连英吉利在什么地方都不知道。直到鸦片战争已经开打两年，道光皇帝还在问："英吉利至回疆各部有无旱路可通？平素有无往来？俄罗斯是否接壤、有无贸易相通？"

西方高歌猛进，大清闭目塞听。清政府紧闭国门，沉溺在天朝上国的迷梦之中，自我陶醉。

6. 英国的 "银荒"

大清将"四口通商"改为"一口通商"，严禁洋人潜入内地。这种政策简单点说，就叫闭关锁国。国门紧闭，大清倒是省事了，这可让一心想要扩大对中国贸易的英国，干着急没办法。

在唯一的通商口岸广州，英国商人忍受着广州海关和十三行的盘剥勒索，忍受着种种歧视和不公，辛辛苦苦埋头做买卖。

他们辛辛苦苦从欧洲运来洋货，再贩运中国的茶叶、丝绸、瓷器等回到欧洲。在这来来往往之间，他们发现能够卖给中国人的东西实在太少，而从中国采购的货物数额十分庞大。正式一点的说法，就是出现了严重的贸易逆差。

英国对华出口的商品90%以上，是毛织品和棉织品。日升而作、日落而息的大清老百姓，过着自给自足的小日子。以家庭为单位的小农经济，吃着自种的粮食，穿着自家织的布。洋人的商品，有它不多，没它不少，花那个闲钱干什么？民间对洋货需求量并不大，所以，洋商远涉重洋，靠卖东西赚钱，其结果并不理想。

要想赚钱，就必须贩卖中国的丝织品、茶叶、瓷器等商品回去。欧美各国对这些中国商品的需求量巨大。只要拉回去，保赚不赔。天长日久，就形成了严重的贸易逆差。

长期的贸易逆差，钱都流向了大清。这导致了一个更加严重的问题——"银荒"，即银子不够用了。

当时英国和西方各国实行的是金本位制的货币，而大清实行的是银本位制。英国要和大清贸易，就必须使用白银。在金银的兑换中，英国本就十分吃亏，再加上长期的贸易逆差，这使英国国内产生了严重的白银紧缺。

面对对华贸易的劣势，英国人将希望寄托在外交交涉上，于是他们派出使团，希望改善中英贸易的格局。可结果毫无用处，傲慢的天朝上国，压根儿就不好好搭理这些黄头发、蓝眼珠子的洋夷。

乾隆五十八年（1793 年），马戛尔尼使团访华。乾隆皇帝将他们当成朝贡的番邦使者，压根儿就不同意他们扩大通商的请求。

嘉庆二十一年（1816 年），英国又派阿美士德勋爵率领使团访华。因使团不愿向大清皇帝行三跪九叩的大礼，结果连嘉庆皇帝的面也没见上，就被打发回国了。

在天朝上国的意识里，蛮夷拿着贡品，三跪九叩地来朝贡，咱欢迎；不愿磕头，要求平等通商，对不起，你从哪儿来就回哪儿去吧。

英国试图通过外交渠道，扩大对华贸易的尝试，彻底失败了。

于是，他们就尝试着用炮舰撞开中国的大门。

嘉庆七年（1802 年），英国兵船以防止法国侵占澳门为由，开进伶仃洋面，准备登陆。结果被当时的署理两广总督瑚图礼忽悠加劝阻给糊弄回去了。

嘉庆十三年（1808 年），英国又借口对抗法国，强占澳门，登陆黄埔。嘉庆皇帝得知后龙颜大怒："边疆重地，外夷敢心存觊觎，饰词尝试，不可稍示以弱。"

时任两广总督吴熊光领旨后，立即调兵封锁澳门，在黄埔等地布防。英军看清朝要来硬的，马上撤离黄埔。

武力试探也没什么用。骄傲的大清，堂堂的天朝上国根本就不吃那一套。

7. 鸦片的泛滥

当英国政府面对改变对华贸易的劣势局面，一筹莫展的时候，英国商人们却找到了一个破局的"法宝"——鸦片。

鸦片又叫阿片，俗称大烟，在中国医药宝典《本草纲目》中，它还有一个好听的名字叫阿芙蓉。鸦片源于罂粟植物蒴果，其所含主要生物碱是吗啡。

从史料记载来看，中国人直到唐代才从阿拉伯人那里，对罂粟有所了解，并开始种植。最初它只是被作为观赏植物，像花一样被养着。

宋代以后，人们逐渐了解了鸦片的药用价值，在实践中摸索出鸦片在治疗痢疾、咳嗽、痔疮等疾病上的特殊疗效。中医也认识到鸦片是一种猛药，使用时要非常小心。

明中期以前，中国基本上不存在吸食鸦片上瘾的群体。从明朝末年到清朝初期，中国人吸食鸦片的现象出现并慢慢扩大起来。起先，吸食鸦片只是富裕阶层的特殊雅好。不久，这种雅好就自上而下传播，一直泛滥到各个阶层。

当时，鸦片在中国本土几乎没有种植，所以价格比较昂贵。随着吸食人数越来越多，鸦片的价格也就水涨船高，越来越贵。以致在许多地方，鸦片甚至可以代替金银，成为能够流通的硬通货。

19 世纪初以前，世界各地并未把鸦片视为洪水猛兽，鸦片像酒、烟一样，只是人们的一种嗜好。加之鸦片还有疗病的功能，所以大多数人甚至认为鸦片是一种对人有益的东西。

在对华贸易中，精明的英国商人发现，中国人对鸦片存在特殊的兴趣。于是，他们就从印度等地运来鸦片，再偷偷卖到中国。

鸦片泛滥，引起了大清统治者的高度警惕。

雍正二年（1724 年），雍正皇帝颁布了禁止吸食烟草和鸦片的律令。其中对贩买鸦片的处罚为："兴贩鸦片烟收买违禁物例，枷号一个月，发近边充军。若私开烟馆，引诱良家子弟者，照邪教惑众律，拟绞监候；为从，杖一百，流三千里。"对吸食鸦片者的处罚较轻："收监，俟其戒绝之后，准予释放"。

嘉庆年间，皇帝多次下旨，要求查禁输入鸦片和在国内种植罂粟的活动。

嘉庆十八年（1813 年），朝廷颁行了《官吏、兵弁及人民吸食鸦片治罪则例》。

嘉庆二十年（1815 年），朝廷又制定了《查禁鸦片烟章程》，对贩卖和吸食鸦片的处罚进一步加重。但是，这时王公大臣，八旗绿营，平民百姓大量染上鸦片烟瘾，鸦片的危害已经难以挽回。

朝廷越查禁，鸦片泛滥就越猖獗。这种怪现象的根源就是大清烂到根子上的吏治腐败。巨大的鸦片需求，带来巨额利润。面对发财的机会，谁都不会淡定。英国商人将鸦片运到中国；中国海关官员和沿海士兵纷纷参与其中，收受贿赂，为洋商走私保驾护航。大清政府所谓的严禁鸦片，也就变得徒有形式。

鸦片走私不断扩大，英国对华贸易的劣势就开始得以逆转。原来的逆差变成了顺差，中国的白银开始哗哗地流向英国，换成了黑乎乎的鸦片。英国的银荒问题解决了，而大清则开始白银紧缺，国势日渐衰弱。

鸦片走私，将大清紧闭的国门挤开了一道缝隙。沉溺于天朝上国迷梦中的清廷，即将迎来可悲可叹的风雨飘摇。

第二章　广州禁烟：正义背后的天朝傲慢

1. 严禁派与弛禁派

大清的闭关政策，已无法阻止西方商人走私鸦片的疯狂脚步。道光年间，鸦片走私日益猖獗。从沿海到内地，吸食鸦片之风已泛滥成灾。鸦片吸食成风，白银外流，大清已经财匮民乏，国势危殆。

鸦片泛滥，这是病，得治！

这是朝廷上下一致的认识。可是，如何治理鸦片泛滥的流弊，朝廷内部意见不一，分歧严重。在朝臣之中，出现了弛禁和严禁两种意见。

严禁派以鸿胪寺卿黄爵滋、湖广总督林则徐等人为代表。他们认为鸦片流弊已深，危害巨大，必须严刑峻法，重拳打击。不但要严惩贩卖鸦片者，也要重点打击吸食者。

凡吸食鸦片者，限期一年戒绝；一年戒不了的，是老百姓就咔嚓了，是官员的还要罪加一等，让家属再跟着遭个殃。亲戚朋友、街坊邻里中有人抽鸦片，而其他人知情不报，也要负连带责任。总之，就是要用国家强大的专制机器，把贩卖鸦片和吸食鸦片的那些浑蛋们统统收拾了，还大清一个朗朗乾坤。

弛禁派以首席军机大臣穆彰阿、太常寺卿许乃济等官员为代表。他们认为鸦片流弊由来已久，根深蒂固，一时难以禁绝。不如索性允许公开买卖，对鸦片贸易征收重税；同时允许内地种植鸦片，用国产鸦片打败进口鸦片。如此一来就可以防止白银外流，保证大清财力富足。至于爱吸鸦片的王八羔子们，爱咋咋地，抽死最好，死了也算给大清腾了地方。

其实严禁派和弛禁派的主张各有其合理之处，也各有偏颇的地方。对朝中严禁和弛禁的争论，一向优柔寡断的道光皇帝摇摆不定，拿不定主意。

后来，林则徐、黄爵滋等人说：若犹犹泄泄视之，是使数十年后，中原几无可以御敌之兵，且无可以充饷之银。

这话可是戳到了大清统治者的痛处。如果真的到了要兵没兵、要钱没钱的时候，大清也就离完蛋不远了。道光皇帝被这样的预测吓着了，于是他坚定地站到严禁派的一边，开始以严禁吸食为主要手段，在全国范围内开展针对鸦片的严打运动。

为了表明禁烟的决心，道光皇帝将主张弛禁鸦片的许乃济，降为六品顶戴，不久又将他一脚踢出朝廷，令其致仕回家。吸食鸦片的官员，道光皇帝也揪出了几个典型，予以严惩。其中地位最为显赫的当数庄亲王奕赍、辅国公溥喜。这两个王公，因为吸食鸦片，被直接革去爵位。

道光皇帝玩真的了，全国各地的禁烟运动也轰轰烈烈地展开。其中湖广、直隶、两江、两广等地，禁烟工作颇有成效。

广州是鸦片走私的源头，也是鸦片泛滥的重灾区。若能遏制此地鸦片走私，则全国禁烟工作就会事半功倍。于是，道光皇帝选任湖广总督林则徐为钦差大臣，赴广州专办禁烟事务。

林则徐，字元抚，又字少穆、石麟，晚号俟村老人、俟村退叟、七十二峰退叟、瓶泉居士、栎社散人等，乾隆五十年（1785年）生于福建侯官县（今福州市区）。

林则徐出身颇为贫寒，他父亲林宾日是个贡生，靠教书养活一家老小。教书育人听着高大上，但收入一般都是仨瓜俩枣，不值一提。为了补贴家用，林则徐的母亲常偷偷做些女红手艺，补贴家用。

林则徐 4 岁时，就被父亲林宾日抱到私塾里，教他四书五经。林则徐聪慧好学，父亲林宾日对他悉心教导，寄予厚望。

林则徐 9 岁时就写下了"海到无涯天作岸，山登绝顶我为峰"的磅礴诗句，说他是神童，一点都不夸张。

林则徐 14 岁中秀才，20 岁中举人。嘉庆十六年（1811 年），26 岁的林则徐以二甲第四的好成绩，高中进士，选为翰林院庶吉士。在科举的道路上，林则徐顺风顺水，这为他日后仕途显达开了一个好头。

此后林则徐在官场浮浮沉沉，一路循级晋升。

道光三年（1823 年），39 岁的林则徐出任江苏按察使，成为地方大员，其后转任各省布政使等职。

道光十二年（1832 年）二月，任江苏巡抚。

道光十七年（1837 年），升湖广总督。时年，林则徐 53 岁。这在大清的诸省八个总督中，绝对算年富力强的一个。

在大清的地方督抚中，林则徐以理政细密周到著称，道光皇帝一直对他青眼有加。现在广东禁烟，事关重大，道光皇帝就将这一重担交给了林则徐。他相信，林则徐这样的能吏干臣出马，一定会禁绝鸦片，还大清一片朗朗乾坤。

2. 林钦差严打鸦片

道光十八年九月廿三日（1838 年 11 月 9 日），道光皇帝谕旨：林则徐着来京陛见。

二十天后，林则徐进京，道光皇帝立刻召见。君臣二人凑在一起，商量着禁烟大计。八天之间，道光皇帝共召见林则徐八次，平均每天一次。如此高频率的召见，可说是前所未有。

林则徐受到这般宠信，引起了道光的宠臣——时任首席军机大臣的穆彰阿——的嫉妒，这为日后林则徐倒霉埋下了伏笔。

道光十八年十一月廿三日（1839年1月8日），钦差大臣林则徐离京南下。

道光十九年正月廿五日（1839年3月10日），林则徐抵达广州。从北京到广州，林大人走了两个月，这也没办法，那时候就那种交通条件。

林钦差来了，卖鸦片的和抽鸦片的都要倒霉了，广州靠着鸦片收黑钱的大小官员也没好日子过了。当然，最重要的是，中国历史的一个重要节点也要到了，从此，中国历史将翻开新的一页，而且这新一页的内容并不那么赏心悦目。

林钦差到任后，立刻投入到严打鸦片的工作中去，广州禁烟运动轰轰烈烈地走向了高潮。

对内的禁烟工作继续由两广总督邓廷桢负责，收缴烟土，捕拿烟贩，吸食者限两个月断瘾，并且实行互保株连，奖励揭发。贩卖和吸食鸦片的王八羔子们通通倒了大霉。

对外的禁烟由林则徐自己负责，具体方法就是收缴和甘结。收缴就是强令外国鸦片贩子上缴鸦片；甘结就是让他们立字据，签写一个永不贩卖鸦片，若有违反，货尽没官、人即正法的保证书。

强令外国鸦片贩子上缴鸦片，如果人家拒不上缴怎么办？这不用担心，钦差林大人胸中自有韬略。

道光十九年二月初四日（1839年3月18日），林则徐召集负责对外贸易的广州十三行的行商，颁布了一道《谕洋商责令夷人呈交烟土稿》的谕贴。要求行商传谕夷商，三日之内上缴所有鸦片。如若不交，则从行商中挑出一两名，杀头抄家！

行商获得清政府允准的对外贸易权，在贸易中获得巨利，个个富可敌国，但现在他们也要承担与夷商沟通的义务，成为林则徐制裁夷商的人质。

行商们个个吓破了胆子，跑到广州城外西南的洋人商馆请求他们交出鸦片。但洋商并没有将这当回事，他们觉得新来的钦差大臣所有的动作，不过是和以前一样，想坑更多的保护费。他们一起商量着，这次该用多少钱摆平。

道光十九年二月初七日（1839年3月21日），林则徐再次通过行商传谕，钦差林大人将于明天上午十点前往行商会所，到时候要"咔嚓"两个行商。洋商这时候才感到林则徐是真的要玩狠的。他们紧急举行会议，最后决定交出部分鸦片，保全行商的性命。他们按照公平的原则，依据各自拥有鸦片的比例分摊，最终交出1036箱鸦片。有整有零，不多不少，真不愧是精打细算的商人啊。

洋商们打算交出1036箱鸦片，但堂堂钦差大人可不是好蒙的。拿这点鸦片就想蒙混过关，没门儿！所有鸦片必须全部上缴，这一点坚决不会动摇。

这时候，有人向林则徐报告说，美国的鸦片贩子想要如数上缴鸦片，但有个叫颠地的英国鸦片贩子不同意，而且还从中阻挠。林则徐一听大怒，下令传讯颠地。

也不知道是行商传话忽悠了颠地，还是颠地自己理解有误。反正颠地很高兴，以为是钦差大人邀请自己。他乐呵呵地答应：自己将于3月23日，和行商们一起去拜见林大人。

颠地傻帽儿，但其他洋商可精明着呢。他们在中国混了多年，鸿门宴之类的历史故事应该听说过一点。很明显，林大人绝对不是邀请颠地，颠地去了也许就回不来了。于是洋商们提出要求：必须有一封保证颠地24小时安全返回的书信，而且书信上必须加盖钦差大人关防大印，这样他们才可以放心地让颠地入城。

明明是要传讯颠地，如何保证他24小时返回，这些外夷奸商也太把自己当回事了。还要什么书信，并且加盖钦差大人关防大印，这真是闻所未闻的痴心妄想！

林则徐明确回绝了洋商的要求。颠地和其他鸦片贩子也明白了，这不是邀请，而是要命。这回颠地说什么也不去了。

3. 鸦片贩子的救星——义律

道光十九年二月初九日（1839 年 3 月 23 日），林则徐摘取了行商伍浩官、卢茂官的顶戴（这些行商是有官衔的），给他们脖子上套上锁链，派兵将他们押解到洋人商馆传话。如果颠地再不来，将要强行捉拿。颠地吓破胆了，他通过行商们向林则徐传话，24 日礼拜天，是礼拜上帝的神圣日子，他不能在这一天进城。问题是，拖过 24 日，25 日怎么办呢？弄不好颠地真的要见上帝去了。

就在颠地吓得快要尿裤子的时候，他的救星——时任英国驻华商务监督的查理·义律来了。

查理·义律（Charles Elliot），出身于英国贵族。1815 年入海军，在印度和牙买加服役多年。道光十四年六月（1834 年 7 月），义律以上校军衔，随英国政府派驻广州的第一任商务监督律劳卑来华，任秘书。

道光十六年（1836 年）升任英国驻华商务监督后，义律先生就成了大清的对手，在广州禁烟、鸦片战争等历史事件中发挥了作用。英国人占领香港后，义律出任香港的第一任行政官。可以这样说，这个查理·义律真的是让中国人恨得牙齿发痒的"老朋友"。

道光十九年二月初十日（1839 年 3 月 24 日）下午 6 点，英国驻华商务监督义律从澳门来到洋商商馆。所有洋商一片欢呼，感觉义律这时候就像上帝的儿子——我主耶稣啊。

义律来到商馆后，即刻升起英国国旗，并且把颠地保护起来。同时通过行商传话，只要钦差大人出具盖有钦差大臣关防大印的明文约定，不让颠地和义律自己分离，他就愿意陪颠地入城。

钦差林大人不愿再磨叽下去，二月初十（3 月 24 日），也就是义律进入商馆的当日，林则徐下令：终止一切中外贸易，封锁商馆，撤退仆役，断绝供应。商馆被层层包围，所有的外国商人被围在商馆之内，和外界断了联系。偌大个商馆就成了个拘留所，义律和一帮洋商被林钦差关了禁闭。

撤走了仆役，断绝了供应，商馆顿时要啥没啥，吃喝拉撒都成了问题。义律和洋商们硬撑了三天，终于扛不住了。这没吃没喝的日子实在难熬，义律决定好汉不吃眼前亏，先暂时屈服了再说。

义律以英国政府的名义，劝告商人们将鸦片交给他，然后由他交给清政府。他说："（这些）鸦片的价值，将由女王陛下政府随后规定的原则及办法，予以决定。"

所有的商人喜出望外，他们认为这是英国政府将保护他们利益的表示。有了义律的承诺，缴出的鸦片就不是商人们的鸦片了，而是英国政府的鸦片。这等于是把鸦片上缴给林则徐，以后英国政府会负责赔偿。

这简直是天上掉馅儿饼的好事。于是鸦片贩子们积极踊跃地上缴鸦片，甚至把在路途中和福建沿海的鸦片也一并上报。美国的鸦片贩子也乐于听从义律的指示，把鸦片交给义律，这明显是想傍着英国这个大户，让自己的鸦片卖出个好价钱。

当然，这些鸦片贩子对义律的许诺并不放心。事后，他们私下里筹集了一笔钱，派人专程返回英国国内，开始多方游说，争取英国政府答应保护鸦片商人的利益，负责赔偿烟价损失。

道光十九年二月十四日（1839 年 3 月 28 日），义律"敬禀钦差大人"，上缴鸦片 20283 箱。

二月十五日（3 月 29 日），林则徐下令恢复对商馆的供应。

三月初二日（4 月 12 日），林则徐收到第一批鸦片后，准许仆役们回商馆区工作。

三月十九日（5 月 2 日），林则徐认为收缴鸦片的工作如期完成，撤销对商馆的封锁。

事情结束了吧？呵呵，还没呢。洋商们还得写个东西，再签个名，保证永不贩卖鸦片。

洋商们，不，应该叫鸦片贩子们，彻底崩溃了，这事咋就没个完呢，林大人，你太欺负人啦！

4. 一纸甘结

林则徐撤销对商馆的封锁，准许洋商离开广州，但是颠地等十六名大鸦片商不能走，必须留下来。

为什么不让颠地等十六人走呢，就是要他们甘结——签下一纸永不贩卖鸦片，若有违反，货尽没官、人即正法的保证书。

当初，封锁商馆的时候，林则徐就要求鸦片贩子们每人出具写有"汉夷"两字的甘结。林则徐大人要夷人们写的甘结，并不是每个夷商对自己个人行为的保证，而是担保永远禁止一切来人夹带鸦片。用大清的说法，就是"互保株连"。

这种"玩法"，洋人没见过，也不理解。我可以代表我个人，但不能代表其他人啊。如果出具了甘结，就等于替所有自己认识的、不认识的，相关的、无关的人签了生死状。万一哪天有个家伙贩卖鸦片了，而我却签了甘结，不是要跟着倒霉吗？所以这个甘结不能出。

林则徐见各个鸦片贩子不愿甘结，就让义律甘结。因为义律是英国驻华商务监督，是所有夷商的头。你不甘结，谁甘结？要签订的内容都已经写好了，只要签个名，走个程序就可以。林则徐觉得，这不是多大的事，例行手续而已嘛。

但是义律不这样认为。白纸黑字，不是闹着玩呢，咋能说签字就签字。这样草率签字，那真是嫌自己长的脑袋多。

义律的回文很明确，不签！理由是我只能代表我自己，不能代表来到中国的所有人；即使是国王，也不能代表所有商民。

一方要求必须签订甘结，不签就不放人；另一方坚决不签，签了就等于给自己脖子上套上了枷锁，这事坚决不能干。于是事情就僵住了，双方都绷着，下不了台。

四月初十日（5月22日），义律命令所有英人离境，所有英船不得进广州入港口贸易。义律的命令其实就是一种战争的警告，但大清方面根本不懂这个意思，还觉得你让你的人走，那就走好了，大清可没请你们来。那时候中国和西洋人的交流，根本就不在一个频道上，互相之间，常常彼此不知道对方到底是在干啥。

道光十九年四月十一日（5月23日），林则徐要求十六名鸦片贩子具结，声明离开广州永不再来。在义律的劝说下，颠地等签了字。不签字也没办法，人被扣着，不签你走不了啊。

四月十二日（5月24日），义律等人离开广州前往澳门。迫于林则徐的压力，义律劝说颠地等16名鸦片贩子签下甘结。但义律本人坚持自己不能代表所有商民，所以拒绝签字。

四月廿二日（6月3日）起，林则徐将所有收缴的鸦片在虎门公开销毁。虎门销烟历时二十天，当时广州上下，喜气洋洋。天朝吐气扬眉，将害人的鸦片烧得一干二净，仿佛从此以后，大清就能乾坤朗朗，永享太平。

林则徐官声清廉，勇于任事，行事果敢，在清廷官吏中，无疑是个佼佼者。查禁鸦片，也具有无可辩驳的正义性。虎门销烟让林则徐在中国近代史中的形象变得高大伟岸，成为后世敬仰的民族英雄。

在广州任上，林则徐积极致力于新知，主持翻译了西洋资料，被誉为"开眼看世界的第一人"。但他挟持行商为人质，断然停止中英贸易，封锁商馆，关押英国驻华商务监督义律和其他夷商，强令义律和鸦片商人签写甘结等行为，今天看来未必恰当，其中过激之处不言自明。

大清自诩为天朝上国，习惯了居高临下。林则徐"身在此山中"，难免有些天朝官员的暴脾气。任何人都无法超越自己所处的时代，林则徐的局限性，后人只能遗憾而不能苛责。

第三章 擦枪走火，大战在即

1. 林维禧死亡案

虎门销烟后，中英之间的贸易暂时中断。英国商船千里迢迢、跨洋越海到中国，就是为了做生意赚钱。现在贸易中断，英商们个个急得像热锅上的蚂蚁。

林则徐的政策还是一贯的：具结，然后才能贸易。

义律的态度也十分强硬，坚决不具结，而且宣布，所有商船不得私自进入虎门，不得私自同清方贸易。双方在具结不具结的问题上都十分死心眼儿，憋着力气较劲儿，都不惜以断绝贸易来要挟对方。

断绝贸易，对清方并无多大伤害，真正受损失的只能是不远万里来到中国的英国商人。他们大老远到中国，就是为了做生意赚银子。现在生意不让做了，这日子可咋过呢。于是他们找大英帝国的驻华商务监督义律，要求领导放下面子，替大英的商民考虑考虑。

义律也知道中断贸易不是个事，自己毕竟负责监督贸易，生意做不成了，要自己这个商务监督干啥。于是义律通过照会（清方认为是禀帖），请求英国商船在澳门交易。

不签字具结，还想做生意，亏你想得出来。

林则徐回复义律，禁止在澳门贸易，所有英船只有两条路可走：要么具结然后进广州贸易，要么离境。若不具结，一切免谈。

　　就在林则徐和义律较劲儿的时候，发生的另一件事，让双方的关系进一步恶化。

　　道光十九年五月廿七日（1839年7月7日），一群英国水手到广州沙尖嘴村喝酒，喝醉酒的英国水手，捣毁了村民一座神龛。捣毁神龛，这是对祖宗的大不敬，沙尖嘴村的村民不答应了，于是就扑上去和英国水手干了起来。

　　中国农民和英国水手，抡胳膊踢腿，打了一场国际化的群架。打架的结果是，中国的村民林维禧被打成重伤。林维禧被抬回家后，第二天就两腿一蹬，挂了。

　　义律获知消息，心知大事不妙。这帮子精力过剩的水手也真是不长眼，竟在这个节骨眼儿上惹出这么大的乱子。要知道现在的钦差大臣林则徐可不是好惹的，让他知道了那还了得。这事要赶紧善后，一旦被林则徐知道了就麻烦了。

　　五月卅日（7月10日），义律亲自跑到沙尖嘴村调查处理。所谓调查，也就是个幌子，义律真实的目的是为了平息事态。到沙尖嘴村，义律首先悬赏200块银圆，指认打人致死的凶手，悬赏100块银圆，指证首先滋事者。接着，他又通过一个叫刘亚三的中间人，给林维禧的家属1500块银圆，让林家隐瞒林维禧的死因。又给其他在打群架中受伤的中方村民每人100块银圆，让他们保持沉默。

　　人死不能复生，况且眼前就是白花花的银圆，于是林维禧的家属们同意了义律的要求，写下了"（林维禧）由官涌经过，被夷人身挨失足跌地，撞石毙命。此安于天命，不管夷人之事"的字据。

　　义律在暗地里动手脚，想要将林维禧死亡一案掩饰过去。可是林则徐久历官场，目光如炬，岂是那么容易被忽悠的。

　　道光十九年六月初二日（7月12日），林则徐知道了林维禧的案子。他觉得案情蹊跷，所以命新安县（今深圳、香港所在地的旧称）县令查办。这一查就查了个水落石出，林维禧是被英国佬打死的。

按照大清法律，杀人偿命，天经地义。于是，钦差大人林则徐下令，义律交出杀人凶犯。

义律坚决不干，案情不明，现在还没找到凶手呢，怎么交？再说，大清的法律，动不动就打屁股、砍脑袋，实在太野蛮了。怎么能把大英帝国的公民交给清政府，让他们遭受东方帝国的野蛮法律制裁？

义律说，我们的外交大臣巴麦尊多次宣布：世界各地任何大英帝国公民都受到政府的保护，大英公民在世界各地触犯法律，都应该依据大英帝国的法律进行审判，绝不能将侨民交给当地的"野蛮法律"审判。

义律说的这事叫领事裁判权，就是一国通过驻外领事等外交官员，对处于另一国领土内的本国国民，根据其本国法律行使司法管辖权的制度。它施行的前提是，两国必须建立领事级的外交关系。大清和英国并没建立外交关系，义律也不是英国驻华领事，就连义律驻华商务监督的职务，大清官方也是不承认的。这种情况下，何来领事裁判权。义律拿出这样的借口，摆明了是欺负中国人不懂国际法，故意瞒天过海，袒护肇事的英国水手。

2. 僵　局

义律玩心眼儿，林则徐可没那么好忽悠。他立刻组织幕僚，翻译《万国公法》。他要弄清，义律所说的借口到底是怎么一回事。这一翻译，义律的借口马上就站不住脚了。林则徐明白了，英国人在大清根本不享有领事裁判权。

这下就麻烦了，林则徐震怒！义律这个英夷头目竟然敢忽悠大清钦差，简直是目无王法，必须给他点颜色看看，让他知道自己是在谁家的地盘上混的。

道光十九年六月廿三日（1839 年 8 月 2 日），林则徐、邓廷桢、怡良等广州官方大佬们联合发出告示，谕令义律交出凶手，并且宣布：为了避免事端，停留在沙尖嘴一带的英夷，不得自行购买食物，食物必须通过通事（翻译）和买办采购。

义律还是不愿将英国水手们交给大清；他写下说帖，宣布自己将在英国商船上设立一个法庭，审理这个案件，并请清方官员前去旁听。

你们自己审，还让我们去旁听，想得美！清方没人理会义律的一厢情愿和异想天开。

七月初四日（8月12日），义律在英船上自立法庭，判处五名滋事行凶者监禁三至六个月，罚金60～80银圆不等。而且明确宣判，对这五名滋事行凶者的监禁必须在英国的监狱里执行。义律这样判处，分明是对行凶者赤裸裸的庇护和对大清司法赤裸裸的蔑视。这义律也真不是什么好东西！

义律如此作为，林则徐岂能容忍。

七月初七日（8月15日），林则徐下令，断绝澳门英商的食物供应，撤走为英商服务的一切中方人员。同时命令兵丁严守各处，对英夷实行戒严。

此前，义律就已经意识到英国和大清，已经没有和平解决争端的可能，打一仗是无可避免的事情。于是他多次向英国外交大臣巴麦尊写报告，请求派兵武装报复。许多鸦片商人也在国内四处活动，鼓吹战争。

现在林则徐断绝物资供应，撤走工人、买办，义律干脆也来个强硬到底。他做好了漂泊海上，等候英国国内援兵的打算。

七月十六日（8月24日），林则徐宣布驱逐澳门英夷出境。第二天又发出告示，只要交出凶手，签订永不贩运鸦片的甘结，就能恢复贸易。

从林则徐的内心而言，他也不愿断绝贸易。他反反复复强调甘结，就是希望让英国人签下文书，提供一个不再贩卖鸦片的保证。只要交出凶手，签下具结，该贸易就贸易，该通商就通商。多大点事啊，至于搞得那么僵吗？林则徐十分不理解英国佬为什么这样执拗，为什么将一个简单的问题搞得如此复杂，如此剑拔弩张。

林则徐的良苦用心，义律根本理解不了。对于重视契约的西方人来说，白纸黑字，事关重大，怎么可能签下明显对自己不利的甘结呢。林则徐和义律的所思所想，根本不在同一频率上，怎么可能产生共鸣。

义律彻底拒绝了林则徐的要求，他已经抱定用战争解决争端的决心。

七月十八日（8月26日），义律命令所有澳门的英商和家属——男女老少三千多人全体离开澳门，在海上漂浮栖居。

关系彻底搞僵了，中英之间的战争已在所难免了。至于什么时候开第一炮，那只是个偶然问题，必然的是，这仗非打不可！

3. 鸦片战争第一炮

义律带着英国商人和家属，男女老少三千多口人漂泊海上，就是不低头。为了进一步逼迫义律就范，林则徐使出了更狠的一招——断绝淡水供应。没水喝，看你们英夷能扛多久。

道光十九年七月廿三日（1839年8月31日），林则徐向广州全体军民发出告示。告示中历数英国人贩卖鸦片、纵酒行凶的种种罪行；宣布清方已经断绝对英国人的全部生活供应，要求广东各地官兵切实执行；号召各地百姓组织起来，防止英国人强买或抢夺粮食蔬菜等生活必需品；特别提出"夷人上岸觅井汲水，应加拦阻，不准其饮用"。

林则徐断绝淡水供应这一条，就卡住了英国人的脖子。漂泊海上，没有淡水，看你能撑到什么时候。

当地老百姓积极响应号召，或控制水井，或水井中投毒，总之，凡是让洋人喝不上淡水的招数，能用的都用上了。咱们老百姓弄这些事情一向比较在行，洋人们终于受不了啦。

几千人没水喝，这可不是小事。义律知道硬扛不是办法，他决定去索要淡水。向谁要呢，当然是广州官方。

七月廿七日（9月4日），义律带领五只英船来到九龙。他派出一只小船投递禀书，要求供应淡水和生活必需品；同时，将一张告白书交给当地百姓，请求当地人不要在水里投毒。

义律想通过投递禀书，和广州方面商量商量，能不能多少给点水。但他的禀书没送出去，因为没有官员敢接收啊。

义律一行在九龙傻等了五个多小时，等到的只是广州官方的各种托词和推诿。义律终于发怒了，他气急败坏地扬言，到下午两点半，再不给淡水，将击沉眼前的一切中国船只。

到了下午两点半，广州方面还是没有任何答复。

于是，开炮！

鸦片战争的第一炮打响了。

结果呢，结果说不清楚，因为说法太多，反正双方都说自家占了便宜，对方吃了大亏。

打完了咋办，坐下来谈啊。当然按照天朝律例，林则徐是不会和义律见面的，双方就在文字往来中讨价还价。

林则徐开出的条件是，要么签下甘结文书，交出打死林维禧的凶手，要么准许清军搜查来华商船上是否夹带鸦片。两种办法，请义律选择。

义律的回答是，我选后者。义律明确说：坚决不会签下甘结文书，也不会把参与斗殴的水手交给清政府野蛮的法律机构。至于搜查鸦片，这个可以，欢迎搜查。

欢迎搜查，这令林则徐有些哭笑不得。于是他给义律写信，耐心地普及大清式搜查的知识。首先，搜查的时间长短不确定，可能是半个时辰，也可能十天半个月。你们是来做生意的，时间就是金钱，如果搜查的时间拖延太久，吃亏受损失的肯定是你们。其次，搜查中难免翻翻捡捡，手脚重点，毁坏东西在所难免。搜查是公务，在执行公务的过程中损坏商品，没人给你们赔偿，你们遭受了损失只能吃哑巴亏。所以，两相权衡，还是甘结、交凶更为划算，千万不能选择接受搜查这一条。

林则徐苦口婆心，替义律打算。可是义律并不领情，他还是坚持自己原来的立场——坚决不会签字甘结，也不会交出纵酒打人的凶手，欢迎大清上船搜查。

其实义律是铁了心准备挑起战争，现在只是在等英国国内的决定而已。

4. 无事挂白旗，开战挂红旗

由英国人索要淡水引起的九龙炮战还没处理结束，在广州穿鼻海域，炮声又响起了。这次开打，史称穿鼻海战。

穿鼻海战，事发突然，中英双方谁也没想到。它完全是一次意外的擦枪走火。

道光十九年九月廿八日（1839 年 11 月 3 日），英国商船"皇家萨克逊"号要去具结。不具结就不能做生意啊，来中国，就是为了赚钱嘛，具结就具结吧。

义律一看急了，怎么这么没组织没纪律呢，欠收拾啊！

于是，义律派兵船"窝拉疑"号和"华伦"号，阻拦"皇家萨克逊"号。"窝拉疑"号也不客气，对着"皇家萨克逊"就是一炮，威胁"皇家萨克逊"返回。

"皇家萨克逊"号没办法，只好认尿，乖乖地往回走了。按说事情应该就过去了。可就在这个时候，戏剧性的一幕出现了。

广东水师提督关天培正率领水师船队巡逻，听见炮声就急忙前来查看。这个举动可把英船"窝拉疑"号吓着了，它立刻开炮。于是，穿鼻海战就打起来了。

英船"窝拉疑"号为什么急忙向大清水师开炮呢？因为关天培的船上挂着一面红旗，这红旗是水师提督出巡的仪仗。可这红色旗帜，在英国海军士兵的眼里，含义就截然不同。西方近代海军的规则是：无事挂白旗，开战挂红旗。清朝水师挂着红旗开过来了，这是宣战啊。

关天培的船挂着红旗赶过来，英国军舰一看，人家扑上来要开战。于是，英国军舰先下手为强，直接开炮了。

这一炮打出去，穿鼻海战就爆发啦。

虽然是一场擦枪走火的战争，但炮战的阵仗还是蛮大的。战后中英双方都说自己神勇无敌，大获全胜。但实际情况是，广东水师战船 15 艘被击沉，士兵伤 296 人，死亡 329 人。英军方面，只有一艘小巡洋舰轻微伤损，士兵 2 人受伤。

此战，关天培所率是广东水师的精锐，义律手下只不过是几艘护航的兵船，真正的英国海军舰队，此时正在赶往中国的路上。尽管如此，实力还是如此悬殊。大清水师的落后，已经显而易见了。

穿鼻海战之后，双方剑拔弩张，战争的阴云已笼罩在广州的上空。但是道光皇帝和林则徐却并不这样认为。

早在道光十九年三月（1839 年 4 月）间，道光皇帝收到两江总督陶澍病危请辞的奏折，命林则徐改任两江总督。林则徐当时正忙于禁烟，不能赴任。对林则徐在广州纠缠不清的夷务，道光皇帝有些不高兴。

道光十九年十一月（1839 年 12 月），道光皇帝指示林则徐，"即将英吉利贸易停止"，而且这个一向吝啬抠搜的皇上还大方地表示：断绝贸易就是损失一点小钱而已，"区区税银，何足道哉"。在道光皇帝的眼里，大清幅员辽阔，政务万端，小小广州一隅，几个黄毛蓝眼的英夷的事情有什么分量。

道光十九年腊月初一（1840 年 1 月 5 日），林则徐还迟迟不能赴任两江总督。道光皇帝干脆改任林则徐为两广总督，并依例解除林则徐钦差大臣的差事，调任原两广总督邓廷桢为两江总督。道光皇帝看来，广州禁烟的事情已经基本结束，林则徐一直走不开只是善后未毕而已。

林则徐在广州虽然做了加固海防，建造炮台，招募水勇等准备，但在他的意识里，并不认为大规模的战争会来临。他先后给皇帝的奏折里说"知彼万不敢以侵凌他国之术窥伺中华""未奉该国主调遣，擅至粤洋游奕，虚张声势""伏查英夷近日来船，所配兵械较多，实仍载运鸦片"。小小英吉利岛国，弹丸之地，而且相隔万里重洋，它如何和我大清天朝上国开战？天下本无事，庸人自扰之。总之，没事没事，能有多大的事啊。

5. 历史的吊诡

历史总是充满吊诡之处，历史人物的思想和行为也是充满矛盾的。譬如义律，他本是一个鸦片贸易的反对者。他在公文上曾经强调：输出鸦片来获取利润，是英国的耻辱。可在中国担任商务监督时，他却因为鸦片问题，成为挑起中英战争的鼓吹者。

义律曾多次向林则徐发出战争的威胁，但在林则徐的判断里，义律只是威胁而已。他们之间的文化隔膜，注定彼此的对话完全不在一个频道上，互相都不理解对方在说啥，想干什么。

当时清廷很多官员认为，洋人离不开中国的茶叶、大黄，否则就会消化不良，大便不通，最后活活憋死，统统毙命。林则徐也受到这种观点的影响，所以断绝贸易就成为他制胜的不二法门。

还有一种说法是，洋人膝盖不能打弯，倒地之后不容易爬起来。林则徐的说法略略进步一点点，他在给皇帝上呈的《英人非不可制应严谕将英船新到烟土查明全缴片》中说："夷兵除枪炮之外，击刺步伐俱非所娴，而腿足裹缠，结束严密，屈伸皆所不便，若至岸上更无能为，是其强非不可制也。"

在林则徐的想象里，英国士兵都被绑成直腿棍棍，摔个狗吃屎就爬不起来。这种认识比洋人膝盖不能打弯略略进步一点，但根子上还是错误的。后来在交战中，大清的官员们才发现，人家英国人在陆上作战，不但跑得飞快，而且打得十分有章法。说人家不会打陆战，不过是一厢情愿的臆想而已。

当英国军舰已经出现在离广州不远的洋面上时，林则徐依然坚信，万里之外的英国，不过是小小岛国，断然没有能力侵凌中国。出现在广州洋面上的军舰，不过是义律虚张声势，他们的目的还是为了武装走私鸦片。

穿鼻海战后，中英双方大大小小发生多次冲突。据茅海建先生《天朝的崩溃》一书的说法，"由此至1840年6月下旬英国远征军开到，在9个多月的时间内，据林则徐奏折，广东沿海共发生战事7起"。加上前面的九龙海战和穿鼻海战，应该是大小冲突9起。林则徐给道光皇帝的报告都是大获全胜。

林则徐的战报让道光皇帝兴奋不已。道光十九年十一月廿八日（1840年1月2日），道光皇帝的谕旨到了林则徐的手中。道光的命令是：停止对英贸易，驱逐英国船只，不必取具甘结，不必强令交出人犯。总之，不和英国玩了。

道光皇帝的谕旨，让林则徐彻底犯了难。在林则徐的想法里，种种做法只是为了迫使义律具结，给大清一个承诺。有了承诺，中英通商便可继续进行。几个月来，所谓具结呀，交凶呀，搜查鸦片呀，都是为了在禁烟的前提下，恢复中英的正常贸易。可是，道光皇帝的一纸谕令，让林则徐的努力全部白费了。

道光十九年腊月初一日（1840年1月5日），也就是道光皇帝改任林则徐为两广总督的那一天，林则徐只能遵从道光的旨意，宣布正式封闭黄埔港，完全断绝中英贸易。

港口一封，贸易一断，似乎立刻河清海晏，一派太平气象。而在英国方面，1839年10月1日，英国内阁召开会议，经过讨论后决定派遣一支舰队来中国。

1840年2月20日，英国政府任命海军少将乔治·懿律和现任驻华商务监督查理·义律为正、副全权代表，懿律为英军总司令。战争的准备已经做好，只等议会最后的授权。

乔治·懿律（George Elliot）是查理·义律（Charles Elliot）的堂兄。面对这两个Elliot，大清史书天才地将他们分别翻译成懿律和义律，以示区别。英国派一对堂兄弟来祸害中国，这还真是个有趣的巧合。

1840年4月，英国议会经过多日激烈的辩论，最后以271票赞成、262票反对的微弱多数，通过对华用兵的决议案。

决议案一通过，英国就开始调兵遣将，组建英国对华远征军。英国远征军舰队分两路：一路由英国远征军海军司令伯麦率领，从印度赶赴中国；另一路由英国远征军总司令兼全权代表懿律率领，从南非等地驶往中国。

道光二十年五月（1840 年 6 月）下旬，英国对华远征军，也可以称为英国侵华军，全部在中国广州海域集结完毕。

大战一触即发，天朝上国的噩梦即将到来。

第四章 打仗到底图个啥？

1. 啥叫殖民扩张？

英国人跨洋越海，不远万里到中国打仗，到底是图个啥呢？是攻城略地呢，还是颠覆大清的统治呢？

当然，我们可以直截了当地说，英国人是来侵略的。都欺负上门了，不是侵略是什么。

英国对中国用兵，是确定无疑的侵略，更准确地说，是英国一向的殖民扩张战略的延续。

啥叫殖民扩张？就是强国向它所征服的地区移民，并且掠夺资源和奴役当地人民的行为。通俗易懂一点地说，就是一群强盗闯到你家，抢你东西，占你地盘，还在你的地盘上生孩子过日子，你还不敢咋的，不然这些强盗就挥起拳头捶你。

殖民扩张是怎么开始的，这还得从头说起。

1415 年，葡萄牙人在北非摩洛哥建立了世界上第一个殖民据点，这就揭开了近代以来西方列强殖民扩张的序幕。其后，日子过得比较富裕、军事实力比较强盛的欧洲列强，开始在非洲、美洲、东南亚等地区抢占地盘，用武力开展殖民扩张。

第一轮的殖民扩张，占了大便宜的是葡萄牙、西班牙、荷兰这几个老牌帝国主义国家。接着，英国、法国、丹麦、瑞典、比利时等国家也积极跟进。于是，非洲、美洲、亚洲好多地方都沦为西方列强的殖民地。

17世纪，英国资产阶级革命，建立君主立宪制度。从此国力噌噌地增长。这时候，殖民国家之间也为了谁抢得多，谁抢得少发生矛盾。强盗和强盗讲理的方式基本就是直接抡拳头，操刀子。

新崛起的英国先干翻了老牌殖民国家荷兰，后来又把法国打得满地找牙。打赢了其他强盗，也就占了其他强盗的赃物。这样，英国就成了殖民国家的霸主。

英国这个强盗中的老大，拥有世界上最大、最多的殖民地。不论地球如何自转，太阳怎样照耀，世界上总有很多地方飘扬着大英帝国的米字旗。英国很骄傲，自称为"日不落帝国"。

你倒是日不落了，但你给那些被殖民占领的国家和地区带去的却是漫漫黑夜。

在亚洲，英国将殖民扩张的目标锁定在印度次大陆。

17世纪，统治印度次大陆的莫卧儿帝国日渐衰落，这时荷兰、法国、英国等西方列强趁机下手，在印度争夺殖民地。英国于1600年成立英属东印度公司，一开始，东印度公司还是一个比较纯粹的商业机构，后来，逐渐拥有了垄断贸易、训练军队、宣战媾和、法律审判等权力。英国通过东印度公司，对印度进行蚕食，攫取了许多领土和资源，使印度彻底沦为英国的殖民地。

2. 为啥不能好好做生意？

对中国，英国也不是没有想法，它一直垂涎中国的富足。但是用对付印度的那一套来对付中国，显然是行不通的。因为印度是分裂的，中国是大一统；印度是贫穷的，中国是富足的；印度对英国殖民一直比较松懈，而中国对海疆安全一直比较警惕。

18世纪，自由主义思潮风靡欧洲。资产阶级越来越倾向于自由贸易，反对政府干涉贸易。东方富足的中国，就成为欧洲各国极为看重的贸易对象。

欧洲上流社会，以穿戴丝绸、品饮茶叶、收藏瓷器为有钱有闲的身份象征。上有所好，下必甚焉，上流社会对中国丝绸、茶叶、瓷器的热爱，也引导了整个欧洲的社会风尚。从事对华贸易的商人们，通过贩卖中国的茶叶、丝绸、瓷器等商品，个个赚得盆满钵满，富得流油。

欧洲蓬勃而起的近代纺织业、制造业也需要一个稳定、富足的市场，来销售自家的商品。如果全球除了欧洲，别处的人全都穷哈哈的，还和谁去做生意呢。所以，欧洲列强，尤其是英国，还真没动过殖民、蚕食中国的坏心思。他们要的就是一个能好好做生意的贸易伙伴。

于是英国就巴巴地派使团到中国，希望建立平等通商的外交关系。但是以天朝上国自诩的大清，在外交上是藩属朝贡体系，何曾与他国平等过。

英国最先派来的马戛尔尼使团，被乾隆皇帝当成进贡的使者，啥事也没谈成。其后派来的阿美士德使团，因为不愿给大清嘉庆皇帝下跪，被嘉庆皇帝拒绝接见，直接打发回去了。英国两次殷勤的外交示好，都被大清冷漠地拒之门外。

但是这两个使团也并不是一无所获。他们通过访华，将大清的底细摸了个一清二楚。马戛尔尼说，清王朝是"一艘破烂不堪的头等战舰"，迟早"不再有纪律和安全"。阿美士德在中国转了一圈，把中国沿海和长江的水系和布防，弄了个清清楚楚。这两个使团传递出一个共同的信息：大清虚有其表，真要干一仗，清朝根本就不是大英帝国的对手。

即便如此，英国也没有要和中国干仗的心思。作为一个重商国家，他们就想好好和中国平等贸易。战争，这不符合大英帝国的核心利益。

可是，和中国的贸易，英国一直处于劣势地位。大清帝国牛哄哄的，不把西洋商人当回事。海关各级官吏肆意敲诈勒索，大清十三行又层层盘剥，让西洋商人在中国过得无比艰难。更糟糕的是，他们卖出的东西少，而要买进的东西多。中国小农经济，对西洋的那些毛呢、钟表等商品，需求量相当有限。而欧洲人如果没有了茶叶、瓷器，就感觉日子过得都没意思。于是，英国逆差了，对一个追求贸易顺差的重商国家，这简直不可容忍。但事实就是，钱都哗哗地流向了中国，长此以往，大英帝国，国将不国。

好在，英国商人发现了中国人对鸦片的嗜好。于是，大量的鸦片运送到中国，白花花的银子流向英国。鸦片贩子来了个"乾坤大挪移"，将中英贸易的结果彻底打了个颠倒。英国顺差了，大清逆差了。

白银花花外流，国力日渐衰微。大清急了，查禁鸦片！

禁烟是中国内政，英国没话说。况且驻华商务监督义律还是个鸦片贸易的反对者，他在公文上曾经强调：输出鸦片来获取利润，是英国的耻辱。

问题是你查禁鸦片可以，要我们签字具结，这坚决不行。

于是，林则徐和义律就开始对着干。接着大清的道光皇帝干脆下令，停止贸易，驱逐英夷。

事情彻底失控了。义律回头向大英帝国呼救，受不住了，赶紧帮忙，揍这些不讲理的浑蛋吧。

英国国会开始争论：清朝查禁鸦片，这是人家的事，咱不管。可是停止通商咋办，没收的鸦片咋办，欺负我们的子民该咋办？

最后，英国国会表决，以 271 票赞成、262 票反对的微弱多数，通过对华用兵的决议案。

英国终于要对大清动手了。

3. 驻华商务监督有啥错？

英国此次对华战争，从其本心上说，还真不是为了殖民侵略。他们的目的十分明确，简单地说就三点：惩治清政府对英国驻华商务监督的侮辱；要求中国赔偿英国商人的鸦片损失；签订条约，改变两国贸易中英国受到的不公正待遇。

开始，英国的对华贸易由英国东印度公司负责。道光十三年（1833年）英国国会废除了东印度公司对华贸易的垄断权，决定委派驻华商务监督负责英国对华贸易。

道光十四年三月（1834年4月），威廉·约翰·律劳卑（William John Napier），即律劳卑勋爵九世（9th Lord Napier），出任首任英国驻华商务监督。

道光十四年六月（1834年7月），律劳卑经澳门来到中国广州。当时清政府的《大清律例》和贸易规则规定，除商人以外，其他外国人非经允许，不得擅入广州。律劳卑初来乍到，不知道清政府的法律规定，直接就去了广州，住进了广州十三行英国商馆。

第二天，律劳卑又指派下属，向时任两广总督卢坤递交一份公函，说明自己的身份。这个举动可是捅到了广东官府的肺管子里，惹出了大麻烦。因为按照《大清律例》和贸易规则规定，外国人的信件，一律都要通过行商转呈，而且所有信件，必须采用禀帖格式。

律劳卑这个洋人，不通过行商转呈信件，格式也不是禀帖，而是大刺刺的"平行公文"，这简直是无视大清律令，大逆不道至极。于是，两广总督卢坤发出两道谕令：一、着令广州行商向律劳卑宣讲《大清律例》和贸易规则，并勒令律劳卑立刻离开广州；二、如果律劳卑不能如期离开，将对广州行商处以极刑。

律劳卑很郁闷，他没觉得自己做错了什么，但广东官方竟然要赶他走，这真是不讲道理！

律劳卑坚决不走，他要和广东官方进行外交交涉。但是大清官员根本不理会他，而是不断给行商施加压力，让律劳卑赶紧滚蛋。好在有行商伍敦元从中斡旋，两广总督卢坤决定和律劳卑见上一面。

就在律劳卑准备和卢坤会面的时候，他弄明白了一件事——中国人将他这个堂堂勋爵的名字翻译成律劳卑。"劳卑"是辛辛苦苦，地位低下的意思。

这种翻译让这位大英帝国的世袭贵族彻底愤怒了，他觉得这是对大英帝国和他家族荣誉的极大侮辱。愤怒的律劳卑拒绝了和卢坤的会面，以示抗议。

律劳卑并未离开广州，而是向英国外交大臣巴麦尊写信汇报自己在中国所受到的侮辱，建议英国发兵攻打中国，解决外交不对等、贸易不公平的问题。

卢坤得知律劳卑不肯离开广州，就命令行商停止同英商贸易。律劳卑则针锋相对，写出大量告示，表示卢坤侮辱英国驻华商务监督，就是侮辱女王陛下，声言中国将为此付出代价。律劳卑雇人将告示四处张贴，引得卢坤勃然大怒。于是卢总督下令，全面停止对英贸易，撤走中国为英商服务的仆役工人，并且派兵包围英国商馆。

卢总督的做法和日后林钦差的做法一模一样，看来大清官员不出手则已，一出手就直奔要害。

卢坤下令停止贸易，律劳卑便派出三艘军舰开进广州黄埔，向广州官方示威。结果，示威的节奏没掌握好，双方真的打起来了。经过一番炮战，清方吃了点亏。好在清方本土作战，人多势众。卢坤马上调集军队战船，将律劳卑的三艘军舰包围起来。形势急转直下，律劳卑马上处于不利地位。

就在双方对峙的时候，英国商人们站在了清政府一边。他们生意做得好好的，可律劳卑这样一搅和，不但生意做不成了，连商馆也被封了，生活都成了问题。于是他们纷纷责怪律劳卑，让他回到澳门，不要在广州添乱。同时英商还通过行商，转禀卢坤，请求广州官方重开贸易。

律劳卑本来想代表英商们争取权利，结果英商不要他代表，反而怪他多事。里外不是人的律劳卑只好通过行商传话，他同意返回澳门，前提是广州沿途炮台在英国军舰退出时，不准胡来。

律劳卑灰溜溜地回到澳门，心情坏到极点。加之此前他就染上了疟疾，回到澳门后，病情恶化。最后于1834年10月11日（道光十四年九月初九）不治身亡。

后来，钦差大人林则徐为了收缴鸦片，将继任的驻华商务监督义律和一群洋商在商馆里关了三天的禁闭。再后来，在具结、交凶的一系列纠葛中，干脆下令驱逐，不许洋商逗留澳门。所谓的驻华商务监督只能漂泊海上，等待英国大军为他报仇出气。

驻华商务监督尚且被如此对待，其他普通洋商就更惨了。当初李侍尧精心制定的《防范夷商规条》里规定了一系列的"永远禁止"，让夷商在广州活得就像龟孙子，一点地位和尊严都没有。

英国是以工商立国、以民意为基础的宪政国家。对本国商人备受歧视的状况，他们不会长期置之不理。英国驻华商务监督是受英王任命、受英国政府委派的官员，其在中国被置于不受尊重的地位，英国岂能长期忍受。所以，当出兵中国的方案获得国会通过，英国政府也就开始旧恨新仇一起算，将惩治清政府对英国驻华商务监督的侮辱，作为他们第一个战争目的。

4. 为啥非得干仗？

英国对华战争的第二目的是：要求中国赔偿英国商人的鸦片损失。

要求赔偿损失这事，就得从义律让商人将鸦片交给自己，再由自己交给林则徐说起。

义律本人是反对鸦片贸易的，当时英国政府也认为清政府有权查禁鸦片走私。但问题是，英国法律并不认为鸦片贸易违法。在当时的世界（包括英国），鸦片贸易和今天的香烟买卖一样，是合法正常的。直到1868年英国才制定《毒品药店法案》，对英国本土的鸦片贸易给予一般性限制，真正禁止鸦片则已经到了1914年。

当初林则徐勒令洋商交出鸦片，义律以英国政府的名义，劝告商人们将鸦片交给他，然后由他交给清政府。这批鸦片在转交中实际等于偷偷完成了一次概念的转换。

在林则徐看来，所缴鸦片是违反大清禁烟法令的走私毒品，付之一炬是天经地义。而在义律和鸦片贩子的眼里，所收缴的鸦片是英国公民的个人财产，这些鸦片不是英商走私时没收的，而是林则徐封闭商馆，强迫洋商上缴的。所收缴的鸦片是英国公民的个人财产，应该受到英国政府的保护。

鸦片贩子们还私下里筹集了一笔钱，送回英国，作为争取英国政府答应赔偿烟价的活动经费。后来，英国议会通过对华战争的法案，鸦片的赔偿就成为战争的目的之一。

当然，除了这些法理上的原因外，最主要的原因是，鸦片税收在英国的财政收入中占有非常高的比重，殖民扩张的英国是不会对鸦片贸易所带来的好处视而不见的。所谓"认可清政府查禁鸦片"的说辞，只是英国政府也不想把自己变成一个事实上的贩毒集团，不愿承担鸦片贸易的道德责任而已。

英国对华战争的第三个目的是：签订条约。这才是英国此次对华战争的终极目的。

清政府一直奉行的"一口通商"、由行商代理的通商政策让英商吃尽了苦头，英国要用武力改变这种局面。英国的主要意图是：改变"一口通商"，开放更多的通商口岸；废除行商代理，英商有权和华人直接交易；废除对英商的歧视条款，英国人有自由居留权；中英商定统一的进出口关税，除此以外，不得收缴任何税费；购买或租赁一地或一岛供英人居住、经商等。

英国的这些目的，在战争结束后的《中英南京条约》里尽数达成。

其实，如果清政府是一个近代意义上的商业国家，那么英国的要求就不必通过战争来实现，通过外交协商完全可以解决。问题就是，当时的清政府还沉溺于天朝上国的迷梦里，以"天下共主"自居，根本没有外交这个理念。在当时天朝上国的认识里，天下就是天朝上国、附属番邦和远在天边的化外之地。天朝只有朝贡，何来外交？所谓英吉利者，不过是处在遥远的化外之地的蛮夷之邦，俺们天朝才懒得搭理你呢。

故而，东、西方之间，在当时是没法交流的。双方都进入不了对方的话语体系，互相掰扯不清道理，最后只能抄家伙干仗，用武力说话。查禁鸦片只是引发战争的一个由头，即使没有禁烟运动，这场战争迟早也会爆发。至于它该叫什么，其实并不重要。真的要较真的话，这个战争应该有另一个比较恰当的名字，"通商战争"！

5. 清廷为啥不学西洋科技？

西方的殖民扩张，清廷并不是没有察觉。

康熙皇帝在位时，朝廷就有汤若望、南怀仁、白晋、张诚等西洋传教士。这些改成汉人名字的西洋传教士，一面做着大清的官，一面传着西洋的教，日子过得还蛮滋润。

康熙皇帝本人对西洋科学知识抱有浓厚兴趣，花了大量时间研究西洋数学和天文学知识。聪明的康熙皇帝当然知道西洋科学的先进之处，也正是因为他知道这一点，所以才对它保持着足够的警惕。

西方先进科技，一旦被汉人掌握，那对大清政权的统治将是一场灾难。满洲八旗入主中原，才区区几十万人口。清朝统治者心里也尿，天天担心汉人的反抗。立国之初，确保满洲政权在中国的统治，是最根本的政治路线。西洋科技如此先进，如果汉人学习了这些科技手段，用这些先进的科技，制造先进的火器对付满人，这将如何是好？

于是，康熙一面自己研究和学习西洋科学知识，一面又要求八旗必须坚持训练骑射技艺。

他说，骑射乃满洲之根本。

对，骑射就是满洲的根本，因为那帮子粗人，除了骑射，啥也不会啊。让他们放弃骑射，改学西洋科技，改用西洋枪炮，那就真是为难他们了。这些粗人能将自己的名字写全乎了，基本就算是知识分子了。但是汉人不一样，他们聪明好学，一旦掌握了西洋科技，玩起了洋枪洋炮，满洲骑兵还有什么优势可言？

聪明的康熙皇帝只能一方面限制西洋科学知识的传播，一方面对满人强调骑射的重要性。如此，才能维持清朝对汉人统治的优势。

即便如此，康熙也对此种潜在威胁耿耿于怀。他在晚年，曾忧心忡忡地说："海外如西洋等国，千百年后，中国恐受其累。"

这种担心，既是对西方强大的担心，也是对西洋文化影响汉人，进而危及清朝统治的担心。

其后，雍正皇帝一直对天主教不感冒，诏令全国驱逐西方传教士。

乾隆皇帝时，宫廷倒是有几个传教士。但乾隆皇帝对西洋科学毫无兴趣，只是痴迷于西方的物件。这些传教士就被乾隆皇帝当成宫廷画师给养起来了。他们除了给皇帝画油画之外，在科学知识上，没给皇帝带来影响。这个自诩"十全老人"的盛世天子，远没有他祖父对西洋认识得清楚，也没有他祖父的忧心忡忡。所以，他对洋人的态度就傲慢得多。

康熙、雍正、乾隆对海防十分重视，这是在西方扩张之下，清朝本能的抵制反应。他们应对的方法就是加强海禁，闭关自守。我不招惹你，你也别招惹我，咱们相安无事吧。至于通商，可以，就广州一个地方吧。

嘉庆皇帝是个"守成天子"。祖宗之法不可变，就按曾祖、祖父、父亲的法子办吧，封疆禁海，"一口通商"。至于这样做的根本原因，嘉庆皇帝心里根本就不明白。

6. 大清明不明白为啥打仗？

等到道光皇帝登基以后，大清的日子一天不如一天。决心励精图治的道光皇帝提倡勤俭节约，自己带头穿补丁衣服。皇上穿补丁衣服，满朝文武也不好意思穿整洁鲜亮的新衣服，于是大家都穿补了补丁的衣服。结果弄得上朝像丐帮开会，京城里带补丁的朝服比新朝服价格高了好几倍。

即便道光皇帝勤俭节约，抠抠搜搜，大清依然财政紧缺。这都是鸦片害的，鸦片泛滥，白银外流，大清国库日渐空虚。于是，就不得不查禁鸦片，确保财政平衡。

可以这样说，从 17 世纪到 19 世纪上半叶，虽然大清看起来牛哄哄的，但实际上是，西方不断地向东方扩张，而大清却只能一步一步地消极退守。

闭关锁国，就是消极退守的反应和表现。这种表现越趋向于保守，就越说明实力上的此消彼长。这是一种本能反应，乾隆以后的大清君臣虽然这样做了，却没人明白为什么这样做。

广州九龙、穿鼻炮声响起，更大的战争阴云笼罩大清东南海疆的时候，大清对即将发生的战争又是怎样理解的呢？

大清对广州的炮声，是用这样一个词的来定位的——"边衅"。这个词最能体现我大中华汉语的博大精深，意蕴深远。它的意义介乎于"冲突"和"战争"之间，又可大可小。

这个词语准确地道出了大清君臣对这次战争的理解。大清幅员辽阔，小小广东一隅，几个英人，几条舰船有何紧要？英国武装舰船开始在广州海域集结，林则徐给道光皇帝的汇报是"知彼万不敢以侵凌他国之术窥伺中华""未奉该国主调遣，擅至粤洋游弈，虚张声势""伏查英夷近日来船，所配兵械较多，实仍载运鸦片"。

道光皇帝对在广州和洋人纠缠的事根本不在乎，他一直催促林则徐北上，接替病危请辞的陶澍，出任两江总督。在道光皇帝的眼中，两江的事情要比广州的夷务重要得多。

后来，见林则徐在广州和义律为了交凶、具结等事，争得不可开交。道光皇帝就立刻来了个快刀斩乱麻，明令林则徐：关闭贸易，驱逐英夷。

这些英夷不听话，就不带他们玩了，让他们有多远就滚多远，从哪儿来就滚哪儿去。港口一封，贸易一断，立刻就河清海晏，一派祥和了。

广州九龙、穿鼻炮战以后，中、英彻底撕破脸。林则徐曾多次贴出布告，公布赏金，鼓励兵丁壮勇斩杀洋人。在战事进行的不同阶段，沿海各省封疆大吏都有类似的悬赏布告，只是因战事的缓急不同，赏银有所浮动。赏格最高时，逆首义律的脑袋曾上涨到 10 万元，而且还奏赏四品翎顶。真的有哪个幸运的家伙，将逆首义律的脑袋拿下来，那可就升官发财，要啥有啥了。

问题是，假如义律真的被捉拿或被捕杀，英国的对华战争就会结束吗？答案是否定的。对于战争目的明确的英国，战略目标没有达成，绝对不会停止进攻。活捉或杀死一两个首领人物，根本不会对战局产生任何影响。

由此可见，英国战争目的明确，知道为什么打仗，打到什么程度就可以停下来，最终要达到什么目的。而天朝方面却没弄清楚此次战争爆发的根本原因，对战争的认识还停留在中世纪的水平，竟然以消灭贼首为战争的目标。

第五章 搞错了，舟山不是大清的咽喉

1. 英国佬成就了林则徐

道光二十年二月（1840 年 3 月），在义律的呼吁下，英国战舰和武装船只陆续抵达广州海域。

英国侵华军队（英国对华远征军）的主力分为两路：

一路由英国远征军海军司令詹姆斯·约翰·戈登·伯麦（James John Gordon Bremer)率领，从印度出发，于道光二十年五月廿二日(1840 年 6 月 21 日)驶到广州。

另一路由英国远征军总司令兼全权代表乔治·懿律率领，从南非等地出发，于五月廿九日（6 月 28 日）驶到。其后，还有部分舰船赶到。英国对华远征军总计各类舰船四十余艘，海陆士兵七千余人。

英国对华远征军陆续到来，英国在华的领导也发生了变化。现在，英国在华的最高长官是英国远征军总司令兼全权代表懿律。而此前的最高官员——驻华商务监督义律，则变成了英国对华全权副代表兼驻华商务监督，屈居老二，受懿律指挥。英国远征军海军司令伯麦，受英国远征军总司令懿律领导，负责具体作战任务。

英国远征军在中国海面集结完毕，史称的"鸦片战争"马上就要噼里啪啦地开打了。

道光二十年五月廿九日（1840年6月28日），英国远征军总司令兼全权代表懿律下令，对广州入口所有河道进行封锁。

大清广州方面严阵以待，一场大战似乎在所难免。

但是结果出乎意料。英国佬并没有在广州动手的意思，他们并不打算陪钦差大人林则徐在广州玩。英国远征军的头头懿律、义律、伯麦等人，只在广州留下几艘军舰和兵船封锁河道，然后便带着主力舰队一路北上，直扑浙江的舟山群岛而去。

大清浙江方面的官员并不知道这个情况。如果他们提前知道了，一定会跳脚大骂的。这算什么情况，太不按规矩出牌了。两广整出来的事，你们英国佬不找广州人打架，反而跑到浙江地界打舟山，这算怎么回事！这不是欺负老实人，专挑软柿子捏吗？

一直以来，许多人都认为，英国人不打广州而打舟山，就是挑软柿子捏的行为。因为林则徐整备海防，严阵以待，英国人不敢招惹，所以才北上舟山。国人一直这样认为，也刻意维持此种认识。毕竟林则徐有一个英明神武的形象，让这个形象更高大些也是一件好事。

但问题是，这并不是史实。

英国佬不打广州，还真不是害怕林则徐，而是觉得犯不着！

懿律等人挥师北上，直取舟山，这是英国早在战前就已经制订好的计划，这一举动是大有深意的。

英国人北上舟山的原因，和他们的战争目的紧密相关。英国战争的目的简单地说就三点：惩治清政府对英国驻华商务监督的侮辱；要求中国赔偿英国商人的鸦片损失；签订条约，改变英国在中英贸易中所受到的不公正待遇。这三点中，签订条约才是最根本目的。

战争目的决定战争方式，如何用最少的损失、在最短的时间迫使清政府接受英国政府的三点要求，才是战争的关键所在。如果攻打广州，跟一直以来与英国人强硬叫板的林则徐死磕，那岂不是白白耗费时间，白白浪费弹药，猴年马月才可以达成战争的目的？

在懿律的眼中，舟山群岛地处中国南北海域的中间地带，是中国南北海运的咽喉要地。占领舟山，不仅能为长途远征的英军提供休整补给的基地，还会使大清南北海运中断，贸易往来不通。这就如同扼住了大清的咽喉，让清政府不得不低头答应英国的停战条件。

于是，懿律等率领舰队北上，直奔舟山。他要拿下舟山，切断大清的南北海运，迫使清政府就范。

懿律等人一路北上，恰恰成就了林则徐的威名。让后世许多人都以为，是林大钦差的威名，让英夷闻风丧胆，远遁而去。此后，清政府中，也有许多官员认为，有林则徐在，就一定能击败洋夷，赢得战争的胜利。

2. 打仗之前一定要招呼一声

懿律本来准备到了浙江舟山一带再开打，但走到半路，经过福建厦门的时候，双方就交上火了。战争这事，还真是计划没有变化快。在哪儿打、怎么打，还真是不能提前预设的。

道光二十年六月初四日（1840 年 7 月 2 日），英国远征军舰队途经厦门。懿律派战舰"布朗底"号向当地官员送交《巴麦尊致中国皇帝钦命宰相书》的副本，自己则率领大部队继续北上。

这封书信其实就是英国的最后通牒，可惜的是大清帝国哪有什么宰相啊。中国自明太祖朱元璋以后，再也没有宰相这个官职了。大清浙江的官员，也不敢接受"布朗底"号送来的文书。在大清，人臣无外交，除了广东以外，其他各地官员未经许可，是不得收受外国国书的。

六月初四（7 月 2 日）当日，"布朗底"号驶入厦门南水道。

来了一艘英国船，这是干什么的？于是，厦门同知蔡观龙就派水师船只前去询问。英国人递交了一封信，并且说：明天准备拜访厦门地方官，送交《巴麦尊致中国皇帝钦命宰相书》的副本和其他公文。中国船上的士兵将信带走，不久，这封信被原封退回。

这是什么意思，为啥把信退回来呢？英国人有些犯晕。

当天下午，"布朗底"号继续前进，直接开到厦门岛。"布朗底"号放下一只小舢板，挂上白旗，派出翻译罗伯聃（Robert Thom）继续前去送信。

清方士兵不知道英国这个小舢板挂着白旗是什么意思，只觉得洋人的船想要登陆，于是火枪、弓箭一齐发射，将罗伯聃打得灰溜溜地跑回去了。

第二天，六月初五日（7月3日），"布朗底"号继续为送信努力——打仗之前一定要招呼一声，这是个礼貌问题。

还是一只小舢板，挂着白旗，载着翻译罗伯聃。

大概是昨天有夷人小船想上岸的消息传遍了整个厦门。今天，厦门的老百姓都乐呵呵地跑到海边看热闹。一时间，海岸上人山人海，热闹不凡。

罗伯聃乘坐的小舢板靠近海岸，他用中文喊话，没人理他。罗伯聃正准备登岸，谁知清军拿出一副要收拾他的架势，眼看就要采取行动。罗伯聃吓得赶紧往回跑，直到爬上"布朗底"号，才确定自己是安全的。

打着白旗，送个信，你们就这样吓唬我们的人，于是，"布朗底"号选择开炮。

本来准备到了舟山才正式开打的，可是在厦门就打起了炮战。"布朗底"号和厦门海岸上的大炮互相开了几炮，然后就没事了。炮战结果还是和以前广州的几次冲突一样，双方都说自己占了便宜。

闽浙总督邓廷桢更是上奏道光皇帝：水师击败英夷舰队，厦门大捷。

在大清和以后的历史上，竟将这次规模小到可以忽略不计的炮战，称为"第一次厦门之战"。这种说法倒确实是郑重其事，只可惜这场炮战小得连冲突都算不上。

有一件事是确定的，"布朗底"号送信的任务没完成。

按照英国外交大臣巴麦尊的意思，《巴麦尊致中国皇帝钦命宰相书》一式三份，分别在三个地方递送：一是广州；二是甬江口、长江口、黄河口三处的某一地方；三是天津。义律知道自己和林则徐的关系已经臭到根儿上了，所以，他不愿在广州送信，以免显得林则徐太牛气，自己太跌份儿。义律将送信的地点从广州改到了厦门，可是，在厦门，信还是送不出去。

在厦门送出书信看来是完全没了希望，"布朗底"号只好继续北上，去追赶大部队。

3. 舟山连个脚指头都算不上

道光二十年六月初六日（1840 年 7 月 4 日），懿律等率领英舰主力，进入舟山群岛南部最大的岛屿定海。定海知县姚怀祥、定海总兵张朝发登上英国军舰拜访，并询问来意。英海军司令伯麦等人接待了清方定海的一文一武两名官员，并提出"照会"：要求清方全部投降，交出炮台。英国人很傲慢，说"唯候半个时辰，即行开炮轰击"。

姚怀祥和张朝发从英舰上回来，心情郁闷，想不出对策。但现在他们必须面对残酷的现实——英国军舰就在定海外面等着，时间一到，他们就要开炮攻城了。

最后，姚怀祥和张朝发达成了一个"各管各"的防守决定。总兵张朝发率领水师迎战，知县姚怀祥率领陆上兵丁防守县城，彼此各自作战，互不救援。即所谓"在外者主战，战虽败不得入；在内者主守，守虽溃不得出"。

今天看来这个防守决定实在是滑稽，大敌当前，这一文一武玩的是什么。但是一细想，就会发现其中的无奈。张朝发和姚怀祥知道打是打不过的，守也是守不住的，他们只能是各在各的岗位上恪尽职守了。

道光二十年六月初七日（1840 年 7 月 5 日），伯麦见定海没有献城投降的意思，于是下令军舰开炮。短短 9 分钟，舟山的清军水师战船和炮台就失去了还击能力。定海镇总兵张朝发被舰炮击中左股，当晚伤重而亡。清军水师溃败，英军连夜攻城。

六月初八日（7月6日）早，英军攻破东门，定海失陷，知县姚怀祥退至城北龙峰山，跳进梵宫畔的万公潭为国殉难。

攻陷定海，占领舟山，懿律认为已经扼住了大清的咽喉，用不了多久的时间，清政府就会因为海上贸易的中断而不得不低头答应英国的停战条件。可是，懿律他搞错了，舟山并不是大清的咽喉，对广袤的大清而言，小小舟山群岛连个脚趾头都算不上。

懿律是从英国以贸易为本的市场经济的情势来思考中国，错把舟山想象成大清的咽喉。其实对以农为本、以自给自足的小农经济为基础的大清，哪有什么海上贸易通道。大清对付外夷的一向做法就是封海禁贸，和大清这样玩，根本一点效果也没有，大清压根儿就不把贸易当回事。

懿律把舟山作为休整补给基地的想法，很快受到现实的打击。英军占领了定海，定海的老百姓很是不服气。他们响应官府的号召，坚壁清野，把粮食蔬菜都藏起来，不让英国佬找到能吃的东西，并且堵塞水井，污染水源，给水里投毒等。怎么让英国佬不舒服，他们就怎么干。

浙江气候潮湿炎热，英国人初来乍到，水土不服。没几天就上吐下泻，疫病流行。攻占定海后的小半年时间里，英军中生病住院者达到5329人次，死于疫病者达到400多人。这中间多数都是得了痢疾，拉肚子拉死的。

跨洋越海，不远万里来当侵略者，他们的日子也过得十分艰难。

当然这都是后来发生的事情，眼下的问题是，舟山并不是大清的咽喉，想要靠占领舟山，迫使清廷低头显然是不可能的。所以该送的信还得送，该打的仗还得打。

道光二十年六月十三日（1840年7月11日），懿律派一艘军舰前往镇海送交《巴麦尊致中国皇帝钦命宰相书》的副本。这次倒也顺利，信送出去了。但是，第二天早晨书信被原件退回，镇海的官员声称不敢将此件上呈。

送个信咋就这么费事呢！

信没送出，懿律很着急。于是他任命精通中文的随军翻译、普鲁士传教士郭士立（Karl Friedrich August Gützlaff）为定海知县，并留下少数兵力驻守定海。懿律、伯麦、义律等率领主力，向天津大沽口进发。信还没送出去呢，这仗还怎么打，总不能打得不明不白，瞎浪费炮弹吧，所以懿律只能一路北上。看来只有把军舰开到中国皇帝的眼皮子底下，才能将这份该死的信件送出去。

第六章　英国人又来告状了？

1. 官场老油条琦善

英国人在厦门打着白旗去送信，中国人看不懂白旗的意思。结果，信没送出去，仗倒是先打起来了。占领了定海，定海一文一武的大清长官都送了命，信自然又递交不出去。英国人又巴巴地赶到镇海送信，但镇海的官员说，我们不敢接收，把信原件退回了。

懿律心里也很纳闷儿，不就送个信吗，咋就这么难呢？

没办法，只能继续北上，无论如何也要在正式开打之前，把信送出去。打仗之前，一定要招呼一声，这是一个基本的礼貌问题，也是一个必需的程序问题。于是，懿律留下部分兵力驻守定海，亲自率领舰队主力继续扬帆北上，直扑天津大沽口而去。

道光二十年七月初九日（1840 年 8 月 6 日），英国军舰来到天津大沽口外，耀武扬威，宣示武力。此时坐镇天津的是大名鼎鼎的直隶总督琦善大人。

博尔济吉特·琦善，字静庵，满洲正黄旗人。琦善家是世袭的一等侯爵，他父亲叫成德，曾经做过热河都统。琦善十九岁由荫生授刑部员外郎开始步入仕途，一路扶摇直上，三十几岁就做到两江总督，成为大清封疆大吏。琦善少年得志，官场上常常称他为"小琦"。

道光十八年（1838年）开始禁烟时，琦善已是直隶总督。这一年琦善五十二岁，算是封疆大吏中老谋深算又年富力强的一位。

琦善一开始也是一位强硬的禁烟者和主战派。虽然在禁烟前的讨论中，琦善倾向于弛禁派的主张，但当道光皇帝圣意已决时，琦善就遵从皇帝的意志，坚决执行禁烟政策。在禁烟之初，琦善在其治下的直隶，共收缴烟土十三万两，这样的成绩在全国各省中堪称名列前茅。

英国军舰在两广和两江开火的时候，琦善就积极备战，加强海防，防备英人北上。当懿律的舰队出现在大沽口的时候，琦善一看，完了，好像干不过人家啊。

看看英国的舰队，对比一下大清的水师，琦善心里的底气立刻就泄得差不多了。可是英国军舰已经出现在自己的地盘上，这可咋整呢。

琦善，这是老江湖遇到了新问题，他感觉进退维谷，玩不转了。

宦海沉浮几十年，琦善已经修炼成人精。他略微踌躇，暗自思量，马上想到了解决问题的妙招：请示上级！

有问题找领导，领导让咋办咱就咋办，这准没错。于是，琦善就一纸奏折飞向道光皇帝：报告，英国人的军舰来了！

发现问题，请示领导，这是官场颠扑不破的真理。矛盾上报，等候指示。这样就天也蓝，地也宽，啥事都不用操心了。琦善还真是个官场老油条，人间老狐狸。

2. 迟来的奏报

英舰陆续集结广州的时候，林则徐奏报道光皇帝，英夷"未奉该国主调遣，擅至粤洋游奕，虚张声势"，"伏查英夷近日来船，所配兵械较多，实仍载运鸦片"。其后在九龙和穿鼻，中英发生大大小小多次冲突，林则徐都奏报大获全胜。钦差林则徐大人的奏报，让道光皇帝没把广州的英夷当回事。

道光二十年六月十九日（1840年7月17日），道光皇帝收到林则徐的奏报，说广东水师烧了英夷的"办艇蓬寮"（供船只停靠、水兵休息的地方），英方无能为力。道光正为林则徐的战绩高兴的时候，定海失陷的消息传来了。

六月廿二日（7月20日），道光皇帝收到浙江巡抚乌尔恭额的奏报：英夷三千人准备登陆定海。

六月廿六日（7月24日），又收到乌尔恭额的奏报，定海失陷，英夷逼近镇海。

此间，林则徐奏报英夷不断有舰船集结的奏折，也送到了道光皇帝的书案上。林则徐的奏报是五月（6月）底发出的，送到道光皇帝手中就已经是六月（7月）底了。这真不怪林大人，只赖当时的通信条件，靠驿马飞驰传递信息，也就只能是这样的结果。但是，道光皇帝震怒了，他觉得林则徐一直在骗自己。让林则徐去查禁鸦片，结果他将事情弄砸了，还一直在骗自己！

道光皇帝一生气，钦差大人林则徐的好日子马上就要到头了。

道光二十年七月初六日（1840年8月3日），道光皇帝收到闽浙总督邓廷桢的奏报，说在厦门击退英夷，获得胜利。其实就是英国战舰"布朗底"号想送信，他们不让人家送而已。大清封疆大吏的奏报，水分实在是太大。

七月初七日（8月4日），又收到乌尔恭额的奏报：英国好像又增添军舰，而且英夷好像要送什么文书。这正是道光皇帝心情郁闷的时候，乌尔恭额的奏报就算碰到了风头上。道光皇帝震怒：邓廷桢在厦门能打赢，你乌尔恭额却弄丢了定海，这算怎么回事？皇帝一生气，后果很严重，乌尔恭额被革职了。

七月十二日（8月9日），琦善奏报，英国舰队已经来到大沽口。道光皇帝彻底慌神了，英国人从广东到浙江，从浙江又到天津，英国军舰正在天津大沽口外耀武扬威，他们到底想干啥？

3. 告状信

英国舰队出现在天津大沽口，紫禁城里的道光皇帝有些慌了。这时，他想起前几日乌尔恭额奏报夷人递送文书的事情，于是谕令琦善："倘有投递禀帖情事，无论夷字汉字，即将原禀进呈。"

有了皇帝的谕令，琦善就积极主动地派出官员和英国舰队接洽，接收了咨会，还有《巴麦尊致中国皇帝钦命宰相书》的副本。

道光二十年七月廿二日（1840 年 8 月 19 日），几经周折的《巴麦尊致中国皇帝钦命宰相书》，终于到了大清皇帝的手中。英国远征军的第一个任务总算完成了。

这封信送到御案前，道光皇帝一看，悬着的心也终于安稳地放下了。原来没啥大事嘛，英国人又来告状了。当年就有个叫洪仁辉的洋人来告过状，今天和洪仁辉一样高鼻子、蓝眼睛、黄头发的洋人，又抱着一样的想法来告状了。

道光皇帝为啥会认为懿律率领着武装舰队不远万里来到中国，是为了告状呢？问题就出在这封信的汉译本上。我们且看看这汉译本头几句是怎么说的：

兹因官宪扰害本国住在中国之民人，及该官宪衰渎大英国家威仪，是以大英国主调派水陆军师，前往中国海境，求讨皇帝昭雪申冤。

看看这汉译本的口气，完全是受了委屈来向大清皇帝告状的口气，道光皇帝怎么能不暗自放心又心中窃喜呢。这样言辞恭顺的告状信不就说明：英夷还是尊崇天朝上国的，他们还把大清皇帝当作天下共主呢。

《巴麦尊致中国皇帝钦命宰相书》多半的篇幅是对林则徐广东禁烟活动的指控，并且提出五项要求：

一、赔偿货价（指被焚鸦片）；

二、中英平等外交;

三、割让岛屿;

四、赔偿商欠;

五、赔偿军费。

英国把这封信当作对大清的最后通牒。信中先指控林则徐在广东的行为损害英国国家尊严,伤害英国商民利益,然后要求清政府必须答应五项要求,否则就进行战争。

因为翻译的原因,道光皇帝把这封最后通牒理解成告状信。前面对林则徐的指控是为了让皇帝主持公道,替他们申冤;后面的五项要求是向朝廷乞恩,让朝廷给他们一些金钱和政策上的补偿。

不在同一个频道上,接收的信号不一样,这还怎么好好地沟通呢!

据茅海建先生《天朝的崩溃》一书,日本学者佐佐木正哉在英国档案馆所抄的《巴麦尊致中国皇帝钦命宰相书》的汉译本,和琦善进呈给道光的译本完全相同。这也就说明,这个汉译本是英国人自己翻译成这样的,不是清朝官员从中捣鬼,故意歪曲的。真相到底如何,现在还不得而知。若真的是英国人自己翻译成这样的,那么历史确实有趣得紧,确实值得我们捧腹大笑一番。

4. "返棹南还"

道光皇帝自认为弄明白了英夷的目的,于是他就开始处理这场官司。

道光二十年七月廿三日(1840年8月20日),道光通过琦善向英夷谕旨:

大皇帝统驭寰瀛,薄海内外,无不一视同仁。凡外藩之来中国贸易者,稍有冤抑,立即查明惩办。上年林则徐等查禁烟土,未能仰体大公至正之意,以致受人欺蒙,措置失当。兹所求昭雪之冤,大皇帝早有所闻,必当逐细查明,重治其罪。现已派钦差大臣驰至广东，秉公查办，定能代申冤抑。该统帅懿律等，着即返棹南还，听候办理可也。

道光皇帝在谕旨里算是好好地过了一把"天下共主"的瘾，但懿律并不会那么听话。

你说"着即返棹南还，听候办理可也"，我就乖乖地"返棹南还"了？懿律的想法是，清廷要么议和，答应五项要求；要么就开打，谁打赢了就听谁的。现在让我们"返棹南还"是什么意思。

道光二十年八月初一日（1840 年 8 月 27 日），英国舰队驶入白河口，要和大清官员交涉。

八月初三日（8 月 29 日），琦善派船向英国舰队送去二十头牛、二百只羊和许多鸡鸭。大清果然热情好客，即使是来挑衅打架的，也算客人，先招待好了再说。

八月初四日（8 月 30 日），中英官员见面会谈。英国远征军总司令、全权公使懿律本来准备出席，后来怕琦善并不拥有全权，和自己地位不对等，有损大英帝国尊严。所以他称病不出，委托副全权公使、自己的堂弟义律出席。

会谈在热闹友好且十分扯淡的气氛中进行。会谈进行了六个多小时，毫无结果。琦善坚持让英国舰队"返棹南还"，义律要求清廷答应五项要求，否则就开战。

中英双方各执一词，根本说不到一块去。会谈的唯一成效是，英国舰队暂时离开天津，在海面上游荡去了。英国人如此让步，完全是琦善恳求加忽悠的结果，算不上谈判的胜利。因为英国人逛了几天，又回到了天津大沽口海面。

道光二十年八月十七日（1840 年 9 月 12 日），英国军舰再次驶入白河口交涉。琦善又是一番忽悠，但意思却很明确：一切好商量，但议和最好在广州，你们还是"返棹南还"吧。

碰上琦善这样的官场老油条，懿律和义律两兄弟彻底是没招了。他们本想干脆一咬牙，在天津开战，打得清廷接受五项要求。但考虑到对北方的军情和地理不熟悉，贸然进攻没有把握。加之季风将要过去，若迁延到冬季，海面有可能结冰，给舰队行动带来不便。思来想去，还不如返回南方。既然琦善说到广州议和，那就走吧，如果不打仗就可达到战争的目的，那何乐而不为呢。

5. "片言片纸，远胜十万之师"

英国人走了，道光皇帝开始部署人事，着手彻底处理这场英夷"告状"事件。

道光二十年八月廿二日（1840年9月17日），道光皇帝明发上谕，任命琦善为钦差大臣，准备"驰驿前往广东，查办事件"。

九月初三日（9月28日），道光皇帝以"误国病民，办理不善"的罪名，下旨将林则徐、邓廷桢革职，并命令林则徐折回京城，邓廷桢由福建前往广州，"以备查问差委"。

当初派林则徐南下广州前，道光皇帝对林则徐那个好啊。八天之内，召见了八次。每次都是君臣两人叽叽咕咕几个时辰。这让当时道光皇帝的宠臣——首席军机大臣穆彰阿非常吃醋。现在，深受皇帝宠信的林则徐，竟然在广州将禁烟办成了欺负洋人，让人家不远万里，带着大批船队来告状。这真是辜负圣恩，罪不可赦。不把你的官一撸到底，实在是出不了皇帝心中的这口恶气。

道光二十年九月初八日（1840年10月3日），新任钦差大臣琦善进京面聆圣训后，摆起仪仗，一路浩浩荡荡离京南下，直奔广东而去。

琦善当上了钦差，牛哄哄地南下广东。殊不知，日后他的结果，还不如今天官职被撸到底的林则徐。在鸦片战争期间，钦差大臣这项官帽子，扣到谁头上，谁基本就倒霉了。这还真不是大清的这些钦差没本事，而是他们遇上的事和以前的都不一样，他们是真玩不转。

一切都安静了，道光开始怨恨当初不接收"夷书"的地方大员。若当时及时接收夷书，早日知道英夷是受了委屈来告状的，何至于费那么多的周折。

道光二十年九月十二日（1840 年 10 月 7 日），道光以拒收夷书的罪名，将已经因为定海失陷而被革职的前浙江巡抚乌尔恭额拿问，并解送京城交刑部审讯。

乌尔恭额不接收夷书是按照人臣无外交、除广州以外官员不得接收外国文书的大清律法办事的。他循规蹈矩，现在却成了一项罪名，岂不冤乎哉。

英夷"返棹南还"，人事变动已毕。一场风波似乎已经过去，道光皇帝不免有些扬扬得意。他在批复大臣的奏折时，写道："好在彼志图贸易，又称诉冤，是我办理得手之机，岂非片言片纸，远胜十万之师耶？"

道光扬扬得意，认为洋人是来告状的，自己英明神武，几句话就将问题解决了。岂不知，他所说的"片言片纸，远胜十万之师"，令人读后，简直要酸爽到内伤。

第七章 聪明反被聪明误的伊里布

1. 厄运的开始

现在，我们还是将目光投向大清东南方的浙江舟山群岛。虽然英国人"返棹南还"了，但他们还占领着定海呢。

早在英国远征军占领定海的时候，大清朝廷就明确表示，堂堂大清，岂能允许夷人占领疆土。定海必须收复，夷人必须驱逐。这个光荣而艰巨的任务，就落在了刚刚上任的两江总督伊里布的肩上。

爱新觉罗·伊里布，字莘农，清朝宗室大臣，满洲镶黄旗人，嘉庆进士。历任通判、知府、知州、按察使、布政使等职。

道光五年（1825年），伊里布升任陕西巡抚，后又先后调任山东和云南巡抚。

道光十三年（1833年），升任云贵总督，道光十九年（1839年）调任两江总督。伊里布历任各职皆以清廉果敢、敢于任事著称，是清朝宗室中不可多得的人才。

如果没有这场倒霉的鸦片战争，伊里布一定会成为彪炳史册的能臣。可惜的是，这场该死的战争让伊里布的人生彻底改写，他非但做不了能臣干吏，而且还成了投降派的典型，被后人唾骂。

定海失陷时，伊里布是刚刚到任不久的两江总督。和当时所有大清官员一样，伊里布也是强硬的主战派。对江浙一带的海防，伊里布做了一些积极的部署。

道光二十年六月十九日（1840年7月17日），接到浙江巡抚乌尔恭额报知定海失陷的咨会，伊里布感觉到局势的严重。他即刻扩大了江苏的防御区域，从安徽、江西等地调拨兵力分往江苏各海口及苏州、镇江一带，同时分发各处库存弹药，征雇福建、广东大型商船用以配合水师。

道光二十年七月十五日（1840年8月12日），道光皇帝隔空给伊里布扣上一顶钦差大臣的帽子，让他主持浙江军务。具体任务就是，武装渡海，收复定海。

伊里布成为牛哄哄的钦差大臣，心里十分得意，但他不知道，这顶钦差大臣的帽子戴上之日，就是他厄运的开始。人总是无法预知未来，如果能预知以后将发生什么，估计伊里布打死也不会干这个倒霉的钦差。

被任命为钦差的时候，伊里布已经六十八高龄了，距离他在世人的唾骂中死去，也就三年多时间。老头儿的一世英名，还真就毁在这场该死的和鸦片有关的战争中啦。

钦差大人伊里布接到谕旨后即刻起程，准备完成渡海作战、收复定海的任务。在赴任途中还上奏皇帝，报告自己收复失地的计略。当时他志在必得，压根儿不会想到自己日后的狼狈。

等到了镇海，伊里布才意识到自己摊上了倒霉事，收复定海的任务根本就没法完成。

英夷的强大超乎想象，大清水师和英国舰队，根本就不在一个量级上。况且，经过先前定海一战，浙江水师战船基本损失殆尽。眼下的浙江水师，连勉强支撑门面的战船也没多少。他曾指望在镇海建造船只，但"浙省所产木料均属短小"，根本无法建造。

真是要啥没啥，怎么渡海作战，收复定海？

远在北京紫禁城深宫里的道光皇帝，每天都眼巴巴地指望着清廉果敢、敢于任事的伊里布，收复定海，给大清争回颜面。伊里布有苦难言，他知道现在说困难就是扫皇上的兴，是给皇上添堵，也给自己找不自在。

一边是实力强大的英国舰队，一边是催促收复定海的道光皇帝，伊里布夹在中间一筹莫展。于是，他不再是那个曾经清廉果敢、敢于任事的伊里布了，取而代之的是谙于官场油滑、推诿拖延、大和稀泥的另一个伊里布。

时局如此，伊里布只能一面将官场老油条的滑头精神发扬光大，用尽自己的聪明才智，大和稀泥，一面静待时变，等候峰回路转的时机出现。

2. 和稀泥式的备战

道光皇帝反复催促，伊里布备受煎熬。面对皇上的催促，他只能表现出积极备战的姿态，达到拖延时间的目的。

道光二十年八月初二日（1840 年 8 月 28 日），伊里布上奏道光皇帝，提出调广东水师、福建水师各两千人支援浙江，加上他任两江总督时集结备调的水师两千人，再加上浙江现有的水师两千人、陆师三千人，合计兵力一万余人。来个四省军力会合，联合进攻，以实现收复定海的宏大构想。

伊里布的构想肯定不会被道光采纳，因为英夷游弋海上，舰船来去如风。在广东、福建、浙江、江苏等沿海各省，皆可朝发夕至。各省都自顾不暇，哪能抽出兵力协同作战，收复定海。道光皇帝收到伊里布的奏折，不免大怒，朱批驳斥，将伊里布骂了个狗血喷头。

好吧，既然四省会合、联合进兵的办法不行，那就请允许我自己招募水勇吧，伊里布趁机向道光皇帝提出了新的要求。道光皇帝表示，招就招吧，反正收复定海的活儿你伊里布必须干。

收复定海明显是一个难以完成的任务，伊里布所谓的四省联合、招募水勇等说法，不过是找个拖延时间的借口罢了。他和道光之间的奏折往复，一来一去，也是一种和稀泥的办法。

当时，琦善正在天津和英国人交涉，而且还接收了懿律的照会，清廷似乎有与英夷议和的苗头。"老官油子"伊里布立即抓住时机上奏道光皇帝：正值琦善在天津办理"禀帖"的关键时刻，浙江不宜出兵收复定海，以免彼此相左，影响大局。

伊里布的奏折到京时，恰好英国舰队离开天津，在海上游弋。道光皇帝心里也糊涂，他不明白英军的去向和下一步打算。

于是，道光二十年八月廿一日（1840年9月16日），道光皇帝向伊里布发出谕旨："所有攻剿事宜，该大臣仍密为部署。"

到了八月廿二日（9月17日），确定英夷全部离开天津。道光皇帝又谕旨伊里布：英夷已"听受训谕"，全数"起碇南下"，命令伊里布等沿海各官员对南下的英军"不必开放枪炮"，"勿以攻击为先"。

在道光皇帝心里，定海失陷，实在有损大清颜面，所以他一再命令伊里布渡海作战，收复定海。但当自己以"远胜十万之师"的"片言片纸"令让英夷南下时，他又对议和抱有极大的期望，所以命令伊里布"不必开放枪炮"，"勿以攻击为先"。

不管如何，道光皇帝"勿以攻击为先"的命令，让正为收复定海一筹莫展的伊里布大大地松了一口气。

3. "青岭义勇"

就在伊里布为收复定海发愁的时候，一个意外的惊喜让他看到了新的希望。

道光二十年八月廿一日（1840年9月16日），英国陆军炮兵上尉安突德带领几个黑夷（孟加拉士兵），到定海青岭附近测绘地图。青岭附近岭东村的村民发现后，拿着农具、木棍追赶过来，准备收拾安突德和他的部下。

定海被英国人占领之后，老百姓们心里很不服气。他们响应官府的号召，积极踊跃地给英国佬添堵。他们把粮食和蔬菜藏起来，让英国佬找不到吃的；堵塞水井，污染水源，或者直接在水里投毒，让英国佬喝不上干净的淡水。总之，怎么让英国佬不舒服，他们就怎么干。

和林则徐在广州的做法一样，浙江官府也拿出高额的悬赏，鼓励军民捕杀和捉拿英夷。一些胆大的定海人就瞅机会对英国士兵下手，因为捉住或杀了英国人，就能换来白花花的银子。

安突德带着几个黑夷部下，还没开始工作呢，岭东村的村民就呼啦啦地赶过来了。安突德他们吓得屁滚尿流，四散逃命。手下士兵都跑散了，只有一个黑夷跟着安突德，慌慌张张越过青岭，向西逃跑。

青岭西边一个叫包祖才的农民，正和他弟弟阿四在红薯地里锄草。这两兄弟看见一个白夷领着一个黑夷狼狈逃窜，后面跟着一群大呼小叫的农民，心里马上明白，银子送上门来了。

包祖才提着锄头赶过去，一锄头先撂翻了那个黑夷，黑夷当场就报销了。安突德这时候哪还顾得上自己的这个部下，还是自己逃命要紧。他放开脚丫子一直向前跑，包祖才在后面提着锄头死命追赶。

安突德逃到一个叫舒家村的地方，一跤跌倒，一头扎在水田里。包祖才从后面赶来，一锄柄就将安突德打晕。然后一拥而上的村民，将安突德捆得像个大粽子，然后装到箩筐里，抬到清军镇海大营里。

包祖才打死一个黑夷，活捉一个白夷军官安突德，这样的英勇事迹很快就传开了。后来，浙江官府给予他褒奖，称他为"青岭义勇"。

就在包祖才活捉安突德的同一天，英舰"风鸢"号士兵在慈溪胜山登岸抢夺粮食，当地军民捕获了其中28人。此后清军还在定海、镇海等地俘获黑夷8名。

英国军人不干了。我们的头头正在跟你们的政府谈判呢，你们到处抓我们的人。这是什么意思，我们现在可没有惹你们啊！

道光二十年八月廿四日（1840年9月19日），英国远征军海军司令伯麦致函浙江当局：宣称英军在天津谈判期间，不会交战；指责浙江当局煽动民众、拒绝给养、虐待战俘安突德等人；要求清方立刻放人，否则必将报复。

伊里布立刻觉得机会来了。既然英方如此重视安突德等人，那何不用这些战俘做筹码，和英国人谈判，借机和平收复定海呢？

看来，收复定海的难题，还是有办法解决的。精明的伊里布心里的算盘珠子，正噼里啪啦地响着。

4. 战俘换失地

伯麦抗议浙江当局煽动民众、拒绝给养、虐待战俘，要求立即释放安突德等人，这让伊里布看到和平谈判收复定海的希望。

道光二十年八月廿九日（1840 年 9 月 24 日），伊里布以浙江巡抚乌尔恭额的名义照会伯麦，告知英方钦差大臣琦善驾到，同时说明可以释放战俘，条件是英方撤退兵船，将定海县城献出。

给英方发出照会后，伊里布马上又上奏道光皇帝，先是长篇大论，说自己如何"密为部署"，计划水陆并进收复定海；然后又论说了一番英方似有"向化之忱"，此时宜于招抚；最后委婉地道出自己准备用战俘换失地的计划。

几日后道光皇帝收到奏折，对伊里布的计划颇为欣赏，朱批褒奖并立刻批准。有了皇帝的批准，伊里布也就没有了后顾之忧，可以放心大胆地实施他的计划了。

伊里布是聪明的，他知道要实施战俘换失地的计划，就必须事前征得皇帝的同意。这样，即使日后有什么非议，也不必担心，因为此举是皇帝批准的。

可是，伊里布忽略了一点。皇帝说过的话也是可以不认账的。到了龙颜不悦的时候，皇帝可不会记得自己曾说过什么。伊里布后来倒霉也正缘于此。

伊里布向英方发出照会时，恰巧英国远征军海军司令伯麦不在舟山。英方当时由一个暂时主持军务的上校接收了照会。

道光二十年九月初三日（1840 年 9 月 28 日），英国远征军总司令兼全权代表懿律率舰队从天津南下，抵达舟山。懿律看到伊里布的照会，立即于九月初四日（9 月 29 日），向伊里布发出言辞强硬的复照，要求立刻释放被俘人员，否则马上动武。

九月初七日（10 月 2 日），英方副全权代表义律和翻译小马礼逊（John Robert Morrison，又译马儒翰）前往镇海，和伊里布、余步云（时任浙江提督）等人会谈。伊里布的家仆张喜，在其后来所写的《探夷说贴》中记载了一些伊里布当时的话，这些话今天读来也是很有意思的。

伊里布说："大皇帝格外施恩，准尔通商，尔等将何以报答？"

这是典型的天朝上国的思维，一副牛哄哄的腔调。可惜，如今英国人自恃船坚炮利，根本不买"大皇帝"的账。伊里布想用这样的话做英国人的思想工作，完全是自找没趣。

伊里布又说："我们办事，必令你们下得去，亦必令你们回得国，复得命。你们办事亦须教我们下得去，教我们奏得大皇帝，教我们大皇帝下得去。"

如此彼此各让一步、互相给个面子的江湖口气，竟然出自堂堂大清封疆大吏之口。这实在匪夷所思，十分可笑。伊里布也是没了办法，逼急了才说出这样江湖腔调的话来。外交是建立在实力的基础之上的，以大清当时的实力，真的没有办法和英国佬展开一场有底气的谈判。堂堂的钦差大臣伊里布只能拿出一副江湖口气，让英国人给自己一个面子。

时局将伊里布这个老头儿，憋屈到这个份儿上，大清的脸面已经丢光了。

5. 两个精明人的停战谈判

英方要求放人，清方要求归地，一时也没谈出什么名堂，但此次会谈也不是全然没有收获。伊里布从义律失口说出"不欲久居定海"的话里，揣测出用战俘做筹码交换定海的事，还是大有可为的。

英方"不欲久居定海"的主要原因是水土不服，疫病流行。英军的随军医院里，每天都挤满了拉肚子的士兵。总共才七千多人的部队，患病住院的就占了五千多人次。英军从广州到浙江，从浙江到天津，打了好几仗，没伤着几个人，却因为疫病流行，死了四百多人，这样的地方还怎么待得下去！

但是懿律他们这几个英国远征军的头头，可没想着轻易放弃定海。到了嘴里的肥肉，要吐出来，那是有条件的。懿律等人想用从定海撤军，换一个包括赔偿鸦片、割让土地、开放通商口岸等条件的条约。

要说伊里布精明，碰上个懿律，比他还精明。这两个精明的人就这样你来我往，扯着皮，谈着判。

懿律的要求大大超出了伊里布敢于接纳的范围，于是双方之间文书照会往来不断，也就是互相扯皮，没个实在的结果。

好在来了一道颇为及时的圣旨：道光皇帝下令对南下英军"不必开放枪炮"，"勿以攻击为先"。

道光二十年九月十八日（1840年10月13日），懿律照会伊里布，询问浙江是否奉旨"着令戢兵（停止攻击）"。次日伊里布即复照，皇帝饬令不得攻击，自己将严格约束士兵各守口岸，不侵扰英军，并要求英方也不得滋扰；同时还询问懿律何时离开定海前往广州。

双方的口气都比较客气，态度还显得十分友好，谈判似乎有了一点进展。

其实，啥进展也没有。只是伊里布在耍小心眼儿，想忽悠走这些英国佬。伊里布故意扭曲了道光皇帝谕旨的意思，开始打起自己的小算盘。

道光的意思是，如果英军南下广州，就不得攻击，而不是英军盘踞定海不得攻击。伊里布现在不再提战俘换失地的计划，而是希望和英军暂时议和，催促懿律南下广州。只要把这个瘟神忽悠出浙江地界，就算给朝廷有了交代。至于定海的问题，就等吧。英国人"不欲久居定海"，等琦善在广州和英国人谈判结束，定海的问题自然就会解决。

如此盘算，伊里布真不愧是个人精。

九月廿八日（10月23日），懿律同意了伊里布互不进攻的提议，提出三项停战条件：

　　一、清方不得阻碍舟山和大陆的贸易；

　　二、舟山在英国占领期间，应视为女王属地；

　　三、停止向舟山派遣军队或密探，停止煽动民众反抗。

　　懿律提出了停战的条件，伊里布心里并不踏实。其后几天，为了探知英国人的真实意图，伊里布派自己的家仆张喜两次前往定海，试探英国人的意思。

　　张喜带着牛羊鸡鸭，以犒师之名去定海和英方直接谈判。张喜本是小吏出身，后投伊里布门下做了家仆，随侍多年，深得伊里布信任。按照中国官场的规矩，张喜虽然名为家仆，实际地位却十分玄妙。借用英国人的说法，张喜就是伊里布的全权代表。

　　有伊里布的贴身近侍张喜出马，会谈进展神速。

　　十月十三日（11月6日），懿律发布通告，宣布浙江停战。伊里布也发布《晓谕定海士民告示》。双方文告虽措辞不同，但内容基本相同，即划定双方地界，互不逾越，互不侵扰，不得阻止人民往来等。

　　十月廿二日（11月15日），懿律率领部分舰船离开定海，南下广州。伊里布把瘟神打发到广州琦善那里去了，然后就静候琦善的谈判结果。

　　高啊！伊里布是个绝顶聪明的官场老油条。他就这样不动声色地将收复定海的任务，转移到负责在广州谈判的琦善身上，而他自己则什么也不需要做，单就坐等好事。

6. 捍卫胜利果实

　　伊里布停战议和的举动引起了两江一带官民士绅的一致愤怒，各路奏章纷纷上京，指责伊里布按兵不动。其中火力最猛的当数他的两个下属：新任浙江巡抚的刘韵珂和时任江苏巡抚、署理两江总督的裕谦。

伊里布并不怕纷纷扬扬弹劾他的奏章，他担心的是广州谈判的进展。谁知怕什么就来什么，琦善在广州的谈判并不顺利，道光皇帝已经龙颜震怒，准备停止和谈，重新开战了。

随后，道光皇帝下令，武力收复舟山。伊里布知道，皇帝发话了，就再也不能坚持和平谈判的计划了。于是他在上呈皇帝的奏折里，开始积极谈论武力收复舟山的种种想法，同时又找各种借口拖延时间。

道光二十年腊月初八日（1840年12月31日），伊里布奏称，将加强镇海防守，打算购备火船，对英军进行袭扰。

道光二十年腊月十七日（1841年1月9日），奏称兵员不足，需从安徽、湖北、湖南调兵援浙。

腊月廿五日（1月17日），又奏称已拟定作战计划，但"炮尚未齐，兵尚未集"。

道光二十一年正月初七日（1841年1月29日），又奏称，各项准备基本到位，但还需添造快船，招募水勇，并建议朝廷"以夷制夷"，利用美国钳制英国。

正月十一日（2月2日），又奏称广州谈判尚未有最后结果，不能贸然开战。

道光皇帝终于愤怒了。伊里布，谁你都敢忽悠啊！

正月十九日（2月10日），道光免去伊里布钦差大臣的差事，仍回两江总督之任。任命主战的江苏巡抚裕谦前往浙江接任钦差大臣，"专办攻剿事宜"。

就在这关键的时刻，广州的琦善有消息了。

正月十六日（2月7日），琦善六百里加急咨会伊里布：英军将归还舟山。

定海总算是和平地弄回来了，伊里布喜出望外。他一面将这一消息上奏皇帝，一面加紧和英国人交涉。但具体的交接事宜颇费周折，还需时日。

不料，正月廿九日（2月20日），伊里布收到新任钦差大臣裕谦的咨会。他才知道自己已被免去钦差大臣的差事，仍回两江总督之任。自己死撑苦等，终于可以和平收复定海。可就在胜利在望的时刻，自己钦差大臣的差事却被撸了，胜利的果实将被他人采摘，这简直是没了天理！

更要命的是，裕谦在咨会中说："安突德等不可释放，本大臣尚须查讯！"裕谦就是个二愣子，在咨会中牛哄哄的，一点面子也不给老上级伊里布留。更糟糕的是，在不费一兵一卒，就能和平收复定海的关键时刻，这个二百五提出"安突德等不可释放"，这不是找事吗？

不管咋说，眼下和平收复定海是头等大事。伊里布也顾不上自己已经被撤掉了钦差大臣头衔的事实。他决定加紧交涉，一定要赶在裕谦到任之前，完成收复定海的计划。伊里布这样做，一方面是不愿自己到手的功劳让裕谦坐享，另一方面也是怕裕谦发扬二百五的精神，不释放安突德等人，再惹出什么事端。

7. 倒霉时刻

道光二十一年二月初二日（1841年2月22日）晚，在一切尚未议定之时，伊里布仓促决定：派张喜将部分战俘带到定海释放，并劝英军退出；派葛云飞、王锡朋、郑国鸿三总兵率兵三千押解安突德随后跟进，收复定海。

一切尚未议定就仓促交接，导致交接的过程十分滑稽。

二月初四日（2月24日）清晨，张喜抵达舟山，释放了自己所带领的战俘。英方问及安突德等人的下落时，张喜回答：英方归还定海，便立刻释放安突德；如不归还定海，则马上杀了安突德，然后大军开战。

就在张喜给英方吹牛的时候，人家安突德回来了。不久，两个负责押解安突德的清方下级军官，气喘吁吁地追着安突德跑来了。

原来清军押解安突德的水师船在途中被英军发现，英军立马动武劫走了安突德。张喜本来希望用安突德要挟英方，现在安突德自己回来了，张喜手中立刻没了筹码，一时不知如何是好。好在英方已经决定撤出定海，收复计划也算没有受到阻碍。

二月初四日（2月24日）下午，英方收缩部队，准备离境。英军任命的伪定海知县——就是那个英军随军翻译、普鲁士传教士郭士立——告诉张喜："城已交还，仓内有谷，文庙内有衣服，县署内有书籍，我已交代明白，请先生自去检点。我去后恐被匪人盗去，先生可速派人管理。"

郭士立这个伪知县还真是尽心尽力，恪尽职守。一个外国人，不远万里，做了中国的伪知县，还做得这样尽职尽责。这酸爽，真是让人内伤啊。

要交接定海了，可清方派出的葛云飞、王锡朋、郑国鸿三总兵及三千士兵还不知所踪。接收定海的任务，就落在张喜和那两个下级军官身上。三个人接收一个县城，这是多么奇葩的任务。

张喜还得连夜返回镇海向伊里布报信，那两个下级军官只好四处找熟人代为看守城门和仓库。就这样糊里糊涂地交接了定海。

二月初五日（2月25日），英军登船南下，伊里布总算是完成了收复定海的任务。

直到二月初六（2月26日），葛云飞等人才集结队伍进入定海。原来三个总兵大人为谁先进入定海而争功，吵得军报无法定稿，导致迁延了三天才入城。

虽然交接定海闹出了笑话，但收复定海的任务总算是完成了。为此劳心劳力的伊里布大人，总算可以松口气了。但他不知道他倒霉的日子就要来了。

定海收复了，赶紧写奏折给皇帝报喜吧。

伊里布立刻上奏，给道光皇帝讲述收复定海时曲折动人的故事。他编造出英方"免冠服礼"交献城池，我方"整众入城"的交接情节，向道光皇帝表功。谁知道光皇帝看完奏折后大怒：既然如此容易收复，为何迟迟按兵不动？既然动用军队收复，为何让英夷全数撤退而不一举歼灭？伊里布本是想表功，结果却惹得龙颜大怒，他即将迎来自己的倒霉时刻。

道光二十一年二月十四日（1841年3月6日），道光皇帝下谕："伊里布革去协办大学士，拔去双眼花翎，暂留两江总督之任，仍带革职留任处分，八年无过，方准开复，以观后效。"

几个月后，道光皇帝又以伊里布接受英夷礼物馈赠一事，将伊里布交由睿亲王和刑部会审。还好，这件事伊里布能说清楚。当初英夷馈赠伊里布礼物，精明的伊里布知道这会引来麻烦。于是他就如实上奏，并将礼物交由粮台充贮。英国人撤出定海时，伊里布将这些礼物退还给了英夷。整个事件，老伊处理得十分恰当，就是为了防备日后可能被查问。

虽然伊里布说清了英夷馈赠礼物一事，但他在浙江任上，按兵不动，忽悠皇上，而且私下同英夷订立停战协定，条条都是大罪。最后，道光皇帝将他革职拿问，发遣张家口军台效力赎罪。

聪明滑头的官场老油子伊里布，最终还是被自己的聪明给害了，落得个同僚侧目、士人憎骂、皇帝降罪的下场。

当然，他的任务还未完结，几个月后，当大清上下明白真的打不过英国人时，道光又想起伊里布这个议和的"高手"，将他起复并派往前线议和。起复后的伊里布参与了南京的议和与《南京条约》的签订，最终被历史定格成一个投降派的代表。

一代能吏，最终落下个汉奸卖国贼的名声，被后世唾骂。老伊里布心中一定慨叹：时耶？命耶？运耶？

第八章　广州议和，琦善把自己弄成了卖国贼

1. 漫天要价与就地还钱

从查禁鸦片开始，道光皇帝任命的钦差大臣一个比一个倒霉，下场一个比一个惨。

第一个钦差大臣林则徐，为了查禁鸦片，兢兢业业地和英国的驻华商务监督义律斗法，引来了英国的大批军舰。道光皇帝觉得林则徐给大清添了乱，就把他办了个"误国病民，办理不善"，摘了他的官帽子。

第二个钦差大臣伊里布，聪明滑头，既忽悠皇上又忽悠洋人。虽然将定海从英国人手里弄回来了，但最终使道光皇帝龙颜大怒，落得一个革职拿问、发遣军台效力赎罪的下场。

派往广州接替林则徐，按照道光皇帝的意思，前去执行抚夷任务的钦差琦善，也没落着好结果。他在广州玩过了界，最终也是身败名裂，下场悲惨。

道光二十年七月（1840 年 8 月），英国舰队来到天津大沽口。琦善在道光皇帝的授意下和英军交涉，经过一番忽悠和劝说，成功使英人"返棹南下"。道光为自己"片言片纸，远胜十万之师"而扬扬得意，也对琦善办理抚局的能力深信不疑，就任命琦善为钦差大臣，"驰驿前往广东，查办事件"。

道光二十年十一月初六日（1840 年 11 月 29 日），琦善到达广州，准备和英国人谈判。此时，英国远征军总司令、全权公使懿律身染重病，已辞职回国。英国远征军总司令由伯麦接任，原来的副全权公使、懿律的堂弟义律就成为唯一的全权公使。

琦善本来对和谈是很有信心的，可和义律一交手才发现事情很难办。琦善本来以为，罢免林则徐，替英国人出口气，然后开放广州口岸，重新通商，中英之间的问题就可以彻底解决。谁知，义律抛出的和谈条件，远远超出了琦善的预想范围。

英国人的条件大致可以归纳为以下几条：

——赔款：赔偿被焚鸦片，赔偿军费，赔偿商欠等；

——割地：割让沿海岛屿；

——平等外交：中英官员平等交往，并要求给予英国最惠国待遇，给予英国领事裁判权等；

——平等贸易：开放多处通商口岸，废除行商制度，进行自由贸易，公布关税则例，不得滥收高收税费等。

英国可谓漫天要价，琦善只能就地还钱。

琦善预想的和谈条件是：

一、惩办林则徐；

二、恢复广州通商；

三、部分赔偿被焚鸦片；

四、中英官方文件往来采用"照会"。

从英方的开价看，英国希望能获得自由的通商政策，平等且更有利的外交关系。而琦善预想的和谈条件是，通过惩办林则徐来消解英夷的"怨愤"，恢复战前的"一口通商"秩序，再稍微给英夷一点平等（不再使用"禀帖"而用"照会"）。

一方漫天要价，一方就地还钱，要价和还价之间的距离相差十万八千里，根本就没有谈拢的可能。中英在外交问题的理解上，压根儿不在同一频道，谈判注定无法顺利进行。琦善在广州办理"抚局"的前景，注定不会乐观。

2. 安抚英夷

即便中英双方各自条件相去甚远，琦善大人还是孜孜不倦地为安抚英夷而努力。经过几次谈判，只谈拢一个问题：被林则徐一把火烧了的鸦片，该赔多少钱。

义律的要价是 2000 万银圆，琦善给出的还价是 500 万银圆。经过一番讨价还价，琦善再大方地加了 100 万银圆，然后就以 600 万银圆成交。英方对被焚鸦片的赔款并不是特别看重，而且 600 万银圆也远远超过被焚鸦片的损失，所以赔款的问题就算谈拢了。至于赔偿军费、割地、自由贸易、平等外交等问题，这就远远超出了琦善的权限，他不敢答应，只承诺愿意"代为奏肯圣恩"。

琦善将谈判的结果如实上奏，道光皇帝没想到英夷竟如此大逆不道。他之所以对英夷实施"抚局"，是因为英夷"情词恭顺"，没想到英夷竟然狮子大开口，提出割地赔款、平等外交等无理要求。这些条件，在天朝体例上简直是闻所未闻。如此气焰嚣张，岂能容忍？

道光二十年腊月初七日（1840 年 12 月 30 日），道光在琦善的奏折上批曰："看此光景，该夷反复鸱张，恐难以理喻。必当一面论说，一面准备，多方羁绊，待其稍形疲惫，乘机剿戮，方可制服也。"意思就是要琦善表面和英国人继续扯皮谈判，暗地里加紧备战。动用一切力量和手段给英国佬下绊子，消磨他们的锐气，等他们疲惫的时候，再给他们点颜色看看，让英国佬明白大清不是好欺负的。

给琦善批示的同时，道光皇帝还命令四川备兵两千，湖南、贵州各备兵一千听候调遣，并命令当时在浙江的钦差大臣伊里布准备渡海作战，收复定海。从道光皇帝这些做法看，他对"抚局"已不抱希望，而是准备动手"剿"英国佬一家伙。

道光皇帝远在北京的紫禁城，对情况不是特别了解，但身处一线的琦善可是啥情况都掌握。

琦善知道，论实力大清是干不过英国军队的，所以他绝对不愿意和英军兵戎相见。他一面上奏道光皇帝，直陈攻剿没有获胜的把握，希望继续和英人周旋。另一方面和义律多次照会往来，百般劝慰，设法拖延。

道光对琦善的软弱态度极度恼火，他主剿的决心愈发坚定，对琦善的态度也愈发严厉。道光谕令琦善"逆夷再或投递字帖，亦不准收受，并不准遣人再向该夷理谕"等，同时下令起用在广州听候处理的林则徐、邓廷桢。道光谕令，林则徐赏四品卿衔，协助琦善"妥为办理"。

对英强硬的林则徐重新被起用，这是一个明确的信号。这说明道光皇帝的态度，已经从"抚夷"转向"征剿"。钦差大臣琦善的工作重心也应该紧跟中央，马上转变。但琦善并没有跟上道光皇帝的思路，他还将希望寄托在努力安抚英夷、尽量避免开战上。

3. 虎门开火了

道光皇帝命令琦善假意交涉，暂时羁縻英夷，暗中开始调兵遣将，准备对英夷动手。可还没等道光皇帝布置妥当，英国佬倒是率先在广州开火了。

在一个多月的所谓谈判期间，义律早对琦善的拖延和忽悠不耐烦了。他觉得不揍清廷一顿，对方是不会乖乖签订条约的。

道光二十年腊月十三日（1841年1月5日），义律照会琦善，"依照兵法办行"。

腊月十五日（1月7日）清晨，英军军舰炮击虎门第一道防线——沙角和大角炮台。

英军军舰一面正面炮击沙角、大角炮台，一面派两艘轮船在正面火力的掩护下，运送士兵登陆。一通正面炮击，清军就死伤过半。登陆英军再从清军的背后发起攻击，来了个前后夹击。清军守军腹背受敌，即刻溃散，清军副将陈连升及其子陈鹏举战死，炮台沦陷。

先前，林则徐曾上奏道光皇帝："夷兵除枪炮之外，击刺步伐俱非所娴，而腿足裹缠，结束严密，屈伸皆所不便，若至岸上更无能为，是其强非不可制也。"没想到英军居然派兵登陆，前后夹击。看来英国佬的腿是能打弯的，他们是可以在陆地上打仗的，而且打得很勇猛呢。

此役，清军战死277人，另有5人重伤而死，受伤462人。而英军无人员死亡，只有38人受伤。如此的战果对比，大清这仗还怎么打呢？

当然，在清方很多记载中，说击毙英夷几十甚至几百人。鉴于大清官员一向在奏报中吹牛的德行，那些说法听听就行了，千万不能当真的。

攻陷沙角、大角炮台后，英国舰队溯江而上，进逼虎门第二道防线——横档一线，并围困上横档岛。

道光二十年腊月十六日（1841年1月8日），英国远征军海军司令伯麦释放清军战俘，并让战俘带给广东水师提督关天培一封照会，提出和谈的五项条件。

经沙角、大角一役，关天培已经看到了英军的实力，加之许多士兵正闹钱讹赏，军心浮动，当时实在不敢强硬。关天培回复伯麦，照会已经转交琦善，并含混地说："缓商办理，未有不成之事。"同时要求英军先退兵。

伯麦收到回复，立即退兵。可过了一天，还不见清方和谈的动静，英国人感觉自己被忽悠了。

道光二十年腊月十八日（1841年1月10日），英军围困虎门第二道防线上的镇远、靖远、威远等炮台，并轻而易举地破坏了当初林则徐在江面上布置的木排铁链的第一道（林则徐当初共布置两道）。英军放回守木排铁链的士兵，并让这些士兵带回口信，扬言要轰平炮台，攻陷广州后再和琦善谈判。

局势危急，关天培等将领向广州的琦善求援，请求发兵救援。琦善不敢公开发兵，而是秘密增派士兵二百名。二百名士兵也好意思叫援兵吗？后来，有人以此事为据，认定琦善是一个软弱昏聩的投降派。其实这真是有些冤枉琦善大人了。

近代炮战，比的是火力。火力不如人，派再多的人能顶个屁用，难道让大家都挤到炮台上，方便英国炮轰吗？

虽然道光皇帝已经一意主剿，但琦善明白这仗是真的打不过，所以他决定继续和义律谈判。只要能设法忽悠英国这些瘟神离开，就算不辱使命，对得起皇恩浩荡了。

4. 进退维谷

面对英军在虎门一带的武力威慑，琦善只能重新开始和义律谈判。

琦善派通事鲍鹏为代表和英方交涉，希望用外洋一处寄居之所换取英军从沙角、大角撤兵；同时要求英军交还定海，作为重开广州贸易的条件。义律要求割让尖沙咀和香港，作为交还定海并退出沙角、大角的条件。见英人同意交还定海，从沙角、大角退兵，琦善乘机讨价还价，提出只准英人在尖沙咀和香港两处中挑选一处。

道光二十年腊月廿四日（1841年1月16日），义律同意放弃尖沙咀，但要求把香港一处改作整个香港岛。

腊月廿八日（1月20日），在未得到琦善明确答复的情况下，义律便单方面发出公告，宣布他和中国钦差大臣已经达成四项初步协定：

一、香港岛及其港口割让给英国；

二、赔偿英国政府600万银圆；

三、两国正式交往基于平等地位；

四、于中国春节后十日（即1841年2月2日）重开广州贸易。

这就是后来历史书上所说的《穿鼻草约》。实际上这个草约并没有正式的文件，也没有被双方共同认可。即便如此，琦善卖国贼的名声也就落下了。

就在义律发布公告的当天，琦善向道光皇帝上奏了谈判的结果，希望皇帝批准这个协定。而此时，道光皇帝严令琦善"整饬军威""相机剿办"的谕旨也到达广州。琦善一时进退维谷。

道光二十一年正月初四日（1841年1月26日），英军已经实际上占领香港。

正月初五、初六两日（1月27日、28日），琦善和义律相会于虎门。琦善坚持只能给香港一处让英国人寄居，而不是香港全岛。义律也毫不退让，会谈两天毫无结果。

琦善也知道自己这次是玩大了，没法收场了，所以他只好以身体不适为由，要求会议延期举行。此后，琦善一直靠称病来拖延时间。

道光二十一年正月初八日（1841年1月30日），决心征剿的道光皇帝下诏：从湖北、四川、贵州、河南、广西、江西六省调集万余大军开赴广东；并任命皇侄奕山为靖逆将军，尚书隆文和河南提督、果勇侯杨芳为参赞，一起赶赴广东，负责广东军事。皇帝决心要和英夷大干一场。琦善的和谈彻底破产了。

但琦善并没有停止和英夷的谈判，他这样违旨也是迫不得已。一方面英国人咄咄逼人要求他兑现停战承诺，另一方面皇帝决心征剿，但大军未至，此时也不是终止谈判即刻开战的时候。大军在广东集结完毕前，总要先忽悠着吧。

当然，琦善一直不死心，他一心想通过和谈解决中英争端，从而最大可能地降低大清的损失。但是他违旨谈判的做法，不论当时还是现在，都明显属于犯罪行为。作为前线的最高长官，违背朝廷指令，私下同敌军谈判，这种行为即使构不成卖国，也是确定无疑的通敌大罪。

虽然琦善大人用心良苦，可他越积极谈判，其卖国通敌的罪名越发坐实。琦善后来获罪倒台，而且被时人和后世视为汉奸卖国贼，其原因正在于此。

琦善上奏道光皇帝，明确列举"地势则无要可扼，军械则无利可恃"等情形，力言"交锋实无把握"。

道光皇帝收到奏折后震怒，他在琦善的奏折上朱批道："朕断不能似汝之甘受逆夷欺侮戏弄，迷而不返。胆敢背朕谕旨，仍然接受逆书恳求，实出情理之外，是何肺腑？无能不堪之至！汝被人恐吓，甘为此遗臭万年之举，今又摘举数端，恐吓于朕，朕不惧焉。"

皇帝很生气，后果很严重。

气恼至极的道光皇帝发出上谕："着革去大学士，拔去花翎，仍交部严加议处。"同时命他戴罪立功，统辖广东官兵准备决战。

道光二十一年正月十八日（1841年2月9日），道光皇帝的谕旨送到广州。但此时，琦善还在和英方接触交涉。因为他不忽悠住英国佬，英夷就会发炮开战。胆怯心虚的琦善，根本没胆量放开手脚和英国人硬上。

道光皇帝已经明令不准再接英夷逆书，命令对英军痛加洗剿，而琦善还在和英方接触，这已经是违旨和欺君的大罪。琦善也知道这么干存在大问题，他只能向道光上奏解释：这是缓兵之计。其实，号称大清官场能吏干员的琦善，此时已经进退失据，没了主意。

5. 说他卖国，他还不够资格

琦善给道光皇帝上奏，为自己继续和英夷接触的事找借口开脱。但久历官场、擅长把握政治方向的广州官员们，对琦善的做法已经十分不满和担心。他们知道，琦善违旨欺君，有朝一日肯定倒霉。他们可不愿意和琦善搅和在一起，到时候被牵连获罪。

道光二十一年正月二十日（1841年2月11日），为了撇清和琦善违旨议和的关系，广东巡抚怡良密奏道光皇帝，以向英夷"私许香港"的罪名弹劾琦善。

正月廿九日（2月20日），道光皇帝收到怡良的密折，顿时龙颜大怒，即刻下谕：琦善擅予香港，辜恩误国，着即革职锁拿，押解京城严讯，所有家产查抄入官。琦善彻底倒霉了。

就在将琦善革职锁拿的谕旨发往广州的时候，英国人也失去了耐心。

道光二十一年二月初四日（1841年2月24日），英军司令伯麦向广东提督关天培发出最后通牒，要求清军交出虎门第二道防线——横档一线由英军据守。清军未曾回复。

二月初五日（2月25日），英军开始行动，占领下横档岛。"中英虎门大战"就此拉开帷幕。

二月初六日（2月26日），英军炮轰上横档岛，清军阵亡三百多人，余众溃散，上横档岛失陷。当日上午十一点，英国军舰炮击靖远、威远、镇远等各处炮台。清军大炮体积庞大，不便调转移动，且射程、火力都不如英舰火炮。两军激战不多时，清军据点就相继陷落。

关天培在靖远炮台督战，英夷炮火猛烈，关天培负伤十余处，浑身鲜血淋漓，但他还是继续坚守，亲自燃放火炮还击。当英军攻上炮台，部下苦求关天培撤退。他拒不撤退，手持佩刀与敌肉搏。搏斗中左臂受伤，后又不幸被英军炮弹击中，壮烈牺牲。

关天培，字仲因，号滋圃，江苏淮安府山阳县（今江苏淮安市淮安区）人。他出身于行伍世家，早年中武秀才，授把总之职（相当于今天连排长之类的下级军官）。关天培从小小的把总开始，一步一步做到广东水师提督。在广东任上，积极筹备海防，配合林则徐查禁鸦片，立下汗马功劳。虎门一战，关天培英勇战死，壮烈殉国，也算死得其所。

此后，虎门第三道防——大虎山、小虎山炮台守军不战而逃。不久，英军又攻陷乌涌和猎德炮台，逼近广州。

虎门大战清军大败，英舰游弋于黄埔江面，广州城已危急。

虎门之战的结果，是由双方的军事力量和战术水平决定的。以双方的力量对比，清军的失败在所难免。后来，人们普遍将战败的责任推给琦善，说他一味妥协，疏于防务。琦善也是百口莫辩，他在广州主持抚局，本希望忽悠英夷，平息事态，结果自己成了卖国贼。一个卖国贼还有什么可为自己申辩的呢？他早没了辩白的机会了。

平心而论，琦善违旨议和是一大罪状，但要说他卖国，那么他还不够资格。清朝政体，国家是皇帝的，所有臣工不过是给皇帝打工的奴才，他们如何能卖了皇帝陛下的国呢？琦善在和谈期间多次奏请皇帝，希望皇帝批准和谈条件，他何曾自作主张过呢？退一步说，倘若当时真的达成协议，就此停战，清廷的损失是不是比后来的《南京条约》更小一些呢？

道光二十一年二月初十日（1841年3月2日），道光皇帝惩办琦善的谕旨到达广州。奉旨和谈的钦差大臣成了卖国贼，被锁拿进京。

关天培壮烈殉国了，琦善锁拿进京了，广州一时群龙无首，人心惶惶。道光皇帝任命的靖逆将军皇侄奕山、参赞大臣隆文、果勇侯杨芳正在赶往广州的路上。以后，广州的防务就靠他们了。

第九章 马桶战术与弥天大谎

1. 果勇侯杨芳的马桶战术

虎门一战，英军连破虎门三道防线。英舰已开到黄浦江上肆意游弋，广州危在旦夕。此时，关天培战死，琦善被锁拿进京，广州大局无人主持，所有官绅士民人心惶惶。就在此时，大清战功赫赫的一等果勇侯、湖南提督杨芳抵达广州。

果勇侯杨芳的到来，立刻平息了广州城里的恐慌。群龙无首的广州官方，终于放下了心，总算有了挑头负责的人，面对危机局面，也有了主心骨。恐慌的广州民众也感觉心里踏实了，朝廷派来战功赫赫的沙场老将，广州城一定可保平安无虞。

杨芳，字通逵，号诚村，土家族，生于贵州松桃厅（今松桃苗族自治县）。杨芳是穷苦人家出身，幼时念过书，练过武，参加过科举。但穷人家的孩子，没有继续读书应试的经济实力，他只能放弃四书五经，另作打算。杨芳父兄都在军营当兵，在军中算是有点门路。于是，年仅 16 岁的杨芳，便投军入伍，在军中做了个小书吏。

在军中一群大老粗里，读过几天书的杨芳，如同锥在囊中，很快就脱颖而出，受到当时军中名将杨遇春等人的赏识，经推荐补任为把总。其后，杨芳随军四处征战，因为作战勇敢，屡立战功，一路升迁，历任千总、守备、都司、游击、参将、副将、总兵。

嘉庆十一年（1806 年），杨芳曾暂时署理固原提督。嘉庆二十年（1815 年），时年 46 岁的杨芳正式被擢升为甘肃提督，站在了大清从一品的高位上。

道光六年（1826 年），新疆张格尔叛乱，杨芳随大军出征。次年，生擒逆首张格尔。平定叛乱，生擒逆首，杨芳迎来了人生新的辉煌。道光皇帝赐封杨芳为三等果勇侯，加太子太保衔，绘像挂到了紫光阁上。不久又因平定四川等地彝族起义，晋封一等果勇侯，成为道光皇帝十分倚重的功臣良将。

道光二十一年二月十三日（1841 年 3 月 5 日），果勇侯杨芳赶到广州，全城百姓欢声不绝，"官亦群倚为长城"。

果勇侯杨芳时年 71 岁，从 16 岁从军算起，至此进驻广州，他已戎马倥偬五十五载。有这样的疆场宿将，何愁广州不靖，英夷不灭。有果勇侯在广州城就啥事没有，英国佬就等着挨揍吧。

道光二十一年二月十四日（1841 年 3 月 6 日），英军攻陷猎德、二沙尾炮台。猎德、二沙尾距当时的广州城东南角仅三公里，广州已是危在旦夕。杨芳急忙派广州知府余保纯出面和义律谈判，要求停战。英方暂停攻击，广州获得几日的安宁。杨芳上奏道光皇帝，绝口不提猎德、二沙尾炮台失陷，仅说英军前稍探至省城外十里处游弋。

不久，杨芳又隐匿乌涌炮台失陷的实情，反而奏报称乌涌一战，清军砍毙逆夷四百多人，并准备诱敌深入，予以全歼。远在北京的道光皇帝被杨芳忽悠得十分高兴，在他的奏折上朱批道："朕日夜引颈东南，企盼捷音之至。"

在几日停战的间隙，杨芳拜访林则徐等广州官员，了解战况。通过了解，杨芳发现清军的火炮在陆上，坚固平稳，却打不中英国军舰；英国军舰火炮在海上，波浪摇撼，却能击中清军炮台。这是为什么呢？实在不合理啊！

事有反常者，必有妖。

经过分析研究，杨芳老将军得出结论：必有邪教善术者伏其内。就是说，英军里肯定埋伏着邪教的人，是他们使用法术，让清军的大炮打不着英国的军舰。要想取得胜利，就必须破除英夷的邪教法术。

咋破除邪教法术呢？这得从中国的"传统文化"中找方法，来个以邪制邪！

中国民间传说，污秽之物可以让邪术显形失灵。啥是污秽之物呢？与女人月经相关的东西，在民间说法里，就算是污秽中的极品，人一旦沾上就会终身倒霉。破解邪术，这些和月经相关的东西，功效和狗血一样，据说十分灵验。

于是杨芳就命人在广州城里大量收集女人使用的马桶，并将这些马桶放置在炮台四周，置于木筏之上。等到开战的时候，将这些木筏横在前面，马桶对准英夷军舰，这样就可以破解英军的邪术，达到克敌制胜的目的。

杨芳命人扎草人、建道场、祈鬼神，大搞封建迷信活动，寄希望于鬼神，乞求老天保佑清军战胜英夷。

道光二十一年二月廿一日（1841 年 3 月 13 日），战火再起，英军攻陷了大黄滘炮台。杨芳费尽心力，寄予厚望的马桶战术并不能克敌制胜。女人的月经对付英军的大炮，基本啥作用没有，反而白白浪费了许多马桶。清军被英国军舰一通猛轰，纷纷落荒而逃。英舰长驱直入，杨芳急忙将部队撤回广州内城。

军功卓著的沙场宿将，广州官民倚为长城的果勇侯杨芳，竟以如此荒唐的办法抵御敌人，这岂不正说明自诩为天朝上国的大清，其实已愚昧无知到令人惊异的程度。欧洲凭借科技，高歌猛进，天朝依靠迷信，蒙昧昏聩。既是如此，被人家暴捶一顿，确实一点都不冤枉。

2. 撒谎欺君，杨芳革职留任

果勇侯杨芳的马桶御敌战术失败了，他急忙将部队撤回广州内城，又赶紧派人和英国人商谈休战的事。

道光二十一年二月廿四日（1841 年 3 月 16 日），义律派出一艘打着白旗的小船，向广州送去新的停战照会。船行至凤凰岗炮台时，刚刚进驻炮台不久的江西兵不懂白旗规则，发炮轰击，英方送信的小船只好退回。杨芳上奏道光皇帝，继续撒谎，将此事吹嘘成打了一个大胜仗，并说英夷被击毙多名，再也不敢进入省河。

送信船在凤凰岗被炮击，义律决计报复。

二月廿六日（3 月 18 日）上午，英舰一路攻克凤凰岗、永靖炮台、西炮台、海珠炮台和一座沙袋炮台。下午四点，占领广州城西南角的商馆。广州城岌岌可危。

仗一直这样打着，可就苦了远涉重洋的洋商们，他们不远万里到中国的目的就是为了做生意赚钱，现在广州打得热火朝天，这生意还怎么做呢，弄不好他们会人人赔个底朝天的。于是，他们就找曾经的驻华商务监督，现任大英全权代表义律，要求想办法让他们继续做生意。

义律对广州没有兴趣，也不愿意因战争影响贸易，让英国商人蒙受损失。

二月廿七日（3 月 19 日），义律通过行商向杨芳提议，休战通商。杨芳和怡良、林则徐碰头商量了一天，决定答应义律的提议。

次日（3 月 20 日），英军退出广州，通商恢复。

果勇侯"果勇"成这个样子，也只好靠谎言来继续忽悠远在北京的道光皇帝了。英军占领商馆，杨芳等迫于英军威势同意广州通商。对此局势巨变，杨芳不敢据实上奏，继续粉饰遮掩，谎话连篇。

杨芳隐瞒了广州内河各炮台失守和英军占领商馆的事实，轻描淡写地说英军窜入内河，因清军防守严密旋即退走，并诡称为了将来彻底剿办英夷，奏请皇帝批准恢复广州通商。道光皇帝被杨芳忽悠得十分兴奋，命令杨芳在靖逆将军奕山、参赞隆文抵粤后，将英夷四面包围，一网打尽，进而收复香港。

如此弥天大谎，把远在北京紫禁城的道光皇帝彻底忽悠傻了。他傻傻地兴奋着，傻不拉唧地发号施令，还真以为大清在广州已经取得了十分显著的胜利呢。

道光二十一年三月初九日（1841 年 3 月 31 日），广州恢复通商已十天，杨芳上奏说，美国商人进入广州贸易引起英国商人羡慕，英夷希望通商，姿态驯服；以此试探道光，希望道光批准恢复中英贸易。

三月十二日（4 月 3 日），杨芳、怡良上奏皇帝，声言已经批准英属印度商人在广州贸易，并请求道光皇帝批准英国通商，"暂作羁縻，以便从容布置，可期计出万全"。

道光皇帝终于有一点点明白了，杨芳、怡良在忽悠他。他在杨芳、怡良的奏折上朱批训斥道："朕看汝二人欲蹈琦善之故辙""若贸易了事，又何必将帅兵卒如此征调？又何必逮问琦善？"

气恼之余的道光皇帝将杨芳、怡良"交部严加议处"，后来给了个革职留任，以观后效的处分。

果勇侯杨芳戎马一生，见惯大风大浪。他立过大功，也闯过大祸。褫花翎，摘顶戴，经历过好多次，革职发遣戍边的滋味也尝过。这次在广州隐瞒军情，撒谎欺君，只挨了个革职留任的处分。这对啥事都经历过的杨芳而言，不过是毛毛雨，根本就不是个事。

据时人所著笔记《夷氛闻记》《粤东纪事》等书记载，杨芳在广州休战期间，并不积极备战，而是白天购买西洋钟表等洋货，"夜则买俏童取乐"。

广州城里的老百姓，对杨芳彻底失望了。当时就有人写诗讽刺他道：

> 杨枝无力爱南风，参赞如何用此功。
>
> 粪桶尚言施妙计，秽声长播粤城中。
>
> 芳名果勇愧封侯，捏奏欺君竟不羞，
>
> 试看凤凰冈上战，一声炮响走回头。

3. 皇侄奕山的火攻计划

道光二十一年三月廿三日（1841年4月14日），深得道光皇帝器重的皇侄、大清新任的靖逆将军奕山，在车马仪仗的簇拥下，浩浩荡荡地开进了广州城。此时的广州在杨芳和怡良的主持下，和英方停战通商，一派祥和。

奕山一来，杨芳就解脱了，他再也不用挑头负责，辛辛苦苦靠编造谎言过日子了。广州这个烂摊子，现在就由道光皇帝的侄子、堂堂的靖逆将军奕山负责了。

爱新觉罗·奕山，字静轩，满洲镶蓝旗人。他是康熙十四子爱新觉罗·胤禵的玄孙，正儿八经的大清皇族。爱新觉罗·胤禵就是大名鼎鼎的"十四阿哥"，是康熙皇帝最宠爱的儿子。道光皇帝的曾祖父雍正皇帝爱新觉罗·胤禛是康熙的四儿子，和胤禵是一母同胞的兄弟。按照大清宗室辈分，道光皇帝是奕山的叔叔，奕山是道光的族侄。

康熙晚年，康熙的儿子们为了争储位，个个斗得像乌眼公鸡，四阿哥胤禛和十四阿哥胤禵之间友谊的小船也是说翻就翻了。后来，皇四子胤禛胜出，成了雍正皇帝。皇十四子胤禵不服气，曾大闹灵堂，拒不向新皇雍正下跪。

雍正也不客气，将胤禵先来个幽禁，后来又改成圈禁，关了十几年。直到乾隆继位时，胤禵才被放出来。

到了道光皇帝继位后，那些皇族旧日恩怨已经成为陈年往事。道光对他这个族侄奕山也是信任有加，大加提擢。奕山先由四品宗室充任三等侍卫，历任塔尔巴哈台领队大臣、镶蓝旗汉军副都统、伊犁参赞大臣、正红旗护军统领等职。

道光十八年（1838年），奕山授伊犁将军，道光二十年（1839年）被召回北京。琦善在广州软弱投降，私许香港；道光一怒之下撸了琦善的官，抄了琦善的家，把他打发到边疆扛枪充军去了。奕山这时候就被他的皇帝叔叔任命为靖逆将军，赶赴广州，为大清平定逆夷。

103

奕山到来，英国全权公使义律即刻照会广州方面：奕山来了，以前说好的休战通商还算不算数？

奕山初来乍到，情况不熟，于是他召集杨芳、怡良等广州大员会商。所有人一致认为英夷不好对付，开战是占不到便宜的。奕山决定从善如流，继续执行杨芳、怡良和义律达成的停战通商协议，等待圣谕。

可问题是，奕山是朝廷任命的靖逆将军，开战剿贼才是他的职责。你不打仗反而和英夷停战通商，这算什么"靖逆"呢。

道光二十一年闰三月十二日（1841年5月2日），道光皇帝的谕旨到达广州，命令奕山"迅速督饬兵弁，分路兜剿，务使该逆片帆不返"。

此时，从湖北、四川、贵州、河南、广西、江西六省调集的一万七千多名士兵也陆续抵达广东。奕山没有了退路，只能硬着头皮准备开战。他制定了一个用木排、民船装载易燃物逼近英军战舰实施火攻的作战方案。尔后的事实证明，学习火烧赤壁的办法来对付英国军舰，这招根本就行不通。

道光二十一年四月初一日（1841年5月21日），奕山下令发起火攻，结果英舰一艘未损，而清军的木排、民船却损失殆尽。

四月初二日（5月22日），英军反攻，分兵两路进攻广州城，广州失陷也就是个时间问题。

奕山的火攻计划明明失败了，但他却在给道光皇帝的奏折里扯谎说，烧毁英军大小兵船若干，英国士兵被烧得哭爹喊娘，惨叫声传遍好几里地。

十多天后，道光皇帝收到奏报，心里乐开了花，朱批道"甚属可嘉"，将奕山、杨芳等人交部优叙。

四月初三日（5月23日），集结于香港一带的英军抵达广州，和先前进攻广州的英国海陆军一起形成对广州东西夹攻的态势。

四月初五日（5月25日），英军占领广州城北越秀山上的六处炮台，清军全部溃逃到广州城中。英军就势架起大炮，居高临下，将广州城置于炮火射程之内。

四月初六日（5月26日），英军准备开火攻城，却意外地发现广州城内升起了白旗，广州要投降了。各位注意，白旗啊！大清终于知道白旗是干啥用的了。这说明在这场战争中，天朝上国还是学到了一点点东西的。

4. 撒谎撒出新高度

广州城里升起了白旗，奕山算是学会了认怂的正确方式。

奕山派广州知府余保纯出面告诉义律：打不过，不打了，咱们停战议和吧。这余保纯也是倒霉，每次打不过要派人去议和，都是他出面。没办法啊，谁让他官小呢。在大员聚集的广州城里，这种出力不讨好的活儿，也只能是他这个小小知府去干了。

义律开出停战条件五条：

一、清军退出广州城，至城外二百里驻扎；

二、赔偿英军"使费"600万银圆；

三、赔偿英国商馆被焚劫和先前林则徐误烧西班牙船的损失；

四、清方如期付款后，英军可退出虎门口外；

五、以上须由奕山、隆文、杨芳、怡良等以联衔公文授权广州知府办理，方为有效。

奕山一点都没讨价还价，立马同意了英方的要求，同义律订立停战条约，史称《广州和约》。

道光二十一年四月初七日（1841年5月27日），急于求和的奕山先支付英方"使费"100万银圆。剩余款项承诺于四月十一日（5月31日）前，全部付清。

奕山是真着急，只要英方答应退兵，区区600万银圆不算个事。如果让他的皇帝叔叔知道了英军将要攻陷广州城的消息，这可是要撸官、掉脑袋的。

四月十二日（6月1日），双方按照义律开出的停战条件，开始各自退兵。广州开始停战通商，一切又恢复到以前的状态。唯一不同的是，清方这次一折腾，600万银圆没了。不过这是毛毛雨，小意思啦。不就是一点钱嘛，而且这钱由行商们掏腰包，又不用朝廷和皇上的银子。

处理完了英国人的事，现在要考虑的是怎么向皇帝汇报的问题。咋汇报呢？继续撒谎呗！

这次编谎话，奕山可是编出了水平，编出了高度，编出了绘声绘色的动人情节。我们且看奕山是如何奏报清军神勇获胜的情节的：

据守剿兵丁探报，城外夷人向城内招手，似有所言，当即差参将熊瑞开埠看视，见有夷目数人以手指天指心。熊瑞不解，即唤通事询之。据云要禀请大将军，有苦上诉。总兵段永福喝以我天朝大将军岂肯见尔，奉命而来，唯知有战！该夷目即免冠作礼，屏其左右，将兵仗投地，向城作礼。段永福向奴才等禀请询问，即差通事下城，问以抗拒中华，屡肆猖獗，有何冤抑。据称，英夷不准贸易，货物不能流通，资本折耗，负欠无偿。因新城之外，两边炮火轰击，不能传话，是以来此求大将军转恳大皇帝开恩，追完商欠，俯准通商，立即退出虎门，交还各炮台，不敢滋事……

且看"夷人向城内招手""以手指天指心""免冠作礼，屏其左右，将兵仗投地"，这些细节是多么生动；"转恳大皇帝开恩，追完商欠，俯准通商""交还各炮台，不敢滋事"，这些言辞又是多么恭顺。

将谎话编得这样天花乱坠，精彩纷呈，这皇侄奕山可真是有水平！可以想象道光皇帝看到这样的奏报，内心该是如何的喜气洋洋。大清要啥？面子！只要英夷俯首认咒，其他的事情都好说。

有前面奏报的铺垫，一定会把自己的皇帝叔叔哄开心，然后奕山明确地汇报，为了不让双方因为"误会"再起战火，他同意了夷人通商的请求。对于支付给英方的600万银圆"使费"，奕山奏报为"商欠"，由行商马上"还"给英国就是。说法一换，一切就顺理成章，况且这600万银圆自有行商们支付，又不用掏皇上的腰包。至于撤军城外的事情，奕山奏报说：为了避免清军在城内滋事，于是撤兵城外驻扎。

啊是水平，这就是水平。为了不给自己的皇帝叔叔添堵，奕山把谎言编得内容充实，细节生动，真不愧是爱新觉罗氏的"优秀"子孙！

5. 奕山的"高明"之处

紫禁城里的道光皇帝，当然不知道大清东南一隅的广州到底发生了什么，他更不知道自己信任有加的皇侄编造了一个弥天大谎。

道光二十一年四月廿九日（1841年6月18日），道光皇帝收到了奕山的奏报。经过一番折腾，道光也是倦了，既然英夷只是为了通商，而且言辞如此恭顺，那就准了吧。道光皇帝当日就下谕旨："该夷性等犬羊，不值与之计较"，"朕谅汝等不得已之苦衷，准令通商"。

五月廿六日（7月14日），奕山再次上奏，"粤省夷务大定"，建议撤退外省援粤兵勇。道光大喜，以为战争彻底结束了，于是命各省调防广东的清兵撤退。一万多士兵一天要花多少钱啊，这让抠搜的道光皇帝心疼了。各位士兵还是各回各家，各找各妈去吧，给咱大清节省一些粮饷军费。

如果说奕山靠谎言蒙混过关了，那真是小看这位皇侄了，他还有下一步动作呢。

奕山奏请，广州夷务大定，有文武官兵554人立功，请求朝廷奖赏。朝廷允准，分别给予这554名"有功人员"优叙、升官、补缺等奖赏。广州官场喜气洋洋，互相祝贺荣升。大家都得了好处，谁还会戳破奕山的谎言呢？这就是奕山的"高明"之处，大家一起来说谎，共同把官升，一起进退，结成死党，这岂不妙哉！

有趣的是，大家都升官了，有个人却受到了处罚。这个人就是林则徐。林则徐本来被革职，在广州等候处理。后来道光又起复了他，让林则徐以四品职衔协助办理广州事务。现在粤省夷务大定，道光皇帝就开始赏恨林则徐了。在道光看来，这一切乱子都是林则徐惹的，不处罚他处罚谁呢！于是道光皇帝一纸谕令将林则徐革去四品职衔，"从重发往伊犁效力赎罪！"和林则徐一起发配的还有的他的铁杆儿搭档邓廷桢。两老头儿都被发配到伊犁，扛枪为国保边防了。这样他们好歹还是个伴儿，也算不那么寂寞。

主战的林则徐和主和的琦善，结果都一样，发配流放。你说大清的事情咋就这么难办呢，咋弄都是错的，这叫人情何以堪。

第十章 三元里的汉奸和义民

1. 汉奸都是些什么人？

英军坚船利炮施虐大清东南沿海，入侵大清城池。按理说大清应官民同心，保家卫国，一起抗击侵略者。可事实却十分打脸，民众并没有和官府同仇敌忾，齐心协力，反而出现了许多为夷人提供后勤、刺探情报、引路，甚至直接参与作战的汉奸。

据《道光朝筹办夷务始末》记载，仅三元里一地，就搜出援助英夷的汉奸 1200 名。琦善在向道光皇帝上奏广州"不堪作战"的情形时说到，广东民众除已为汉奸者外，其余民众咸被英军诱惑以助敌势。后来战局日趋不利时，浙江巡抚刘韵珂向道光上奏"十可虑"的奏章中说："论者本谓该逆不长陆战，而两年之中，该逆之略地攻城，皆在陆路，且能爬越山岭，又有汉奸为之导引，各处路径，较我兵反为熟悉。"战争后期，在杭州主持战局的扬威将军奕经更是说，两广一带"到处汉奸充斥，商民十有七八，皆为奸匪"。

为什么会出现那么多的汉奸呢，这些汉奸又是些什么人呢？我们且分类论之。

第一类汉奸就是行商。广州十三行和外国商人商贸往来，关系密切，这些行商们从一开始就有汉奸的嫌疑。钦差大臣林则徐初到广州就声称："本大臣奉令来粤，首办汉奸，该商等未必非其人也。"为了迫使鸦片贩子缴出鸦片，林则徐更是用行商的性命相要挟，迫使英夷低头。因为在他看来，这些行商天天和洋夷打交道，天生就是汉奸坯子。整治他们理所当然，根本不需要有任何顾忌。

后来，战事一起，沿海各地都明令不得向英人提供淡水、蔬菜等生活给养。英人生活陷入困顿，不得不出高价购买生活给养。因为有利可图，众多的小商贩和无业游民进入到汉奸的行列中来。这些贪图蝇头小利的小商贩和无业游民，就成了第二类的汉奸。

只要能赚钱糊口，这些升斗小民才不管做生意的对象是什么人。《道光朝筹办夷务始末》记载，在厦门，英军"出重价买猪羊牛只，图利奸民及贫苦之人，亦肩挑瓜果蔬笋等，向鼓浪屿岸边昂价售卖"。从事汉奸行为，可以让这些人得到大大高于往日的银钱收获。林则徐禁止与英商贸易后，无籍游民偷运粮肉蔬菜可以获得五倍于平时的利润，所以众人趋之若鹜。

第三类的汉奸，就有些货真价实的意思了。贩卖生活给养可以赚钱，替英人走私鸦片、为英军提供情报等赚的钱更多。于是，沿海一些不法之徒就开始铤而走险，投靠英夷，成了彻头彻尾的汉奸了。

《道光朝筹办夷务始末》记载，若为英军提供情报，"每纸卖银二十元"。重赏之下，浙江曹娥江以东地带的奸民，每日向英军呈报的消息多达数十条。"该逆不论虚实，莫不犒给银钱，以故此辈乐为彼用。"在原本少有汉奸的宁波，"因鬼子占据半年，却被洋钱哄诱，处处都有（汉奸）"。

更有甚者，有许多不法之徒、亡命之辈直接参与了英军的军事行动。在虎门的大角炮台，英军在正面进攻的同时，"又拨夷兵汉奸数百名，由大角山后缘山而上，从墙缺处打进炮台……其攻沙角炮台也，逆先拨黑夷千余名，汉奸百余名，由穿鼻湾登岸，逆兵船则攻炮台前面，黑夷从山后攻炮台后面，我兵两面受敌"。

林则徐在家信中也提及此次战役中的汉奸之害，他们"或冒官兵号衣，或穿夷服，用梯牵引而上"，既为英军带路，又帮助英军作战。

第四类的汉奸则是确确实实被冤枉的，他们是清廷官兵抓良冒功的牺牲品。他们本是无辜的百姓，却被朝廷官兵制造成了汉奸。

鸦片战争开战以后，一些被抽调到广州前线的内地官兵，为冒领军功，对战争中避难的百姓下手。"兵将不相见，遇避难百姓，指为汉奸，掠夺财物。"镇海大战之前，镇江守将海龄亲自下令"散布旗兵，满城捉路人做汉奸，付邑宰监禁拷掠，不容置辩"。

从以上分析看，所谓汉奸，有长期和洋人打交道的行商，也有贪图小利的斗升小民，更有被抓良冒功的无辜百姓，而真正的汉奸，其实并不多。如果把以上四类都视为汉奸，那么大清沿海，可真就是汉奸遍地了。

2. 金钱的诱惑

英国佬用金钱诱惑，让沿海居民为他们服务，成为汉奸。大清沿海各省，也同样用利益引导民众站在自己一方。双方都在用金钱争夺民众的支持。

林则徐曾多次贴出布告，公布赏金，鼓励兵丁壮勇斩杀洋人，悬赏按职级高下不等。斩杀逆首义律悬赏两万元，其下头目依次递降，官阶每低一阶，递减五百元；斩杀白夷赏二百元，黑夷半之，中国汉奸与黑夷同价。

奕山开出的赏格更高：

义律，十万元，奏赏四品翎顶；

伯麦，五万元，奏赏五品翎顶；

白夷，每名二百元；

黑夷，每名五十元。

有高额赏金，沿海民众对捉拿英夷的热情自然高涨，有钱赚谁不干！

道光二十一年六月初三日（1841 年 7 月 20 日），英国全权公使义律和英国海军总司令伯麦在澳门登上"路易莎"号去香港。途中遭遇台风，"路易莎"号沉没。义律和伯麦等二十人爬上一个小岛，小岛上的居民夺走他们的衣物。义律提出愿意付一千块银圆，请小岛居民送他们去香港。双方经过一番讨价还价，最终以三千四百块银圆成交。

小岛居民不知道这些洋人的身份，也一定不知道在广州的奕山开出的赏格。若是知道奕山开出的高价，只要把义律他们送到广州清军大营，那么这些小岛居民将最少得到十七八万元的赏金，而且军功、顶戴啥的，肯定一样也少不了。为了区区三千四百块银圆，就将升官发财的机会白白放弃了，这些小岛居民真是亏大啦。

这里关键中的关键就是没有掌握信息，不知道这些洋人这样值钱。在这些小岛居民的眼中，只要给钱，一切都好商量，何必把洋人送给官府呢。哪里来的爱国精神，还不是爱着白花花的银圆。

出现如此多的汉奸，大清的颜面可以说是丢尽了。不过细细一想，如此局面也属于正常。女真入主中原二百多年，一直防备汉人，视汉人如仇雠。所谓国不知有民，民亦不知有国。清王朝时代的中国，还没有形成现代意义上的国家和民族观念，让当时的民众和官府同仇敌忾，无非是一厢情愿而已。

3. 三元里义军

在鸦片战争时期，广州城北四里多地有个村子叫三元里。当清军被英军收拾得灰头土脸的时候，三元里附近的民众却奋起反抗，创造了大败英军的传奇。

据茅海建先生在《天朝的崩溃》一书中考证，三元里抗英的直接原因有三：

一是英军开棺曝骨。英方资料也证实确有此事。广州停战后，一部分英军进入城北双山寺。该寺暂存着许多客死的外地人的棺材，准备将来护送归葬。英军出于好奇，打开棺木，观看尸体。此举在中国民众看来，是对逝者的极大不敬，是禽兽行径，自然就引起民众激愤。后来此事讹传为开棺戮尸、发掘坟墓等，民众的激愤也因此不断发酵。

二是英军劫掠财物。英军在异国作战，给养不足。在此情况下，征发（强买）、劫掠的事情时有发生。

三是调戏、强奸妇女。中方因为顾及受害人的名誉，隐去姓名、时间、情节，只是含混记载，英方后来也承认其印度籍士兵在三元里附近有强奸行为。三元里村民韦绍光之妻李喜被英军"恣意调戏"更是民间普遍的说法。李喜被调戏之事更是引发三元里抗英事件的最直接原因。

道光二十一年四月初九日（1841 年 5 月 29 日），一股英军窜入三元里，对村妇李喜恣意调戏。当地民众基于义愤，打死调戏者数名，其余英军仓皇逃走。

三元里民众料定英军一定会报复，于是他们在三元里古庙集合，商议对策。与会民众商定，联合附近一百多个乡的群众组成义军，以三元里古庙三星旗为令旗，宣誓"旗进人进，旗退人退，打死无怨"，一起抗击英军。

四月初十日（5 月 30 日），三元里附近一百多个乡的数千民众，手持锄头、铁锹、木棍、刀矛、石锤、鸟枪等武器，一起围攻英军占据的四方炮台。此后，附近团练也赶来助阵。见中方军民装备简陋，英军陆军司令郭富（Hugh Gough，又译卧乌古）亲自带兵出击。

三元里义军鸣锣击鼓、且战且退，诱使英军至牛栏冈丘陵地带。埋伏于此的义军四面合围，和英军展开激战。当时大雨倾盆，英军装备的燧发枪受雨不能发射。三元里义军趁机和英军肉搏，击毙数名英军士兵。英军派出两个水兵连，带着"雷管枪"（这种枪不怕雨水）前来增援。被围困两个多小时后，英军突破包围，狼狈撤退到四方炮台。三元里义军紧追不舍，再次包围四方炮台。

四月十一日（5 月 31 日），英方扬言要将停战协议作废，并进攻广州城。奕山是绝对不敢再和英军打仗的，他派广州知府余保纯（又是可怜的余知府）出面，解散三元里的义军。

三元里的义军成分复杂，有附近乡民、打石工人和丝织工人，有士绅发动的社学，有民间组建的团练，有官方募集的水勇，有藏匿民间反清复明的秘密会党等。知府余保纯以议和已成，不可擅自为战为由，要求义军解散。

知府余保纯代表官府出面，要义军解散，该干嘛就干嘛去。这时候义军中各个阶层的反应和表现就大不相同了。士绅们最先退却，因为他们和官府的关系最为密切。如果不听知府的话，不给知府面子，那以后就别在广州官场上混了。这时候和知府大人保持一致，才是最正确的选择。

水勇、团练也有半官方的身份，也得听知府大人的话。水勇由官府招募的，领着官府的银子。团练是在官府的扶持政策和物质支持下，办起来的；离开官府，压根儿就存在不了。所以他们虽然心里不愿意，但也乖乖地散去了。

再剩下的就是普通的乡民和工人了。这些人和官府关系最远，完全可以不理会知府大人。但是没了士绅领头，没有水勇、团练配合，他们就实力有限且孤立无援。最后，他们只好在骂骂咧咧中陆续散去。

三元里人民燃起的怒火，爆发出的反抗力量，就被广州知府余保纯三言两语，消弭得一干二净了。大清官府，对付洋人不行，收拾起老百姓，那是绰绰有余的。

至此，三元里抗英结束。

4. 三元里抗英

对三元里的战绩，中方的汇报和记载出入极大。歼敌人数从几十人到100人，再到200人，300人，直到700余人。英方的说法是死5人，伤23人。中英开战以来，双方战报出入甚大，三元里的战绩也难有定论。但就是以英方说法，三元里民众的战果也大大地超过了清朝的正规军。这真是一件十分长脸的事情。问题是他长的是谁的脸面呢？

奕山觉得三元里给自己添光，为大清长脸了吗？

早在《广州和约》签订的第二天，即道光二十一年四月初八日（1841年5月28日），奕山就发出安民告示告谕军民，现在息兵安民，不得妄生事端。

三元里民众抗击英军，击毙数十人，这在奕山看来绝不是长脸，而是打脸，是民众不听谕令，妄生事端。

就老百姓来说，对英国人打开死人棺木，亵渎逝者的禽兽行径，万万不能答应！英国人以征发为名，强买强卖，甚至公开抢掠，此事万万不能答应！英国人调戏、强奸妇女，此事万万不能容忍！只是因为英国人开棺曝尸，欺负了死人；英国人劫掠财物，欺负了活人；英国人调戏、强奸妇女，欺负了女人。

长期以来，中国老百姓被说成苟安、隐忍、温顺的懦弱者，但是从三元里抗英来看，这个民族从来不缺乏反抗的精神。由于反抗精神一直为封建统治者所害怕，所以他们才千方百计地压制、麻醉和愚弄百姓。把千千万万的老百姓压制、麻醉、愚弄成为千千万万的阿Q，他们才心安，才可以肆意妄为地作威作福。当国不知有民、民亦不知有国的时候，国已危矣。

三元里民众拿起锄头、铁锹、木棍，干了件非常长脸的事情。这事可以证明一点：这个民族并不都是苟安、隐忍、温顺的懦弱者，它有深蕴其中的强大的反抗力量。

第十一章 义律倒台，璞鼎查东来

1. 义律被撸了官

道光二十一年（1841年）初，英国全权代表义律和大清钦差大臣琦善忙活了几个月，捣鼓出一个所谓的《穿鼻草约》。可是这个草约根本没有获得中英双方的承认，义律和琦善不但费力不讨好，而且都因为这个草约倒了霉。

大清方面，道光皇帝下谕："琦善擅予香港，辜恩误国，着即革职锁拿，押解京城严讯，所有家产查抄入官。"琦善被撸了官，获了罪，还落下个汉奸的名声。

英国方面也对义律十分不满，义律和琦善一样，也被撸了官。

《穿鼻草约》送到伦敦后，英国外交大臣巴麦尊勋爵认为英方得益太小。对条约里割让香港一事，巴麦尊十分不满意地评价道："鸟不生蛋之地，一间房屋也建不成。"巴麦尊认为义律无视训令，办事不力，准备撸了义律的全权代表职务，另换新人。

1841年4月30日，英国议会议决：英国不认可《穿鼻草约》；英军必须重新占领舟山，迫使清方签订新的条约；召回义律，派遣璞鼎查爵士（Sir Henry Pottinger）前往中国担任全权代表。

1841年5月31日，璞鼎查得到巴麦尊的训令后，即刻赶赴中国。而在此时，

116

义律还不知道自己已经被撸官的消息，他还在自己全权代表的岗位上，兢兢业业地履行着侵略中国的职责。

就在这段时间里，大清撸了琦善的官，派来了果勇侯杨芳、靖逆将军皇侄奕山等大员前往广州"剿办"夷务。义律在广州和清方几次大战，终于打得奕山、杨芳等低头认尿，并签订了新的停战通商条约——《广州和约》。从义律的业绩看，他还真是一个爱岗敬业的优秀侵略者，英国撸了义律的官，确实是一桩冤案。

广州停战通商后，义律计划重新北上攻击厦门，进一步逼迫清廷签订条约，以保证达到英国远征的目的。可是老天不帮义律的忙，让他的北上计划未能实施。

这天公不作美原因有二：一是疫病，二是台风。广州战后，英军撤回香港。此时军中开始流行痢疾和疟疾，士兵患病超过 1100 人。英国士兵不是拉肚子就是打摆子，这样的身体条件还怎么继续打好侵略战争呢，于是，义律北上攻击厦门的计划就只能放一放了。

道光二十一年六月中旬（1841 年 7 月底），疫病流行刚刚结束，香港又受到两次台风的袭击，英军舰船不同程度受损，北上攻击的计划又不得不推后。

台风过后不久，义律就收到英国国内的训令，知道了自己被撸了官，新任璞鼎查爵士已经在路上，不日就会赶到中国接任。没有办法啊，如此建功立业的大好机会只能拱手让人，义律只能独自郁闷，黯然神伤了。

先前，第一个英国全权代表——义律的堂兄乔治·懿律身体不好，被召回国内，现在义律又被巴麦尊撸了官。侵略中国的事，就和这两兄弟没关系了。新任的全权代表璞鼎查马上就要来了，战争将进入新的阶段，迎来新的高潮。

2. 英国侵华领导班子重组

义律被撸官、璞鼎查马上就来上任的事，奕山等在广州的大员事前一点都不知道。在情报方面，大清官员一直都处于懵圈的状态，但这丝毫不影响他们吹牛撒谎，忽悠皇上。

香港一带两次遭台风袭击，英国军舰不同程度受损。这事让皇侄奕山等人逮住机会。他们又狠狠地撒了个大谎，吹了一通牛皮。

奕山等广州大员上奏道光皇帝说，台风来袭，英夷舰船损失殆尽，汉奸夷人淹死不计其数，夷目义律只身逃亡澳门。同时还说清方也有船只被毁，人员淹死。总之，损失也不小。奕山在奏报中还拍马屁道，这是皇上致诚感动神灵，得到海上神灵的眷顾和帮助。

道光皇帝看到奏报，十分激动，发出上谕，奖励奕山等人大藏香二十炷，让他们在广州敬拜神灵，叩谢天恩。同时命太常寺负责安排，由惠亲王、睿亲王等几位王爷带领宗室成员前往祖庙，叩谢爱新觉罗列祖列宗的保佑。

香烧了，头磕了，道光皇帝的兴奋劲儿更高了。他又谕旨奕山，查明义律下落，设法活捉，并趁机出兵收复香港。

道光皇帝激动地认为可以毕其功于一役，彻底解决英夷的时候，英国派来的狠人璞鼎查来了，大清被再次暴捶的时候也即将到来。

道光二十一年六月廿四日（1841 年 8 月 10 日），新任全权代表璞鼎查和新任海军舰队司令巴加（William Parker）少将抵达香港。巴加少将接替伯麦的职务，伯麦和义律一样，被撸了官，被召回国去了。英国侵华的领导班子重组了，以后就是全权代表璞鼎查、海军舰队司令巴加、陆军司令郭富等人陪大清玩了。

璞鼎查爵士，在印度从事殖民侵略近四十年，1840 年在英国侵略阿富汗的战争中立功，被封为男爵。他长期从事英国在东方的侵略工作，业务精湛，经验丰富，手段狠辣，是一个资深侵略能手！

璞鼎查一出手就显示了他区别于义律的行事风格。

他向英商们宣布，把国家利益置于商业利益之下的时代已经过去。他警告商人，不要把自己的生命和财产置于中国当局的势力范围之内。也就是说，现在主要的任务是打仗，大英帝国暂时顾不上考虑做生意的事。你们先别天天惦记着自己那点东西卖不出去，等把清政府打服了，那时候要啥有啥，想怎么做生意就怎么做。

3. 璞鼎查发话了

新任英国全权代表璞鼎查，料理完自家的商人，然后就是对广州的清政府大员发话。他派秘书麻恭少校向广州方面发出照会，主要意思如下：

一、义律即将回国，璞鼎查新任全权代表；也就是说领导换人了，现在的事情由我璞鼎查说了算。

二、璞鼎查只与"全权大宪"谈判，并以"结约"来结束战争；也就是说没有全权的官员，我璞鼎查不陪你玩。

三、谈判的基础仍是《巴麦尊致中国宰相书》中的各项要求；也就是说，不搞漫天要价就地还钱那一套，你们就老老实实准备接受英国的条件吧。

四、谈判未获得英方满意的结果之前，英军将由粤北上，不会停止进攻；也就是说我璞鼎查要暴揍你们，直到把你们打服认尿，签了新和约为止。

五、要求广东官员将以上情况报告朝廷；也就是说，别想玩欺上瞒下的花招，早早让你们家皇帝知道我璞鼎查是来干什么的，不要让你们大清挨了糊涂打。

奕山等人看了照会，赶紧又派知府余保纯前去交涉（可怜的余知府总是干这种苦差事）。璞鼎查根本不予接见，而是由秘书麻恭少校应付了一番就打发他回去了。

道光二十一年七月初五日（1841年8月21日），璞鼎查率领舰队北上，直奔厦门而去。广州方面看再也不能隐瞒了，只好向朝廷奏报。

问题是如何奏报呢？如果实话实说岂不是揭了以前谎言的老底。咋办呢？只能是继续扯谎啦。

奕山的奏报隐去璞鼎查的职务和来华使命，并谎称璞鼎查早于六月廿九日（8月15日）就已经乘船出海。广州方面没有见到璞鼎查，对他出海的目的不清楚。广州方面见到"副领事"麻恭（大清给秘书麻恭升官了？）和"前领事"义律，向他们传达了皇帝恩准通商的旨意。麻恭和义律都表示愿意"遵谕传知""寄信劝阻"，让璞鼎查返回。

奕山等人的奏报将以前广州战败的事实捂得严严实实，并且巧妙地传达了璞鼎查可能北上的事实，还把自己的责任撇得一干二净，说谎的本领确实是出神入化。

七月二十日（9月5日），道光皇帝收到奕山等人的奏报。此时，英军已攻陷厦门多日，璞鼎查正率领舰队继续北上，定海已经在英军的炮口之下。

可怜的道光皇帝一直被蒙在鼓里，根本不知道大清东南半壁已经陷入危殆。

第十二章 厦门石壁防线的崩溃

1. 颜伯焘打造最坚固防线

道光二十一年七月初五日（1841年8月21日），英国新任全权公使璞鼎查，率领大批军舰和两千多名英国陆军士兵从香港出发，一路北上，开始了他上任后对大清的首次军事行动。

英军一路北上，大清东南沿海也是严阵以待。当时镇守福建厦门的是时任闽浙总督的颜伯焘。颜总督接任以来，大展身手，积极备战数月，根本未将英夷放在眼里。

颜伯焘，字鲁舆，广东连平县人。颜伯焘出身官宦世家，他爷爷和爸爸都是大清比较牛的大官。颜伯焘的爷爷叫颜希深，是乾隆朝深受重用的地方大员，官至云南巡抚。他爸爸叫颜检，乾隆末年进入官场，历经嘉庆、道光两朝，当过直隶总督、漕运总督这样的大官。

爷爷和老子混得牛，颜伯焘也争气，22岁就高中进士，选了翰林。30多岁出任陕西延榆绥道，其后一路高升，先后调任陕西督粮道、陕西按察使，甘肃布政使、直隶布政使，陕西巡抚。道光十七年（1837年）任云南巡抚，兼署云贵总督。

颜伯焘是有本事的地方大员。在云南巡抚任上，他力排众议，改建滇池

121

石闸，使周边农田得以灌溉，当地老百姓感恩戴德，争相传颂。《清史稿》对他的评价也很高，说他"累世膺疆寄，娴习吏治，所至有声"。

颜伯焘是铁杆儿的主战派，他一直主张对英夷采取强硬措施，坚决反对琦善、伊里布等人的停战主张。

道光二十年八月（1840年9月），道光皇帝罢免当时的闽浙总督邓廷桢，然后就将闽浙总督的位子交给了颜伯焘，同时还给他诰授荣禄大夫、赏戴花翎的荣誉。道光将闽浙交给主战的颜伯焘，心里是寄予厚望的。对这一点颜伯焘非常清楚。到任后，颜伯焘就意识到厦门海防地位的特殊。于是他将闽浙事务交由福建、浙江两省巡抚代为处理，自己则全身心地投入到厦门防务的建设中。

颜伯焘用当时世界上最结实的建筑材料花岗岩，在厦门南岸构筑起一道当时中国最坚固的线式永久性炮兵工事——石壁（即胡里山炮台的前身）。石壁长约1.6公里，高3.3米，厚2.6米。石壁上每隔16米留一炮洞安设大炮，共安设大炮100位。

除了建造石壁炮台之外，颜伯焘又在石壁东西两头和鼓浪屿、屿仔尾兴建多处炮台，装备火炮270多位，使厦门南岸和鼓浪屿、屿仔尾形成交叉火力，确保厦门南岸的安全。

另外，在厦门北岸和东岸，配备火炮100位，部署千余官兵负责防守。

颜总督还在厦门外围的小岛上建造多处"石堡"，就是花岗岩筑成的圆形炮台。但当时的大炮射程有限，各岛之间距离很远，这些炮台之间难以构成有效的交叉火力。

整个厦门防务体系共设岸炮400余位，驻守清兵5000余人，另外还雇勇近万名协同防御。据说，厦门之战后，一个英国军官这样评价石壁炮台："即使大船放炮到世界末日，对守卫炮台的人也极可能没有实际的伤害。"颜伯焘确实为大清打造出了无与伦比的海防工事，厦门可以说是大清帝国疆域内最强大的海防要塞。

颜总督构筑厦门海防工程，历时五个月，耗银一百五十万两。这让一向抠搜的道光皇帝心疼地如同掰折了肋骨，下谕旨让颜伯焘省着点花。颜总督一向手笔极大，花钱潇洒，岂能抠抠搜搜地省着花钱，他就是要用银子堆出一个坚固的防线。

石壁建成后，颜伯焘极度自信，认为厦门已经是固若金汤。他在给道光皇帝的奏报中说："若该夷自投死地，唯有痛加攻击，使其片板不留，一人不活，以伸天讨而快人心。"

2. 一炮之后再无下文

厦门石壁防线真的如颜总督自信的那样固若金汤吗？这还需要战争来检验。

道光二十一年七月初九日（1841年8月25日），英军舰队抵达厦门附近，向清方投递书信，发出限期交出厦门的最后通牒。颜伯焘对此不予理会，未作答复。

七月初十日（8月26日）下午，英军发动进攻。颜伯焘坐镇厦门岛，指挥各处守军开炮迎击。

下午三点，厦门鼓浪屿失陷。下午四点，英国陆军从石壁以东登陆，由东向西进攻。坚不可摧的石壁炮台承受住了英舰的正面攻击，但没躲过英国陆军的背后袭击，很快就失陷了。

颜总督构筑的石壁是坚固的，战后依然完好无损地矗立在那里。颜伯焘能建造出坚固的石壁，但对英军的战法一无所知。当构筑石壁的时候，颜总督将重炮排列在海口，而且没有给重炮配备炮车。开战后，炮在墙外，没有炮车将炮拉回，士兵不敢出墙装填弹药。也就是说，大清的重炮一律都是只开一炮就失去作用了。

当初修建炮台的时候，颜总督骄傲地认为，一炮可以灭敌，何须再装药也。但到了开战以后，清军看到英军舰船的帆影就开炮，一炮之后再无下文，然后就只有等着挨打的份儿了。

英军的胜利，其实还是胜在舰炮正面轰击、陆军侧翼登陆的战术。颜总督不明白英军的攻击套路，在炮台上和英国海军正面死磕，而侧翼和后方布防不足。英军登陆后，向各炮台侧后方袭来时，只有少数清兵拿着鸟铳、刀矛、弓箭等落后的陆战武器迎敌。英国陆军收拾这些武器落后且士气低落的大清兵勇，就像鸭子吃菠菜——平铲。背后被袭，各炮台上的守军就只好稀里哗啦地逃散了。

石壁失陷，厦门翼护全失。不久，英军攻击厦门城。目睹英夷气焰嚣张、锐不可当，颜伯焘的信心顿时崩溃了，他和兴泉永道刘耀椿"同声一哭"，哭完抹了眼泪，领着文武官员逃往同安。

总督大人跑了，还带走了管事的文武官员。厦门的守军没了指挥，陷入一团混乱，没抵抗几下，就纷纷溃散了。未几，厦门失陷。

厦门的战局真的很打脸，才短短四个多小时，颜总督苦心经营的厦门防务就崩溃了。整个战斗中，英军仅阵亡一人，伤十六人。清军死了总兵一名，副将一名，守备等军官六名。士兵的伤亡情况无法统计。因为清军溃败后，许多士兵就直接逃跑，不再归队了。大清主剿的领军人物颜总督这一仗算是输到姥姥家了。

厦门失陷，道光皇帝从颜伯焘的奏报中发现了"伪陆路提督郭"的字样，才明白原来英夷并不像当初传说的那样，两腿不能打弯，一跤跌倒就爬不起来。人家原来有陆军，会陆战，而且还能玩出侧翼攻击的花样来。

大清君臣颟顸愚昧至此，即使构筑再多的花岗岩石壁，也躲不脱失败的命运。

3. 颜总督的"还乡团"

当初，在没和英国人交手的时候，颜伯焘是坚决主战的。他对琦善、伊里布、杨芳、奕山等人的软弱妥协十分不满，曾上书揭发伊里布、奕山等人消极避战、谎报军情等罪行。但等到英国佬攻陷了厦门，曾经信心满满的颜伯焘终于明白，大清根本整不过英国人。过去他对伊里布、奕山那些人说谎的行为十分愤恨，认为是这些奸佞之徒害了朝廷。现在，他也"光荣"地加入了他们的队伍，成为编造谎言，忽悠皇上的一分子。

颜总督再也不高谈阔论如何歼灭英夷了，而是在私下里畅论"英夷船坚炮利，纪律禁严，断非我师所能抵御"。当然这些话是不能说给皇上的，只能是私下畅论。听他这些话的官员们无不暗中窃笑，这还是当初意气风发、慷慨激昂的颜总督吗，怎么如此判若两人？

英军攻打厦门，并没有占领它的意思。他们的目的就是要造成军事压力，逼迫清政府低头认尿，签订条约。攻陷厦门九天后，英国佬撤出厦门，继续向下一个目标——定海前进。

英国人撤了，厦门又收回来了，颜总督很激动。但不久，朝廷指斥颜伯焘在英夷撤退时"未能进剿"，将他革职。

官被撸了，其他啥事没有，身家性命还在，万贯家私也还在。这比起伊里布、琦善等革职后还要发配充军，为国扛枪守边防，可就幸运得多了。不就是不做官了吗，这对家里几辈都是大官的颜伯焘来说，还真不叫个事。撸官就撸了，咱回老家后依然荣华富贵。于是颜伯焘就领着家小、仆役，浩浩荡荡地回广东连平老家去了。

颜伯焘革职回乡，当时任汀漳龙道的张集馨在他的《道咸宦海见闻录》中详细记录了颜总督途经漳州的情况：

前帅（指颜伯焘）回粤，道经漳城。二月杪（miǎo，意为月底），县中接上站差信，预备夫马供张。至初一日，即有扛夫过境，每日总在六七百名，至初十日，余与英镇迎至十里东郊，大雨如注。随帅兵役、抬夫、家属、舆马仆从几三千名，分住考院及各歇店安顿，酒席上下共用四百余桌。帅有亲军营三百人，感恩护送回粤，沿途皆须酒饭犒劳，是以酒席数多。

"扛夫过境，每日总在六七百名"，"兵役、抬夫、家属、舆马仆从几三千名"，这规模实在令人咋舌。颜总督任闽浙总督也就一年时间，回家的辎重就有如此之多。光搬运东西的扛夫就每天六七百名，这是何等雄厚的家底啊！

这庞大的"还乡团"一路招摇，沿途地方官员还得管吃管喝管住宿。整个"还乡团"将近三千号人，开饭酒席就得四百余桌。这是吃谁的，喝谁的呢？当然是负责接待的漳州府来出银子啦。

颜伯焘过境漳州十几天，漳州府的接待费花出去上万两。这样巨额的接待费从何而来，该怎么报账呢？

上万两银子的接待费，不会从天而降，总要找法子弥补。最后，漳州府不得不缩减战争时期的防御力量，淘汰了 1200 名乡勇。用这 1200 名乡勇的粮饷，冲抵了颜伯焘"还乡团"的招待费。

看来大清的官员即使被革职也是幸福的，去官还乡，照样有吃有喝，耀武扬威，神气得不可一世。《清史稿》评价颜伯焘"累世膺疆寄，娴习吏治，所至有声"。看看他在福建的作为，难道就是这样"所至有声"的？晚清官场的腐败，由此可见一斑。张集馨在他的记述之后感叹道："吏治之坏，至闽极矣！"

颜伯焘回到广东连平，买地盖房子，建造了一个庄园。然后太太平平地在庄园里享了十二年的福。咸丰四年（1854 年），洪杨太平天国兴起，颜伯焘再次被起用，但因赴京途中阻梗，颜伯焘奉旨改赴姑苏任职，总统潮勇，帮办江南军务事。第二年，因病死于任上，朝廷按例复其闽浙总督，还给他加了个兵部尚书衔。他这一辈子，也算功德圆满，荣华富贵和生死哀荣都有了。这就是大清的官僚，你不服不行。

有论者说，颜总督在修造石壁防线时，中饱私囊，给自己口袋里划拉了不少银子。此时未经调查，无有实据，但想必大家都懂的！

第十三章 "烈士"裕钦差

1. 裕谦的土城防线

石壁防线崩溃，厦门失陷，但英军并没有长期占据厦门的意思。璞鼎查的想法是，通过不断的军事打击，让清政府认清形势，早早认输投降，签订条约，让英国早日获得想从战争中得到的好处。

道光二十一年七月二十日（1841年9月5日），英军撤出厦门，只留少数兵力防守鼓浪屿。其余英军北上，直逼定海。这次，璞鼎查要执行巴麦尊的指令：再次占据舟山群岛。

英军第二次朝定海扑来，迎战他们的是大清坚定的主战派人物——钦差大臣兼两江总督裕谦。

博尔济吉特·裕谦，又名裕泰，蒙古镶黄旗人。裕谦出身于将门世家，家世显赫，是标准的"官N代"。他曾祖父博尔济吉特·班第是军功显赫的大清一等公，雍正、乾隆朝时曾先后出任内阁学士和兵部尚书，三次在军机大臣任上行走。裕谦的祖父巴禄，曾任绥远城将军，父亲庆麟，任京口副都统。

家庭背景牛逼闪闪，裕谦也不是等闲之辈。他24岁中进士，选为庶吉士，入翰林院供职，在京任官近十年。33岁任湖北荆州知府，后辗转数地，循级晋升。

道光十九年（1839年），裕谦任江苏巡抚。当时诸省都在查禁鸦片，裕谦也积极工作，打击包庇烟贩的不法官吏，使江苏成为禁烟成果最为显著的省份之一（仅次于广东）。

道光二十年（1840年），伊里布出任钦差大臣、两江总督，是裕谦的上级。作为一位坚定的主剿官员，裕谦自然看一心避战议和的伊里布一万个不顺眼。他多次上奏道光皇帝，弹劾正在议和的琦善和伊里布，反对议和，鼓吹武力收复定海。

道光二十一年正月（1841年2月），道光皇帝撤去了伊里布钦差大臣之职，改派裕谦为新的钦差大臣前往浙江主持军务。后来，伊里布被革职拿问，发配到边疆扛枪守边防去了。道光皇帝将两江总督的官帽也戴在了裕谦的头上。裕谦完全接替了前任伊里布的职务，但行事方式却和前任截然不同。他是主剿的，岂能像主和的伊里布之流那般软弱。

道光二十一年二月初七（1841年2月27日），裕谦到达镇海大营，此时英军已经退出定海，南下广州。裕谦知道定海是舟山的门户，英夷还会再来的，于是他开始积极地准备防务。当时防守定海的有三位总兵大人：定海总兵葛云飞、处州总兵郑国鸿、寿春总兵王锡朋。三总兵共有兵力3000余人，裕谦另给他们增兵1800百余名，大炮50门，以增强定海的防卫力量。

颜伯焘在厦门用花岗岩修建了一道坚固的石壁，裕谦也想弄一道防线。可是定海没有花岗岩，裕钦差只能另想妙招了。他用泥土掺石灰（类似今天建筑中所用的三七灰土）夯筑，建起一道土城。

土城长约9里，高3～4米，底部宽12～18米，顶部宽5～15米，土城上架设大炮80位。在土城中央，有一个临海的小山，叫东岳山。裕钦差因地制宜，在山上圈起一道砖石城墙，建起炮台，架设火炮15门，取名为震远炮城。所有大炮的炮口都指向大海，时刻准备着痛击从海上而来的英军。

裕钦差也对自己的防务工程充满了信心，他说："从此扼险控制，屹若金汤，形胜已握，人心愈固"，"该逆倘敢驶近口岸，或冒险登陆，不难大加剿洗，使贼片帆不返"。

2. 对待俘虏的行为艺术

除了坚固的城防，裕钦差还坚信人心的力量。为了凝聚人心，裕钦差组织文武官员集聚关帝庙宣誓："城存俱存，以尽臣责，断不肯以退守为词，离却镇海县城一步。"事实上，裕谦大人还是说到做到的，最后他就以实际行动，践行了他的誓言。

裕钦差非但有慷慨激昂的言辞，还有"壮志饥餐胡虏肉，笑谈渴饮匈奴血"的实际行动。

首先，他将英军占据定海期间通夷的四名汉奸处斩，首级遍传沿海各县，悬挂示众。

汉奸的脑袋要砍，英夷的脑袋更要砍。

道光二十一年二月（1841 年 3 月），定海军民捕获一名英国俘虏，裕钦差可不像伊里布对待俘虏那样客气，他下令将被俘的英夷绑出营门，凌迟处死，然后再枭首示众。这个可怜的英国兵，估计以前做梦也没梦到自己这样的下场。他不远万里来到中国，最后竟然被这些脑袋后面梳辫子的家伙们活活给剐了。

英军第一次占据定海时，因为疫病死了四百多人，都葬在定海。为了表示和英国人不共戴天的仇恨，裕钦差派人挖开英军坟墓，把四百多英军的尸体全部挫骨扬灰，然后统统弃之于大海。这些倒霉病死的英国士兵，死了也没落个安生。

道光二十一年七月（1841 年 9 月），镇海军民捕获一黑一白两名英国俘虏。裕谦将自己对英夷的仇恨化为一场行为艺术。对白人俘虏，他下令"先将两手大指连两臂及肩背之皮筋，剥取一条"，做成自己坐骑的马缰，然后再砍了脑袋，枭首示众。另一黑人俘虏也被砍了脑袋，剥了皮，挂起来示众。

钦差大臣、两江总督裕谦的作为，实在令人毛骨悚然。这个蒙古蛮子身上流的什么血啊，怎么如此血腥残暴呢？堂堂的裕钦差，可是曾经中过进士，选了庶吉士，入了翰林院的读书人啊。如此士林楷模、帝国精英，怎么就做出这般令人发指的虐俘行径呢？

当时任浙江提督的余步云曾建议，对俘虏加以优待，一则可以备讯敌情，二则可以别作它用（像伊里布一样，以俘虏为筹码和英国人谈判）。

余步云的建议，裕钦差当然不会听从。他还扬扬得意地将自己惩处汉奸和俘虏的事情报告道光皇帝，并且受到皇帝的表扬。大清君臣如此见识，如此作为，还有何颜面标榜天朝上国？

也许裕钦差如此作为是为了激励士气，表明和敌人不共天日的决心，但这一作为却等于撕下了天朝上国的遮羞布，露出了野蛮的真面目，让大清所受到的侵略，变得不那么让人同情。

3. 定海失陷

英军放弃厦门，很快就向定海扑来。

道光二十一年八月初二日（1841 年 9 月 16 日），英军先头舰船到达镇海一带。

八月初九日（9 月 23 日），英军基本完成舰队集结。

英军原先计划先攻取镇海、宁波，然后再占领定海。但是由于天气原因，他们不得不放弃这个计划。

八月十一日（9 月 25 日），英军决定先侦察定海的防御情况。

八月十二日（9 月 26 日），有英舰数只从竹山门驶入内港，总兵葛云飞在土城上督兵开炮，击断英舰船头桅杆一支，英舰退走；后又从大渠门绕入，清方守军开炮，英舰再次退走。中国近代史上的第二次定海之战就这样开始了。

此次战役，清方宣称浴血奋战六昼夜。其实，真正的战斗仅一天，即道光二十一年八月十七日（1841 年 10 月 1 日）。清方所说的"六昼夜"大概是从八月十二日（9 月 26 日）算起的。

清方对八月十二日（9月26日）至八月十六日（9月30日）这五天的战斗记载较多，且有不少矛盾之处，但在以下几点上却是一致的：英军来犯规模不大，接战时间不长，战斗皆以英军退却结束。据此不难判断，在这五天内，英军其实是在侦察和试探，在做总攻的准备。而清方守军未能判断英军意图，将英军的侦察和试探当成了正式的进攻。这五天连日大雨，守军在雨水中严阵以待，已经疲惫不堪。这时候，英军真正的进攻开始了。

道光二十一年八月十七日（1841年10月1日），英军野战炮兵开始炮轰定海前沿的震远炮城，英军舰队也开始正面炮击土城。清军亦开炮还击，双方展开激烈的炮战。

清军将所有的注意力都集中在正面的炮战中，却不知英军又开始玩起了陆军侧翼登陆的战术。在正面炮击的掩护下，英国陆军分成开始登陆。

登陆纵队从晓风岭以西海岸登陆。登陆的先头部队向寿春总兵王锡朋驻守的晓风岭方向发起进攻；登陆的后续部队向处州总兵郑国鸿驻守的竹山门方向发起进攻。

王锡朋、郑国鸿指挥士兵拿起远远落后于敌人的土枪土炮、弓箭长矛，奋勇还击。怎奈大清士兵的装备和训练都远远落后于英军，虽然将士英勇，战斗惨烈，但也难免覆亡的命运。王锡朋、郑国鸿两总兵力战不屈，皆战死。晓风岭、竹山门落入英军手中。

晓风岭、竹山门失陷，土城侧面翼护尽失。定海总兵葛云飞面对三面夹击，负伤十余处，壮烈牺牲。裕谦的土城防线至此彻底崩溃。

八月十八日（10月2日），英军包围定海县城，县城守军溃逃，定海失陷。

清军在定海表现得十分英勇，但战果却十分不堪。英军仅战死2人，伤27人。如果道光皇帝知道这样的战果，也许会明白，和英夷的仗已经没法打了，赶紧议和才是明智的选择。可惜的是，他深居宫中，不可能知道真相。

道光皇帝收到的奏报是：激战六昼夜，毙伤千余人。积极勇敢的主战派代表人物裕谦大人，也和大清的其他官员一样，都是吹牛不打草稿的东西。

4. 镇海之战，裕谦自杀

占据定海后，英军继续北上，直扑镇海。

道光二十一年八月廿四日（1841年10月8日），英国舰队在镇海外海集结。

八月廿五日（10月9日），英军完成登陆准备。

八月廿六日（10月10日）早，英军开始进攻镇海。

裕谦在镇海构筑了金鸡山、招宝山等防御阵地。英军登陆作战，金鸡山最先失陷，驻守金鸡山的狼山镇总兵谢朝恩中炮堕海殉难。翼护镇海城的防御阵地只剩下招宝山。招宝山由浙江提督余步云镇守，但这个曾经军功卓著的提督大人，对抵抗英夷一点信心也没有。

金鸡山失陷，情势危急，裕谦亲自赶赴招宝山督战。作为镇守招宝山的主帅，浙江提督余步云不许士兵开炮，并要求裕谦向英军乞和。裕谦不许；余步云竟丢弃炮台逃走，其部下官兵马上溃散，一个个跑得比兔子还快。裕谦在城上鸣炮制止，但根本阻挡不住溃散士兵逃命的决心。官兵绕过山后，坚决跟随他们的领导余步云逃跑了。于是，招宝山失守。

提督大人余步云也曾是个作战勇敢、战功累累的勇士，可是面对英军这样完全不同于以往的敌人，他变得胆小怯懦，畏敌如虎。

余步云，字紫松，四川广安人。嘉庆年间，他以乡勇的身份，参与镇压川、楚白莲教起义，从此开始了自己的军旅生涯。用今天的话说，他一开始也就是个民兵。但他这个民兵混得很不错，先从普通士兵混成了把总，然后升至千总、游击，一步步成了总兵。从这样的履历来看，余步云打仗应该有两下子，绝对不是天生的软蛋。

道光年间，参加征讨新疆张格尔叛乱，因功擢升为贵州提督。后又因镇压湖南、广东的苗民和瑶民起义立有战功，赏戴双眼花翎，授一等轻车都尉世职。

余步云从贵州提督调任福建提督，再调任浙江提督，到浙江任职的时候，正是英国人第一次占领定海的时候。当时，余步云的领导是前钦差大臣、两江总督伊里布。伊里布消极避战，积极议和，这法子十分对余步云的心思。因为在余步云的心里，大清的军队根本就干不过英国军队，和英国人打仗就是找死。

伊里布倒台了，裕谦来了。这时候裕谦和余步云就互相看着对方不顺眼，裕谦看不起余步云畏敌如虎，余步云觉得裕谦就是个没打过仗、不知道天高地厚的愣头青。

于是，开战的时候，裕谦坚决抵抗，余步云坚决开溜。

余提督临阵脱逃，让镇海的防御彻底没了希望。金鸡山、招宝山等防御阵地没支持几下就完蛋了，镇海彻底保不住了。曾经意气风发的裕钦差万念俱灰，在镇海县学望阙叩拜，然后纵身一跃，跳入泮池之中。据说当时被家丁亲兵紧急救起，尚有气息，后护送至余姚时，气绝身亡。

裕谦自杀了，余步云逃跑了，镇海也就完蛋了。

镇海之战，英军伤亡说法不一。一说战死 16 人，伤数人；一说战死 3 人，伤 16 人；总归是损失不大。清方损失不清楚，士兵溃散后就各自逃命去了，没法准确统计。

那个临阵脱逃的余步云，在后来的战争中，又将临阵脱逃的精神发扬光大，先后两次带着部队撒腿就跑。鸦片战争结束后，他就被道光皇帝军法从事，砍了脑袋。那是一颗 69 岁高龄、白发苍苍的脑袋。打了一辈子仗，到晚年却畏敌如虎，频频临阵脱逃，落得声名扫地的可悲下场。

和余步云悲惨又耻辱的下场相比，裕谦死后极具哀荣，追赠太子太保，授骑都尉兼一等云骑尉世职，谥靖节。

回首裕谦在钦差大人、两江总督任上的所作所为，我们该如何评价这位裕钦差呢？战败自杀确实不失为节烈之士，但他虐杀战俘的事情又该怎么说呢？也许该称他为"烈士"吧，是节烈的"烈"，也是暴烈的"烈"。

第十四章 扬威将军的浙东反攻战

1. 宁波失陷

璞鼎查率领英军舰队第二次进攻舟山，钦差大臣、两江总督裕谦自杀殉国，浙江提督余步云临阵脱逃，定海、镇海落入英国人的手中；璞鼎查圆满完成了英国外交大臣巴麦尊的指示，重新占领了舟山。

道光二十一年八月廿八日（1841 年 10 月 12 日），从镇海逃到宁波的余步云，想向他的前老上级伊里布学习，和英国人议和。余步云派出信使，给英国人送去一封希望"善议"的信。

这个余步云还真是奇怪，一方面畏敌如虎，一方面又胆大包天。作为一个军事将领，未经上级授权，私自和敌方联系。这在任何时间、任何地方，都是掉脑袋的通敌大罪。余步云如此擅自而为，真是不想活了。

余步云伸长脖子期待英国答复，但等来的却是英国的军舰。

就在余步云向英军发出"善议"的信件的同一天，即道光二十一年八月廿八日（1841 年 10 月 12 日），英军从镇海起航，直逼宁波。余步云吓坏了，赶紧再次发扬撒腿就跑的精神，领着部队匆匆逃往上虞。这样，英军不费一枪一弹，就占领了宁波。

余步云两次临阵脱逃，但他给皇帝的奏报中却吹嘘，自己如何如何奋勇

134

杀敌，在战斗中坐骑被敌人炮弹击中，自己的右腿被压伤等。

道光皇帝一直都被前线的大员们忽悠着，但定海、镇海、宁波相继失陷的事实摆在那里，谁也瞒不住。

道光皇帝无法接受如此的失败，他决计继续大张挞伐，征剿逆夷。他开始调兵遣将，准备和英夷大干一场，以扬大清国威。道光任命协办大学士、吏部尚书奕经为扬威将军，从江苏、安徽、江西、河南、湖北、四川、陕西、甘肃八省调集一万二千名士兵组成大军，前往浙江，收复失地。

爱新觉罗·奕经，字润峰，满洲镶红旗人，清朝宗室大臣。奕经是乾隆皇帝的曾孙，算是皇室近支，也是道光皇帝的子侄辈。他一直受道光皇帝的信赖，历任文武各职，一直做到协办大学士、吏部尚书等高位。

打虎亲兄弟，上阵父子兵，在关键时刻，道光皇帝觉得还是爱新觉罗子孙可靠。所以就将收复失地、征讨逆夷的重担交给了奕经。可是这个奕经真的能靠得住吗？且看看中外史学界对他的评价吧。

《清史稿》中对奕经的评价是"颇欲有为而不更事，尤昧兵略"。就是说他想有所作为，但脑子糊涂不懂事，在军事上尤其愚昧无知。

美国汉学家魏斐德（Frederic Evans Wakeman）先生对奕经的评价是："此人是一位卓越的书法家，善写文章，但是他的军事经历主要限于主管御花园和猎苑，以及指挥北京的禁军。"

当然"荣获"这些评价的时候，奕经早已翘辫子好多好多年了。他作为扬威将军的"光辉"事迹，早就成为历史，供人评说。这些评价都是身后之事。当时，英国军舰耀武扬威于大清东南沿海，朝野上下都炙热地期待着奕经能旗开得胜，张扬大清国威。

2. 扬威将军赖在苏州不走了

道光二十一年九月十六日（1841年10月30日），奕经在京听聆圣训后，离京南下。

十月初十日（11月22日），奕经领军行至江苏扬州。后移驻苏州，便止步不前，在苏州一带停留了整整两个月。

扬威将军赖在苏州不走了，大清的国威还怎么"扬"呢？

奕经大概是看多了古人求贤纳士的故事，决意效法古风。在苏州期间，他在军营门外立了个大木柜，鼓励愿意投效者往里投递名帖。凡投递名帖者，三日后传见。有熟悉夷务、献计献策者，奕经亲自接见，当面聆听高论。

如此攀附皇家近支贵族的千载良机，江浙缙绅士子怎么会放弃？当地读书识字的都纷纷投递名帖，向奕经举荐自己，苏州城一时热闹非凡。

奕经在苏州两个月，先后献策者达四百人，投效者达一百四十四人。其中是否有卧龙凤雏之类的高士，就不得而知了。

扬威将军奕经广揽名士，在军营诗酒纵横，高谈阔论。光绪年间的徐珂在他的《清稗类钞》中有这样的记载：

将军驻节苏州，往来于杭、绍之间，营帐中器皿珍馐，穷极瑰异。其幕客知州鄂某复滥支军饷，费用无度，以博将军欢。

会天寒风雪，帘幕、壁衣之属皆以貂狐、洋灰鼠为之。围炉拥酒，侑以管弦，说者谓有缓带轻裘雅歌投壶之概。时英人要索条款不已，参赞或请进兵，将军酒半启帷探望，曰："寒哉气也！"

扬威将军者，协办大学士奕经也，其参赞为副都统特依顺侍郎文蔚。

该出兵了，他竟然还说什么"寒哉气也！"这样铺张浪费，大吃大喝的，哪有一点行军打仗的意思。

奕经的随行人员也都横行霸道，花天酒地。据当时民间记载："在苏数十日，淫娼酗酒，索财贪贿，每日吴县供给八十余席，用费数百元，稍不如意，侍卫、京兵等即掷击杯盘，辱骂县令，吴县竟被逼勒呕血而死。督抚等无可如何。"

奕经在江苏待了两个月，把地方官和老百姓折腾得够呛。许多官员和士子看不过眼，纷纷上书弹劾，一时群情汹汹，訾议四起。

远在北京的道光皇帝对这些弹劾奏章置之不理，始终没有催促奕经进兵。对奕经在苏州的作为，道光皇帝表现出一种"不为遥制"的豁达态度。对平定逆夷，道光皇帝已经无人可用，无人可信，所以他就由着奕经慢慢筹划，"谋定而后动"。

奕经按兵不动，璞鼎查也没有再作进犯，浙江战局出现了长达好几个月的平静。英军不作进犯，是因为兵力和气候的原因。英军要分兵据守香港、鼓浪屿、定海、镇海、宁波五处。人数有限的英国远征军，兵力早已捉襟见肘，无法集结起一支进攻的部队。加之进入冬季，西北风盛行，这不利于处于帆船时代的英国海军继续北上。因此，这段时间，除了英军几次小规模的骚扰外，双方基本相安无事。

英国全权公使璞鼎查干脆直接返回香港，着手香港的经营和建设去了。璞鼎查把驻华商务监督的办事机构从澳门迁往香港，并宣布香港和舟山为自由港。璞鼎查似乎要彻底吞下香港和舟山，而且再也不打算吐出来了。

3. "五寅制敌"

奕经逗留江苏两个月之久，引起无数谤议。这些非议也传到奕经的耳朵里，让他的耳根子烧得不行。为了消弭这些不良的影响，奕经决定离开苏州，移驻杭州。

道光二十一年腊月十一日（1842年1月21日），奕经又从杭州移营到浙江嘉兴。不几日，皖、赣、豫、鄂、陕、甘诸省军队陆续集结，奕经再也无法继续迁延观望，他必须开始着手军事部署。

道光二十二年正月十八日（1842年2月27日），奕经赶赴前线曹娥江一带，开始战前的巡视。

奕经在杭州时，听说西湖关帝庙的占签很灵验，于是他就亲自前去抽了一签。占签上写着："不遇虎头人一唤，全家谁保汝平安？"

恰巧几天后，四川的大金川藏族土司阿木穰应召前来。他带来的藏族土司兵个个头戴虎头帽，称作"虎头兵"。这让奕经心头一亮，这不正是签文中说的虎头人嘛。神明保佑，虎头兵来了，看来平定逆夷、彰显国威的时候也就到了。

还有一件灵异的事件，让奕经对抗击英夷信心倍增。

奕经和参赞大臣文蔚都做了一个梦，梦见夷人都弃陆登舟，联帆出海了。梦醒后奕经派人前去探察，果然有英国船只运械归航的事发生（估计英船是去香港休整）。

签文说要有"虎头人一唤"，土司的虎头兵就来了；梦见夷人弃陆登船，联帆出海，现实中果然有英船运械归航的事。这种种"吉兆"让奕经确信，建功立业、收复失地的时刻到了。于是扬威将军、协办大学士、吏部尚书奕经就开始运筹帷幄，调兵遣将。

奕经决定来个"五寅制敌"，即在壬寅年壬寅月戊寅日甲寅时（道光二十二年正月廿九日寅时，即1842年3月10日凌晨三点至五点），由寅虎年出生的贵州安义镇总兵段永福领兵进攻宁波。其他各路兵马，同时发起进攻，一举收复宁波、镇海、定海。

道光二十二年正月廿九日（1842年3月10日）凌晨，扬威将军奕经开始"扬威"，历经四个多月"筹划"的浙东反攻战终于打响了。

结果呢？结果是：扬威将军"筹划"了四个多月的反攻，不到四个小时就玩儿完了。

先来说宁波方面。清军炮击英国船只，又施放火船，但皆未奏效。清军由宁波南门攻城时，潜伏在城内的十七队雇勇擒杀守门英兵，接清军入城，然后直奔府署。

清军突然袭击，英军马上冲出来阻击。英军士兵登上街旁屋顶射击，清军壮勇被逼在狭街，不能仰攻，只能在地面上挨打。英军噼里啪啦一通射击后，清军损失惨重，当即败退。

另一边，贵州安义镇总兵段永福率大队抵西门（其中就有藏族土司的虎头兵），可是没见到预先埋伏的内应开门。段永福无奈，只能领兵爬城而入。这队士兵作战十分勇猛，英军急忙调集火炮对他们进行轰击，清兵伤亡惨重，至天亮时分仓皇撤出战斗，一路败退而归。

扬威将军的"五寅制敌"计划宣布破产。

段永福部败退时，余步云正在率军赶赴宁波的途中。接到败讯，余步云立刻调头，逃回余姚。这已经是逃跑将军余步云，第三次临阵脱逃了。这样的窝囊废，战后被道光皇帝砍了脑袋，完全是罪有应得。

4. 浙东反攻战全面失败

宁波的"五寅制敌"计划失败，镇海、定海方面的战局又是怎样的呢？

镇海方面，清军施放火船，企图焚烧英船，结果未能奏效。游击刘天保率先锋壮勇夜攻西门，内应开门接入，英军出队抵拒。因怕伤及百姓，清军壮勇奉令未带火器枪炮。和英军接战后，才临时派人回去取。返城时天已黎明，招宝山英军开炮轰击，壮勇抵挡不住，随之退出。副将朱贵所率大队，先因遭遇风雨、迷失道路而误时半天，后遇英军阻击而退回大宝山。反攻镇海，宣告失败。

定海方面负责进攻的是郑鼎臣，他是半年多前，英军第二次进攻定海时，力战不屈、英勇战死的三总兵之一——浙江处州镇总兵郑国鸿的儿子。父亲在定海战死，郑鼎臣对英夷是国仇家恨系于一身，所以备战十分积极。

道光二十二年正月廿六日（1842年3月7日）起，郑鼎臣就下令开始分批渡海。由于船小浪大，速度缓慢，才渡了五六百人就被英军"复仇神"号火轮察觉。船上六十余名英军依仗他们手中的枪炮，立即靠上岸去，对已上岸的五六百名清兵发起攻击。刚刚被风浪颠簸得头昏脑涨的清兵，立足未稳便遭英军猛击，立即溃不成军。对定海的反攻，也告失败。

二月初二日（3月13日），英军开始由防御转入进攻。英军陆军司令郭富率军进逼奉化。驻守在余姚的浙江提督余步云闻讯，在前一天晚上就逃跑了。你说说这个余步云，咋又跑了呢？这都是第四次了啊，大清怎么养了你这么个废物！

二月初四日（3月15日），英军海军司令巴加、陆军司令郭富向清军基地慈溪进军。从镇海退回的刘天宝、朱贵率部和英军交战。刘天宝部抵抗不久就溃败了。朱贵抵抗多时，请求驻守在长溪岭的参赞大臣文蔚救援。文蔚犹豫不决，到天黑时才派出三百兵丁。

此刻派兵，为时已晚。朱贵战斗时身中两枪，依然奋勇不屈，喋血搏杀，后再中一枪，当场战死。朱贵次子朱昭南舍身掩护父亲，和敌人奋勇搏斗。最后，同其父一起阵亡。四子朱玮南见父兄阵亡，挥泪冲入敌群，亦在冲杀中阵亡。幼子朱共南身负三伤，昏死在战场上；不久苏醒，发现父亲和两位兄长已经阵亡。他忍痛脱衣遮掩父兄尸体，然后率残部突出重围，勉强保全了性命。战后，朱共南重返战场，找到父兄遗体，运回家乡安葬。

朱氏父子四人，英勇不屈，三人战死。真可谓一门英烈，此当为后世永志不忘。在此战中阵亡的还有游击黄泰，守备徐宦、陈芝兰，浙江候补知县颜履敬等，及士兵三百余人。他们皆当永载史册，为后人铭记。

二月初五日（3月16日），英军向长溪进发。驻守长溪岭的参赞大臣文蔚早在二月初四（3月15日）晚就率部逃跑，英军不费一枪一炮就占领了长溪岭。

英军占领长溪岭后，焚烧清军军营，拆毁清军工事，于二月初六日（3月17日）撤回宁波。

驻扎在曹娥江的奕经听闻前方军报，吓得仓皇失措，于二月初四日（3

月 15 日）夜晚，和文蔚一起率兵逃回杭州。

扬威将军奕经"筹划"四个多月的浙东反攻战，就此全面失败。

奕经的"五寅制敌"和果勇侯杨芳的马桶战术一样，都是大清官员有知识、没文化，不懂科学，愚昧迷信的完美典型。西方科技突飞猛进，而自诩天朝上国的大清还在玩迷信鬼神的把戏，岂不叫人笑掉大牙，又痛断肝肠！

扬威将军奕经没能在军事上扬威，却在给道光皇帝的奏报中好好地"扬"了一回"威"，他上奏道光皇帝说：浙东反攻战虽然没能收复失地，但大清兵勇人人奋勇杀敌，击毙逆夷四百多人。

其实，和以前所有战役一样，英军的损失很小。据英方统计，从 3 月 10 日到 16 日（正月廿九日至二月初五日），英军死亡 4 人，伤 22 人。这个数字也许不是十分准确，但出入应该不大。

奕经的奏报到京后，道光皇帝在奏折上朱批道："逆夷实堪发指！"皇上不傻，他知道大清这回是结结实实地输了。

第十五章　刘韵珂密奏"十可虑"

1. 刘韵珂其人

浙东反攻战失败后，浙江民间流传着这样一副对联：

扬威威不扬，靖逆逆不靖，两将军难兄难弟；

定海海未定，宁波波未宁，一中丞忧国忧民。

对联中扬威、靖逆两将军就指的是奕经和奕山两位皇侄，他们二位的"战功"自然躲不过群众雪亮的眼光。"一中丞"则指的是时任浙江巡抚的刘韵珂。

清代一省巡抚兼衔为兵部侍郎、都察院右副都御史。右副都御史相当于汉朝官制的御史中丞，所以清人一般称巡抚为"中丞"。浙江人民给刘韵珂一个"忧国忧民"的评价，说明他的官声还是相当不错的。

刘韵珂，字玉坡，号荷樵，又号廉访。

在道光朝的地方大员中，刘韵珂算是一个异类。他出生于山东汶上县一个普通的农民家庭，少时家贫，给村中一个大户人家做小工。因为聪明机敏，被这家主人看中，选他做自家少爷的伴读，因此刘韵珂才得以读书。

16岁时，刘韵珂受主人家资助参加科举，竟一举考中秀才，同年入京城国子监学习。

嘉庆十八年（1813 年），京城科考拔贡，刘韵珂取得朝考第一名，授刑部七品小京官，在京候缺。这一候就候了七年，有编制、没岗位的日子，出身贫寒的刘韵珂在京城混得十分艰难。

道光初年，实在熬不住的刘韵珂，走了道光身边红人的门路，为道光皇帝撰写了一副对联。对联撰成以后，道光皇帝十分赏识，刘韵珂的前途也就光明起来，一路任主事、员外郎、郎中等京官。

道光八年（1828 年），刘韵珂授安徽徽州知府，开始任地方官。此后，历任道员、按察使、布政使。

道光二十年（1840 年），定海失陷，道光皇帝一怒之下革了浙江巡抚乌尔恭额的职，任命刘韵珂为新的浙江巡抚。

刘韵珂出身寒微，没有过硬的背景；学历不高，只是一个拔贡，连个举人都不是，更别说进士了。但是他却能一路高升，在十四年间（其中还有三年丁父忧在家守制）爬上地方督抚的高位。这在重出身、看背景的大清官场，不能不说是个奇迹。

刘韵珂能创造这样的奇迹，确实是有他的过人之处。首先必须承认，刘韵珂是个能吏，是个真正出力办事的地方官。因为能出力办事，所以才会被道光皇帝赏识。另外，他更是一个能参透世态人心、非常会来事的官僚，《清史稿》对他有"机警多智"的评价。因为深谙世故，他在官场上极有人缘。

浙东反攻失败后，大清东南的文武大臣都知道清军干不过英军，仗已经没法再打了。但是大家心里明白是一回事，嘴上说的又是另一回事。先前主张议和的琦善、伊里布都落下个革职查办的倒霉下场，前车之鉴就在眼前，大清的官员们谁还敢说停战议和的话。

但是，有个人敢说。这个人就是刘韵珂。

这并不是说刘韵珂有如何伟大的担当精神，敢于大声疾呼，指正朝廷对英战略的错误。机警多智、深谙世态人心的刘韵珂才不会如此鲁莽、不顾一切。

他敢说固然有敢于担当的勇气，更重要的是，他确信自己能巧妙地说出其中利害，又不至于忤逆圣意、激怒皇上。他感觉自己有把握改变道光对战争的认识，促使朝廷重新考虑对英夷的征剿政策。

2. "十可虑"

道光二十二年二月初十日（1842年3月21日），即浙东反攻战失败后的五六天。一封陈说利害的奇文，经刘韵珂的生花妙笔，一挥而就。

刘韵珂一挥而就的妙作是一道密奏，在奏折中他向道光皇帝列举了当前"深可焦虑"的十个问题。于是，后世史学界就称这个密奏为"十可虑"。

七天以后，即二月十七日（3月28日），这道"十可虑"的密奏被送到道光皇帝的御案前。

刘韵珂的"十可虑"大体内容如下：

一曰浙江清军两遭挫衄，锐气全消，势难复振。（浙江清军被打怕了，军队的士气短时间恢复不起来。）

二曰续调西北劲卒，距浙窎远，缓不济急。（远水不解近渴，来不及。）

三曰英军火器猛烈异常，无可抵御。（大刀长矛、土枪土炮不是人家的对手，咱大清打仗的家伙真不如人家英国佬的。）

四曰英军并非不善陆战。（英国人腿能打弯，还会正面轰击、侧翼包抄的战术，陆战能力很强。）

五曰清军即便在陆上幸胜，英军登舟遁去，清军只能望洋兴叹。（就算咱在陆地上侥幸打赢了，英夷跑上船，直接就远遁了，咱也追不上人家。咱的船就别提了，差人家太远了。）

六曰英军以小惠结民心，彼此相安，民众"转以大兵进剿为虑，是民间鲜有同仇敌忾之心"。（英国人给老百姓小恩小惠，老百姓不争气，和英国人关系还挺好。这些没有大局意识的"吃瓜群众"，是不会和官府并肩作战、同仇敌忾的。）

七曰"大兵屡败，敌骄我馁，不唯攻剿綦难，防守亦极为不易"。（天天打败仗，军队都尿了，不但进攻征剿有困难，防守也没有把握。）

八曰浙江漕粮，多未完竣，"且有收不及半之处，皆由逆氛未竣"。（漕粮还没收齐呢，都是因为和英夷死磕，有的地方到现在还没征收到一半呢。影响到漕粮征收，弄不好京城文武百官就要饿肚子了。）

九曰浙江去年灾雪，"春花多未布种，米麦蔬菜，价日增昂，小民度日维艰"，"匪徒聚众抢掠，势甚鸱张"。（去年下了几场大雪，棉花、粮食都没及时种上，现在物价上涨，地方不稳定了，有不法分子已经开始聚众抢劫了，维稳事关重大。）

十曰七省防费甚巨，"糜饷劳师，伊于胡底？"（花费银子太多了，这就是个填不满的无底洞啊！）

刘韵珂的密奏对"剿"或"抚"只字未提，只是列举了眼下已经发生或以后有可能发生的问题。至于如何决断，那只有听候圣裁。刘韵珂不言"剿""抚"，但其中倾向不言自明。

刘韵珂的密奏另有三个附片，其中有一个附片是恳请道光皇帝起用前任两江总督，现被革职充军的伊里布。道光皇帝在这个附片上朱批道："所奏不为无见，另有旨。钦此。"

就在道光皇帝收到刘韵珂密奏的当晚，内阁就发出两道上谕：耆英着驰驿前往浙江，署理杭州将军；伊里布着改发浙江军营效力。

看来刘韵珂的密奏，击中了道光皇帝的内心，道光开始有了两手准备。

第十六章　圣意游移，剿抚皆败

1. "征剿"与"羁縻"

鸦片战争爆发以来，深居紫禁城的道光皇帝，一直在"征剿"和"羁縻（安抚议和）"之间游移不定。后世多指责道光心无定性，犹豫不决，但这种指责还真是冤枉了这个苦命的大清天子。

当时，前线战报从广州出发，六百里加急，跑死马，累死人，到北京已经是十几二十天以后了。本来的急报，到了北京已经成了"旧闻"，这让深居紫禁城的道光皇帝如何准确判断，及时应对呢？

前线官员，出于种种目的，都想法子说谎。可怜的道光皇帝，被蒙在鼓里，压根儿无法应付瞬息万变的"夷情"。虽然他勤勤恳恳、兢兢业业，频繁发布上谕，指挥剿抚大计。但这些上谕的指导意义，几近于无，不添乱就算好的了。

当初，林则徐在广东禁烟态度强硬，英国已经发出明确的战争威胁。可是，林钦差的判断却是，"知彼万不敢以侵凌他国之术窥伺中华"，"未奉该国主调遣，擅至粤洋游奕，虚张声势"。

林则徐如此奏报，远在北京紫禁城里的道光皇帝，自然也就相信英夷不敢将天朝上国怎么样。大战之前，广州大小冲突已有九起，林则徐皆以捷报上奏，道光皇帝更是相信大清海防固若金汤，几个小小的夷人因走私鸦片而闹的小动作，不过是疥癣之疾，不值得过分在意。

道光皇帝希望林则徐能尽快结束在广东的禁烟工作，北上接任病危请辞的两江总督陶澍的职务。但当时林则徐一直忙于夷务，这令道光十分不悦。

道光十九年十一月（1839 年 12 月），道光皇帝谕令林则徐："即将英吉利国贸易停止，所有该国船只尽行驱逐出口，不必取具甘结。"

此时的道光皇帝心中对英夷还没有"征剿"或"羁縻"的想法，因为区区几个黄发碧眼的蟊贼，还够不上那样的分量。

道光二十年六月（1840 年 7 月），英军一路北上，攻陷定海，占据舟山。道光皇帝怒不可遏，堂堂天朝上国岂能失地于蛮夷之手。所以他任命伊里布为钦差大臣主持浙江军务，给他的任务是：渡海作战，收复定海。

道光二十年七月（1840 年 8 月）间，英国军舰开至天津大沽口。此时，道光皇帝的态度开始变得游移。

在天津，经过琦善和义律的一番接触和交涉，道光看到了英国人的《巴麦尊致中国皇帝钦命宰相书》。一向以天下共主自居的大清皇帝认为英国人是受了委屈，前来告状的。所以他就命令英夷"着即返棹南还，听候办理"，又任命琦善为钦差大臣，前往广东和英夷谈判，给受了委屈的英夷主持公道。

在同一时间段里，道光皇帝对不同地方的英夷采取了不同的态度。浙江的英夷，你们占领了定海和舟山，必须征剿；天津的英夷，你们回广东去，有事好商量，大清给你们做主，给你们主持公道。

或许在这一时期，道光皇帝的态度不能叫游移不定，而应该叫区别对待。但这样不战不和、又战又和的做法，实为世界历史上的一个笑话。

2. 道光的游移不定

浙江的钦差大臣伊里布和广东的钦差大臣琦善，最后都令道光皇帝大失所望。伊里布并没有积极"征剿"，反而大和稀泥，和英夷在浙江停战和谈。

琦善倒是尽心尽力地"羁縻",把香港私许给了英国人。两个钦差大臣如此当差办事，真是丢尽了大清的颜面。

英夷性如犬羊，气焰嚣张，是可忍孰不可忍！道光皇帝的态度又一次从"羁縻"游移到"征剿"上来了。

道光皇帝从"羁縻"游移到"征剿"，但派往广州的果勇侯杨芳、靖逆将军奕山等人实在太不争气。他们受命前往广东征剿逆夷，结果几次广州战役，非但没剿了英夷，还让英夷攻入了广州城。

奕山、杨芳撒起弥天大谎，隐瞒广州战败的事实，反而上奏说打了大胜仗。奕山为了掩饰战败求和的事实，向自己的叔叔道光皇帝谎报，只要准许通商，就可使粤省夷务大定。

好吧，既然通商就可夷务大定，就准许通商吧。这样，道光皇帝的态度又一次转移到"羁縻"上了。

奕山等人的谎话说得太有水平，以致让道光皇帝以为准许通商以后，战争就彻底结束了。所以，一向吝啬抠搜的他开始命令各省援粤的军队撤防，从哪里来，回哪里去。

英国人在没有达到他们的战争目的之前是不会消停的。道光皇帝以为战争结束了，英国人却派来了一个比以前的懿律和义律两兄弟更狠的家伙——璞鼎查。璞鼎查到任后，战火再起，大清东南一片一败涂地。

厦门失陷，闽浙总督颜伯焘逃跑了。

定海失陷，镇海失陷，两江总督兼钦差大臣裕谦自杀了。

英军进逼宁波，浙江提督余步云望风而逃，把宁波拱手让于英夷。

这次道光皇帝倒是比较坚定，坚决地要和英国人死磕。于是，扬威将军奕经出征了。经过四五个月像旅游一样花天酒地的"筹备"，一场所谓的浙东反攻战，短短几个小时就土崩瓦解了。

浙江巡抚刘韵珂说：十可虑，您看着办吧。皇上心想，要不起用伊里布试一试？

道光二十二年二月十七日（1842年3月28日），道光皇帝任命宗室大臣耆英为署理杭州将军，伊里布改发浙江军营效力。

就在同一天，道光皇帝指示在浙江的扬威将军奕经和浙江巡抚刘韵珂说："该逆（英军）凶焰甚炽，必四路纷窜掳掠。尤当设法羁縻，毋令蹂躏地方。"

道光皇帝又说起了"羁縻"，看来他又开始游移了。

3. 给大清背锅的可怜人

道光皇帝的游移不定，也许和他迟疑不决的性格有关。但更深层地思考一下，问题也不全在道光一个人身上。客观地说，道光不是昏庸无能的君主，他只是点子背而已。

平心而论，道光算是一个比较不错的皇帝。他登基以来，力行节俭，勤于政务，尽心尽力地想做个有所作为的好皇帝。他整饬吏治，查处了一批贪腐的官员。修改盐法，打破了食盐运销的垄断，推广盐税制度——只要纳税，任何人都可以领票运销，让朝廷财政得以充裕。改革漕运，改以前只由运河运输为河运、海运并行，降低了漕运的成本。

在军事上，道光皇帝的表现也是可圈可点。道光六年（1826 年），新疆张格尔叛乱。道光皇帝调集三万大军，选任将领入疆征讨。历时一年，平定了叛乱，保证了西北边疆的和平安定。

如若没有鸦片战争，凭借这样的文治武功，道光完全可以成为一个受后人称道的皇帝。问题是鸦片战争爆发了，倒霉的事情让他赶上了，如此而已。

在世界突飞猛进的时期，大清一直沉浸在天朝上国的迷梦中，对世界格局茫然不知。英夷突然开着军舰，在中国沿海横冲直撞，指哪儿打哪儿，所向披靡。而大清的君臣，还没弄清敌人的实力，怎能不手忙脚乱？大清的君主高高在上，大臣们要想保住头上的顶戴，有几个敢说真话、道实情的？

道光二十二年三月廿一日（1842 年 5 月 1 日），道光皇帝收到奕经擒获夷人，正严加审讯的奏报。道光皇帝下谕，要奕经严加审讯，务必弄清几个问题：

英国距离大清有多远，和克什米尔是否有水路相通？

孟加拉、吕宋等小国为什么也派人参加，是被胁迫还是被许以重利？

听说英国女王才22岁，她是怎么成为一国之主的？女王结婚了吗？她老公叫啥，是干啥的？

英夷头目是女王任命的，还是私立名目自封的？现在英军中管事的叫啥？

听说义律回国了，他回国后是啥情况？

夷人贩卖鸦片到中国，是只为图财，还是别有阴谋？

道光一连串问了这么多问题，从中我们可以看出他对了解敌国情况的迫切，也可以看出大清对外部世界的蒙昧与无知。

大臣撒谎，皇帝无知，如此天朝，如何妄称"上国"？

大清其实就像患了重病、一直处于潜伏期的高危病人，只是到了道光做皇帝的时候，病情才猛然发作罢了。

康乾盛世以后，尤其是好大喜功的乾隆皇帝以后，大清的家底就不那么殷实了。道光也不是一个开拓有为的君主，他能做的就是老实守成，延续祖制。他勤于政务，循规蹈矩，他啬啬抠搜，精打细算，但这些都无法改变大清趋于衰弱的命运。

他不是昏庸无能之辈，但也不是能够放眼四海、看清世界发展大局，锐意改革的明君。他无法超越自己所处的时代，在突如其来的变故面前，他必然进退失据。

道光其实就是给整个大清背锅的可怜人。

4. 奕经的"危机公关"

浙东反攻战失败，刘韵珂密奏"十可虑"。道光皇帝对浙江前线的扬威将军奕经有些失望，同时对战局也心里没了底。

恰好，原盛京将军耆英调任广州将军，按照惯例，耆英赴任前，需进京面圣听训。这个耆英也是爱新觉罗家的子孙，而且是道光一直信任和倚重的大臣。见了耆英，道光皇帝七上八下的心顿时安稳下来了，他觉得终于见到一个能办事，也会办事的人了。

于是，道光皇帝立马改变对耆英的任命，让他署理杭州将军，前往浙江前线。同时还给耆英派来了一个特殊的跟班——原两江总督，因和英国人私下议和而被撸了官、发配张家口军营效力赎罪的伊里布。

伊里布也贵为皇室宗亲，而且曾任两江总督，算是一个牛哄哄的人物。而今他是戴罪之身，道光皇帝免了他军台效力赎罪的苦差事，赏了他一个七品职衔，让他跟着耆英随营差遣。曾经堂堂的封疆大吏，如今成了耆英的高级跟班，这真是凤凰落架不如鸡啊！

伊里布虽然现在职衔不高，但也算重新起用。道光派他跟着耆英到浙江前线效力，其中显然大有深意。看来，道光皇帝是动起"羁縻"的心思，想要发挥伊里布善于和英夷打交道的本事了。

道光二十二年三月初二日（1842 年 4 月 12 日），道光担心耆英署理杭州将军的权势不重，便任命他为新的钦差大臣。

三月初五日（4 月 15 日），钦差大臣耆英，带领着高级跟班——赐七品职衔的伊里布，离开京城，赶赴浙江前线任职。

新任钦差大臣来了，扬威将军奕经感觉自己离完蛋的日子不远了。鉴于前几任大员被撤换后的各种悲催下场，奕经觉得自己的结局一定好不到哪里去。

就在奕经惶惶不可终日的时候，英军给他帮了一个大大的忙。

道光二十二年三月廿七日（1842 年 5 月 7 日），英军从宁波撤军。

英国佬撤军了！奕经高兴得有些不知所措，好消息来得太突然，简直就像是在做梦。

奕经没有做梦，英国人真的撤军了。至于为啥，奕经不知道，也不想知道。但他心里清楚一点：这是一个千载难逢的机会，抓住了这个机会，自己就能重新赢得圣心的眷顾，保证自己的高官显位不会动摇。

现在英军撤出宁波，实在是上天给他一个天大眷顾。于是奕经开始撒谎，上奏道光皇帝说，他指挥清军在定海以火船攻击英舰，英国舰船受到重创，英军首尾不能相顾，被迫放弃宁波；清军计划新的攻势，镇海克复在即。

三月廿九日（5月9日），新任钦差大臣耆英到达杭州。奕经编造的捷报上奏后，道光皇帝十分振奋。既然奕经说打了胜仗，那还"羁縻"个什么劲儿呢，放开手脚和英国佬干就是了。于是，主剿的想法又一次占据了道光皇帝的心头。

四月十六日（5月25日），道光下旨："耆英着仍带钦差大臣关防，驰驿前赴广州将军之任。""（伊里布）即交奕经留营差遣，如无可委用之处，即一面奏闻，一面饬令回京。"

经过奕经的一番忽悠，耆英的署理杭州将军又变成了广州将军，浙江军务大权又回到奕经的手里。奕经的"危机公关"可谓十分成功。

正当奕经为自己"危机公关"的成功暗自高兴的时候，英国人攻击的炮声又响起了。大清的东南半壁，将迎来更猛烈的炮火。

第十七章　不该忽略和遗忘的乍浦之战

1. 扬子江战役的设想

英国人从宁波撤军，给扬威将军奕经创造了一个绝佳的吹牛机会。奕经趁机奏报，自己运筹帷幄，指挥得当，在定海一番火攻，烧得英夷"灰飞烟灭"；英国佬首尾不能相顾，所以才撤离定海。而且奕经还表示，自己将再接再厉，计划收复镇海。

扬威将军打仗不咋样，在奏报里"扬威"倒是一个高手。道光皇帝被奕经一番忽悠，立刻来了精神，下旨令耆英带钦差大臣关防，赴任广州将军，浙江军务大权继续交给奕经。

英国佬撤军可不是无缘无故的。这就如同打架的时候，一定要把拳头先收回来，攥紧了，然后再打出去，这样才有力量。英军这次撤军，就是收回拳头，为继续暴捶清廷做准备，是一次更大的军事行动的前奏。

英军这次军事行动是有渊源的。

早在道光二十一年（1841 年），当时的全权代表义律就提出发动扬子江战役的设想。扬子江战役的战略设想是控制长江，封锁京杭大运河，从而切断清政府内陆水运交通，使清廷漕运受阻，南北物流阻断，以迫使清廷屈从，尽快达成英国的战争目的。

义律不愧是个中国通，他这招要比占据舟山，封锁海岸的做法狠得多。可惜的是，义律没能实现自己的设想，他于道光二十一年六月中旬（1841年7月底），得知英国政府撸了他的官职，征召他回国。空怀侵略中国的"伟大理想"的义律只能黯然退场，将建功立业的机会让给他的继任者——璞鼎查爵士。

英国政府撸了义律的官，但却批准了他提出的扬子江战役的设想。英国政府训令，在印度调集军队，务必于道光二十二年三月（1842年4月）集结军队于新加坡，准备开赴中国，支援英国远征军，实施扬子江战役。

到了道光二十二年四月（1842年5月），英国政府的援军还没有按照原计划抵达中国，英国全权代表璞鼎查也尚在香港，不在浙江前线。而此时，正是中国沿海东南季风盛行的时候，风向和气候非常适合英国舰队北上进攻。

身处浙江前线的英国海军司令巴加、陆军司令郭富不想坐失这个绝佳的进攻机会。所以他们决定，不等援军的到来和璞鼎查的返回，提前集结军队，发起进攻。

问题是，英国远征军本来舰船和兵力就不多，而且还散布在广东的香港、广州，以及浙江的定海、镇海、宁波等地。要发起进攻，兵力确实不足。

这咋弄呢？那就放弃占领地，集中兵力，揍清廷一个出其不意吧。

道光二十二年三月廿七日（1842年5月7日），英军撤离宁波。

四月初四日（5月13日），英军集结完成，此时，英军有战舰7艘，轮船4艘，陆军2000余人。所集结的部队已经是英军在浙江的绝大多数兵力了。

扬威将军奕经忽悠了道光皇帝，却无力阻挡英军进攻的脚步，也无法改变大清被揍得灰头土脸的事实。靠吹牛"扬威"，终究是不靠谱的。

2. 乍浦之战

道光二十二年四月初八日（1842年5月17日），英军兵临乍浦。

乍浦，位于浙江省平湖县（今平湖市）东南部，滨临杭州湾，历来为海疆要地，江浙咽喉。清军入关后就一直派八旗兵驻防，由正二品的副都统统领，副都统以下设协领、佐领、防御等八旗军官若干，八旗兵1000余人。后来又在此派驻海防同知（正五品）、理事同知（正五品）等，统御绿营兵。从这样的驻军级别可以看出，乍浦虽然是个小城镇，但它的战略地位是十分重要的。

鸦片战争开战以后，就曾有英军舰船数次窜入乍浦，和当地驻军发生小规模的冲突。到道光二十一年（1841年）秋冬时节，浙江沿海定海、镇海、宁波失陷后，乍浦就成为浙江驻军最多的地方。其中八旗驻军1700人，另有浙江本省驻防军、陕甘援军、本地雇勇、山东雇勇等数千，整个乍浦驻防士兵、雇勇总计约7000人。

乍浦虽然驻军数量不小，但城防工事远不及定海、镇海等大地方。唯一的防御依托就是城墙，而且火炮仅有60位。保卫乍浦，就全靠驻军的力量了。可是，八旗兵、浙江绿营兵、陕甘援军、本省和外省雇勇，各自互不统属，难以协同。乍浦的防御，真的有些悬。

道光二十二年四月初九日（1842年5月18日），英军开始发动进攻。

英军进攻还是采用军舰正面炮轰，陆军侧翼包抄的老办法。他们派三艘大军舰正面轰击乍浦各炮台，另派四艘小型军舰掩护陆军登陆。英军陆军兵分三路：右路攻击天妃宫方向；中路攻击观山南坡方向；左路攻击唐家湾方向。

抵御英军右路攻击的是乍浦海防同知韦逢甲，他率领本地兵勇奋力反击，先后两次击退登陆英军。激战中韦逢甲不幸中弹，弹片穿透左胁。韦逢甲重伤，部下将他抬离战场抢救。不久，清军兵勇难以抵挡英军攻势，纷纷溃散。韦逢甲因伤势严重，于次日不治身亡。

迎击英军左路的为千总李廷贵、张淮泗所率陕甘援军，另外还有山东雇勇。开战之初，陕甘援军打得还是比较生猛的，曾挫败英军前锋。可是英军不断派来后援，而且武器装备远远优于清军。很快，山东雇勇全数退却。千总李廷贵、张淮泗所率陕甘援军顿时成了孤军。他们在孤立无援的境地下，苦战不退，最后全部壮烈殉国。

陕甘儿郎力战殉国，后来乍浦百姓收殓壮士尸骨，统一安葬于小观山下，并立"陕甘兵烈士义冢"石碑，以志纪念。

英军左右路登陆成功，清军中路三面受敌，不久溃败。三路英军全部登陆成功。

英军登陆后，一路向乍浦八旗军驻防的观山保安城发起进攻。驻防此地的是乍浦副都统长喜，他指挥八旗兵奋勇还击。激战中，长喜部下协领、佐领、骁骑校等多名军官力战殉国，八旗士兵伤亡惨重。长喜力战亦难挽败局，于是投水自尽。

另一路英军涌向乍浦城，城内驻防八旗兵二百人，由佐领隆福统率。福隆集结部众于城南天尊庙内，试图突围。但英军很快就包围天尊庙，八旗兵以庙内门窗为掩体，殊死抵抗。英军两次强攻，皆遭受重创，英军上校汤林森被当场击毙。

恼羞成怒的英军调来野战炮轰倒天尊庙外墙，然后再次发起猛攻。佐领隆福率部突围时，力战不屈，壮烈殉国。隆福部下除少数突围成功或受伤被俘外，大部分抵抗到最后一刻，阵亡殉难。

3. 乍浦军民誓死抵抗

道光二十二年四月初十日（1842 年 5 月 19 日），英军攻入乍浦城。和以前入城后，英军和老百姓基本相安无事的境况不同，这次，英军遭到了乍浦城内老百姓和残存士兵的抵抗。城内满、汉军民宁死不屈，以墙壁、建筑物为掩体，坚持抗击。

英军军官柏纳德（W. D. Bernard）在其《荷尔舰长日记》（又名《"复仇神"号轮舰航行作战记》）中写道："在乍浦城内，我们无法辨认旗兵、汉兵、百姓，随时遭到袭击，吃亏不少。"

驻防乍浦的八旗兵，在战斗中展现了女真铁骑的铁血雄风。他们拼死作战，决不后退。因为他们无处可退，驻防乍浦的八旗兵在此生活了近二百年，乍浦是他们祖宗坟墓所在，父母妻儿所在的家园，他们唯有誓死捍卫。八旗兵除50余人被俘外，其余全部战死。他们的家属也纷纷从容就死，悲壮自杀。

晚清同光年间，曾在大清皇家海关总税务司服务的美国人马士，在其所著的《中华帝国对外关系史》中记载：

这是英国人和满洲人以干戈相见的第一次，满洲人的顽强抵抗很使英军惊异，这是他们在中国从来没有看到的；他们对于满洲兵的那种不是死在敌人手里，就是自戕的甘心情愿的精神也很惊异。"当他们不再能战斗时，他们能够死；疯狂自戕的事例是十分可怕的。"家眷也不能免于杀戮——"妇女们杀死她们的子女，先把他们溺毙在井里，然后自己也跳下去；丈夫们勒毙或毒死他们的妻子，然后从容自刎。"

英军在此役中死亡9人，伤55人，这是英军历次作战中损失比较严重的一次。

有关中方伤亡，马士的说法是："中国人方面有1200～1500具尸体被他们的敌人掩埋。"英国人不可能掩埋所有的死难者，八旗、绿营、雇勇加上城内的百姓，死于此役的应该远远大于这个数字。

英国侵略军对乍浦军民表现出的血勇和决绝，既感到无法理解又心怀敬意。

亲历这场战争的奥茨特伦尼（John Ouchterlony），在他的《中国的战争》中如此描述：

我们进攻兵营后目睹的却是大多数比较高档的房子里的悲惨景象：女人及儿童或横躺在地板上，或吊死在椽子上，有的尸体因中毒而肿胀发黑。排外和优越感成为他们生活和政府的惯例，这种情感驱使乍浦的鞑靼即使在战败时……也从未想到过举家撤出城外以逃脱我们的追击……尽管我们斥之为野蛮，但面对此举我们仍然肃然起敬。

英军军官柏纳德在《荷尔舰长日记》中说：

凡亲眼看到中国的士兵，以那种顽强的斗志和决心来保卫他们阵地的人，没有一个能对中国的勇敢拒绝给予充分尊重的，迄乍浦战役为止，中国派来抵抗我们的军队，以这次最为精锐。

英舰长利洛在他的战时日记中写道：

在乍浦，曾有一位老军官带着他的士兵，两次勇敢地和我军肉搏，每次被击退后，他都纠合士兵再度前来，最后他被击中腰部倒下。当他被俘抬到后方时，我军翻译官看到他在淌眼泪，就劝他不要惧怕，并对他说："你将受到怜悯和善待。""怜悯！我不要你们怜悯，愿流尽最后一滴血！"

英海军上尉宾汉也在日记中承认：

我们这次损失超乎寻常，伤亡不少，虽然后来攻下了天妃宫炮台，但付出的代价是巨大的。

4. 英军烧杀淫掠

英国侵略军痛恨乍浦军民的誓死抵抗，于是，他们对乍浦进行了野蛮的烧杀淫掠。

英军自乍浦东门窜入，沿途杀人放火、奸淫掳掠，粮食与财物被洗劫一空。

除焚烧全部满营外，自南门吊桥至萧山街海关及总管街万安桥一带，计焚毁商店、民居 2000 余间，居民不及逃避者均遭惨杀，居民和旗人家属共死难 2000 余人。

时人朱翔清在其《乍浦之变》一书中说："英夷破乍浦，杀掠之惨，积尸塞路，或弃尸河中，水为之不流。妇女先奸后杀，受害者更惨。"

道光二十二年四月十八日（1842 年 5 月 27 日）下午，英国侵略军在乍浦大肆劫掠后，英舰陆续撤离。

四月十九日（5 月 28 日）上午，最后撤离的英军再次纵火，自天妃宫起延烧数里，火神庙、关帝庙、潮阳庙、军工厂、葫芦城及普照禅院，尽为火场。百年经营，毁于一旦。英军还毁坏了火药库和铸炮所，劫走 500 架抬炮和 8 门黄铜大炮。

英国侵略军在乍浦据扰十日，乍浦官仓以及民间贵重物品被洗劫一空，古物珍玩悉被盗空，军营储备全遭洗劫，一无存留。甚至庙中佛像，也被砍了头颅挖了眼睛。石狮都被击碎，丢弃池中。

更可恨的是这些侵略者无耻野蛮的奸淫。他们在乍浦大肆奸淫妇女，老幼皆不放过。在干这不要脸的事时，他们还等级清楚，分工明确。白夷奸淫年轻漂亮的，黑夷对年老丑陋的下手。

乍浦，在侵略者的蹂躏肆虐下，已是人间地狱！

当初，懿律担任英国对华全权代表时，从广东一路将军舰开到天津，又从天津返回广州，期间还占据了定海。在此阶段，虽然不排除个别英军士兵的抢掠行为，但没出现过集体烧杀淫掠的事件。懿律因病回国，义律继任，此段时间，义律和琦善忙着谈判，虽说后来在广州有过交战，但也没有此类事件发生。

璞鼎查继任后，迅速重新占领定海，又拿下镇海和宁波。此时，在宁波发生了英军入城大肆烧杀淫掠的事情，乍浦入城后，更是变本加厉。

这说明英国侵略军的军纪已经开始败坏。作为英国远征军的最高统帅，璞鼎查难辞其咎。从璞鼎查继任后，英军开始出现集体性烧杀淫掠的现象看，这个英军统帅似乎有意纵容士兵的暴行。他希望由此给予清政府和中国人民残忍的打击，借以实现英国的战争企图。

璞鼎查这个所谓的大英贵族，在道貌岸然的绅士衣冠之下，具有极其残暴的侵略者本性！

说起第一次鸦片战争，广州之战、厦门之战、定海之战常常被提及，而乍浦之战却鲜为人知。从战争的惨烈程度、清军的战果、英军的残暴、英军的战略目的等诸多方面看，此战都不该被遗忘和忽略。它应该为每一个中国人永远铭记。

第十八章　吴淞失守，长江门户洞开

1. 吴淞的布防

英军攻陷乍浦后，杭州一带人心惶惶。又有流言说英军将进攻嘉兴、杭州。一时间，民众惊慌，意欲逃难；官员惶恐，仓皇应对。可实际的情况是，英军压根儿就对杭州不感兴趣，而是继续北上，直扑吴淞口而去。

看看地图，想想英军扬子江战役的目的，就知道英军为什么不找杭州的麻烦，而直扑吴淞。

吴淞口是黄浦江流入长江之处，是防御长江的第一道屏障，也是今天上海市的门户。当初的上海，只是江苏省松江府下辖的一个小县，不是什么大得不得了，要紧得不得了的地方。而吴淞口就不同了，它是黄浦江和长江的交汇之处，距离长江口仅 30 千米。吴淞口一旦有失，长江的门户就大开。因此，明清两朝，吴淞口都是最为重要的海防和江防要塞，具有极其重要的战略地位。

英军从乍浦撤离，直奔吴淞口，这是英军扬子江战役的目的使然。扬子江战役的目的就是控制长江，封锁京杭大运河，从而切断清政府内陆水运交通，使清廷漕运受阻，南北物流阻断，逼迫清廷尽快低头认灰，进而达到英国的战争目的。

要想控制长江，必须拿下吴淞口。所以，英军根本不会对杭州动心，他们就是要直奔能够达成战略目的吴淞而去。

道光二十二年四月十九日（1842 年 5 月 28 日），英军撤离乍浦，向吴淞口方向集结。

四月三十日（6 月 8 日），英军出现于吴淞口附近。

五月初六日（6 月 14 日），英军舰船集结完毕。抵达吴淞口的英军共有战舰 8 艘、武装轮船 6 艘，运输船 14 艘，陆军士兵约 2000 人。

鸦片战争以来，吴淞口一直是江苏海防的重点地区。从伊里布开始，到继任的裕谦、再到现任的牛鉴，这些两江总督都对吴淞口的防卫十分重视。

经过这几位两江总督的努力，吴淞口构筑了十分完备的防御体系。这个防御体系可以和颜伯焘修筑的厦门石壁防线、裕谦构筑的定海土城防线相媲美。

吴淞口的防御体系大体如下：

一是从吴淞镇到宝山县城六七里长的江岸上，共筑土塘 26 座。这些土塘既能御敌又能藏身，俨如一道长城，牢牢地锁住吴淞口西岸。土塘上共设火炮 150 余门，统称为西炮台。西炮台由江南提督陈化成亲率苏松镇总兵周世荣部 1300 人防守。

二是在吴淞口的东岸筑有一个略成圆形的炮台，安炮 27 门，称为东炮台，由署理川沙营参将崔吉瑞带兵 1000 多人防守。东西炮台互为呼应，可形成一定的交叉火力。

三是在宝山县城（今上海市宝山区），设立大小火炮 50 余位，驻防清兵 2000 人，由时任两江总督牛鉴坐镇指挥。

四、在宝山县城西北约 1.5 千米的小沙背，由徐州镇总兵王志元率兵 700 人，防备英军迂回包抄，以确保西炮台的安全。

五、所有水师战船、征用民船等皆列阵于东西炮台拱卫内的黄浦江上，防备英军舰船攻入。

吴淞的防务布局，看起来还是相当不错的。

2. 牛鉴的自信

吴淞口完备的防御体系，让时任两江总督牛鉴觉得击败来犯英军易如反掌。可惜的是，这种美好愿望，只是他自己的一厢情愿而已。

牛鉴，字镜堂，号雪樵，甘肃武威人。嘉庆十九年（1814年），牛鉴中进士，其后做着小京官，慢慢熬资历。

道光十一年（1831年），牛鉴才从道员开始，做起了地方官。放外任以后，他就一路升迁，历任粮储道、按察使、府尹、布政使。

道光十九年（1839年），牛鉴署理江苏巡抚，不久，升为河南巡抚。

在河南巡抚任上，牛鉴很是风光了一把。道光二十一年（1841年），黄河决堤，大水蔓延肆虐，河南省城开封被大水包围。当时，开封城内人心惶惶，许多官员都主张放弃开封，搬迁省城。但是牛鉴力排众议，统筹指挥抗灾抢险。对哄抬物价的不法商人和趁乱四处抢劫的不法之徒，牛鉴毫不手软，捉住直接咔嚓了脑袋，确保了地方秩序。同时，他发动官员士绅，搞了个分段责任落实到人。所有官员士绅划定区域，一人一块，人人有份，由他们负责各自区域内的抗洪和难民安置工作。

即便是牛鉴指挥若定，但是大水还是涌入了开封城。牛鉴伏地痛哭，为民祈祷，把河南的老百姓感动得鼻涕眼泪齐流，直呼牛鉴为青天大老爷。老百姓自发集结万余人，带着抗洪工具，奋勇向前，终于堵住缺口，保住开封无虞。

开封抗洪之后，牛鉴"临大事而有静气"的形象，就深深烙印在道光脑海里了。定海、镇海失守，两江总督裕谦自杀，道光就将两江总督的官帽子扣到牛鉴的头上。在英夷汹汹，沿海不靖的时候，不正需要这样能沉得住气的官员吗？

牛鉴为官近三十年，从地方道员到封疆大吏，也就短短九年光景。一直以来官声不错，尤其是河南治水，更让他的声望达到了顶点。从河南调任两江总督时，一千多名父老守着他的官署衙门，垂涕挽留，一夜不愿散去，搞得牛大人只能偷偷从后门溜出去,然后绕道起程。即便如此,河南百姓还是"沿途跪送者不绝"。

牛大人真的是个不错的官。如果没有这场倒霉的鸦片战争,牛鉴应该毫无悬念地进入大清能臣廉吏的行列。

对金发碧眼的洋夷,牛大人并不了解,他没兴趣了解。和当时大清的官员一样,牛鉴对洋夷的态度是不屑一顾的,怎么会去了解他们呢。当然,等到真的和洋夷交过手,打过仗以后,大清的官员们态度立马一百八十度大转变,认为天朝百不如人,沦为彻头彻尾的投降者。琦善、伊里布、颜伯焘、余步云之流,就是其中代表。牛鉴后来的表现,和前面几位相比,可谓是有过之而无不及。

牛大人刚刚上任两江总督,对办理夷务充满自信。他向道光皇帝自信地上奏了自己详尽的应敌方案。牛鉴的自信源于吴淞完备的防御体系,但是他忽略了一个最重要的问题——英军的实力。

对英军火炮的射程、武器的性能、战术战法等问题,牛鉴几乎是一无所知。在这种情况下,就满怀信心地向皇帝上奏应敌方案,这还真的有些不靠谱。

和他一样,对夷务一脑子糨糊的道光皇帝,看了牛鉴的应敌方案,高兴地表扬这方案"水陆交严,深得以静制动之法"。道光和牛鉴君臣二人,一个自吹自擂,一个不吝夸赞,如此表现,堪称傻逼。

孙子曰:"知己知彼,百战不殆。"清廷君臣对敌人毫不了解,如何保证立于不败之地呢,难道就凭那份想当然的,所谓的应敌方案吗?

3. 吴淞口之战

道光二十二年五月初八日(1842年6月16日)凌晨,英军开始进攻吴淞口,驻守吴淞西岸的老将、江南提督陈化成督军开炮,吴淞口之战正式打响了。

陈化成,字业章,号莲峰,福建同安县人。16岁时随伯父移居台湾,后入行伍，凭着英勇善战，真刀实枪地博取功名，从普通一兵，升任把总、千总，后嘉庆年间任参将、道光年间任总兵。鸦片战争爆发时，任福建水师提督。

道光二十年六月（1840年7月），陈化成调任江南提督，时年他已是64高龄。到任后，陈化成在时任两江总督裕谦的支持下，构筑和完善吴淞炮台。吴淞口防御体系的建成，陈化成出力最多。

陈化成任江南提督时，"不入官衙，即驻吴淞海口"。他谢绝了当时江苏巡抚梁章钜特地为他安排的行署公馆，在前沿阵地的破旧营帐中"与士卒同薪胆者三年"。吴淞一带老百姓对陈化成敬爱有加，称"官兵都吸民膏髓，陈公但饮吴淞水"。

英军来犯时，陈化成率先指挥兵勇开炮。一时炮声四起，交战正酣。有中方记载说，陈化成率部曾击中几艘军舰，但英方资料中没有类似记载。

东、西炮台和英军激烈炮战时，两江总督牛鉴听说陈化成作战占了便宜，心里担心功劳被陈化成独占。于是，牛大人就急忙离开自己驻守的宝山县城，摆起总督仪仗，领军前去增援。

牛总督时刻不忘摆谱，领军打仗也要坐轿子。孰料他的绿呢大轿，正好暴露了总督大人显贵的身份。英军军舰发现了这一队排场浩大的仪仗队，于是就毫不客气地瞄准绿呢大轿来了一发炮弹。这一炮炸死轿夫和护卫亲兵十几个，牛总督倒是命大，啥事没有。

仪仗挨了炮轰，牛鉴吓破了胆，急忙钻出轿子，领着部下风风火火地跑路而去。牛总督一开跑，其他兵勇也就争先恐后，一路狂奔起来。本来清军炮火远不及英军的猛烈，各处清兵正打得艰难无比，突然看见有部队撒开脚丫子跑了，顿时内心崩溃，撂下家伙，四散而去。

牛总督一跑，紧跟其后逃跑的是，驻守在宝山县城西北小沙背的徐州镇总兵王志元部。不久，驻守东岸炮台的署理川沙营参将崔吉瑞部也纷纷溃散。

英军攻陷东岸炮台后，腾出手来，专心对付战斗在西岸炮台的陈化成。由于王志元部逃跑，英军开始从小沙背登陆，陈化成顿时陷入腹背受敌的境地。

陈化成部下，与他一起驻防西岸炮台的苏松镇总兵周世荣，见英军攻势猛烈，拉着陈化成要求撤兵，被陈化成骂了个狗血喷头。贪生怕死的周世荣也不在乎被骂一顿，这时候还是保命要紧。于是，他就撂下陈化成，带着自己的人马撒丫子撤退了。

西岸炮台上只剩下陈化成和几十个亲兵，继续坚守反抗。中午十二点，英军分两路，向陈化成扑来。陈化成拼死力战，英勇殉国，部下官兵80余人全部壮烈牺牲。

吴淞口失守，牛鉴放弃宝山县，逃往太仓。英军兵不血刃，占领宝山县城。

五月初八日（6月16日）晚，即英军攻破吴淞口、占领宝山县城的当晚，从印度、新加坡等地赶来的英国援军抵达吴淞口。此时，英国在华远征军的各类舰船总数达100余艘，总兵力达2万人。如此规模的近代化海陆军，其战斗力之强悍，远非冷兵器思维下的大清君臣所能想象，大清败局已定。

五月十一日（6月19日），上海守军出逃，英军未动一枪一炮占领上海。

吴淞口失陷，两江总督牛鉴认为，英军不会在两江地界上盘桓太久，而是会像以前一样，一路北上，直逼天津。他的两江地界，不久就会安宁。

牛鉴明显是打错了算盘。他不知道英军有个扬子江战役的计划，更不知道扬子江战役的目的。现在吴淞口失陷，长江门户洞开，英军控制长江、封锁京杭大运河的目的即将达成。

第十九章　镇江的战火与屠戮

1. 英军兵临镇江

吴淞口一战，老将陈化成不屈殉国，吴淞、宝山、上海相继失陷。战局已经糟糕到这个样子了，但身为两江总督的牛鉴大人心中并没多少紧迫感。因为牛大人判断，英国佬一定会一路北上，直扑天津，威逼京城而去。

大清的地方督抚，面对船坚炮利的英夷，普遍抱着"铁路警察，各管一段"的态度。只要英国佬不在自己的一亩三分地上闹事，那就阿弥陀佛了，哪个还愿意主动把脑袋伸向锅里，管其他人的闲事。

当初，厦门失陷，英军离开福建，进兵浙江。此时，原来的闽浙总督颜伯焘被撸了官，新任闽浙总督怡良主持福建军务。怡良一上任就明确告诫下属，不可挑衅英人，否则英夷就会从浙江撤兵，掉过头来找福建的麻烦，那么，我们福建就是替浙江受祸了。在怡良的盘算里，只要英夷离开福建地界就好，至于他们在浙江爱咋咋地，和自己没有关系。

现在，两江总督牛鉴也是这样盘算。只要英夷离开两江地界，一路北上，自己就可以高枕无忧了。至于直扑天津，威逼京师，那是直隶总督该应对的问题，和两江没一毛钱的关系。

但是，牛鉴判断错了，英国佬并没像他希望的那样，一路北上，直逼天津。

道光二十二年五月廿八日（1842年7月6日），英军开始从吴淞口撤兵，溯长江西上。长江一线清军只是做一些象征性的抵抗，然后就稀里哗啦地溃散了。

六月初六日（7月13日），英舰船"伯鲁多"号和"复仇神"号驶至镇江圌山附近江面，并与清军发生炮战。

六月初十日（7月17日），英军大部队兵临镇江城下。

这是什么情况，英国佬咋不按套路出牌呢？

其实，英军自有他们的套路，只是这个套路和牛总督设想的不一样而已。英军扬子江战役的目的就是控制长江，封锁京杭大运河，切断清政府内陆水运交通，逼迫清廷尽快屈服认尿。

牛鉴当然不知道英国佬的进军意图。当英国军舰沿江而上，直逼镇江时，他顿时手足无措，感觉问题严重了。

镇江，又称京口，位于长江和京杭大运河的交汇处。它是京杭大运河的咽喉，长江重镇江宁（南京）的屏障，更是历代长江下游的军事重镇。

镇江一旦被拿下，大清南北水运的喉咙就被捏住，南北物流就会被阻断，清廷北方赖以维继的漕运就玩儿完了。京师里文武百官、士绅商贾没了漕运的粮食，估计就要饿着肚子上班了，那可是天大的事情。

英国佬就是瞅准了大清这个喉咙发力，拿下镇江就基本达成了他们发动扬子江战役的目的。

问题是，对于这样一个战略要地，两江总督牛鉴却没做什么像样的布防，镇江的防御力量差得厉害。

首先在兵力上，中英之间存在巨大的差距。英军兵临镇江，统帅是陆军司令郭富和海军司令巴加，统领各种舰船70余艘，海陆军近7000人（另有一说是，英军先派近7000人，后增兵至2万）。

清军方面，驻防镇江的最高军事长官是京口副都统海龄，他部下有京口八旗兵和青州八旗兵共1600余人。就这么一点兵力，两江总督牛鉴还认为"京口官兵，足资防守，毋庸添拨"。当得知英军向镇江进兵时，牛总督才慌了手脚，急忙调拨援兵。

六月初六日（7月13日），参赞大臣、四川提督齐慎率四川绿营兵700人赶赴镇江。

六月初九日（7月16日），署理江南提督刘允孝率领湖北绿营兵1000人抵达镇江。

六月十二日（7月19日），浙江派来江西绿营兵1000人驰援镇江。

京口副都统海龄统领所部八旗兵驻防镇江城内。参赞大臣、四川提督齐慎，署理江南提督刘允孝统领绿营兵驻防镇江城外，协助海龄防守镇江。各方兵力总计4000余人，这就是防御镇江的全部力量。

鸦片战争开战以来，英军战斗力强悍，那是有目共睹的，况且现在他们的人数远远超过清军，所以，就兵力而言，英军占据绝对优势。

除兵力处于劣势之外，镇江的城防设施也很不像样。鸦片战争开战后，历任两江总督都将防御的重点放在沿海地带，对长江的防御未作重视。镇江非但没有像厦门、定海那样坚固的防御工事，而且城内的大炮也多被征调到吴淞口去了。

这样薄弱的兵力、单薄的城防，镇江被拿下应该是分分钟的事情。英国佬一路所向披靡，自然不把镇江放在眼里，但他们万万没有想到，就是这个看起来不堪一击的镇江，却让他们付出了鸦片战争以来最为惨重的代价。

镇江，对英国佬们来说，是一个意想不到的"bug（漏洞）"。

2. 当硬骨头碰上糊涂领导

与畏敌如虎的两江总督牛鉴不同，驻防镇江的京口副都统海龄可是个硬骨头。一路所向披靡的英军，在镇江和海龄交手时，付出了他们在开战以来最为惨重的代价。

英军沿江而上，直逼镇江，两江总督牛鉴顿时慌乱起来。他于道光二十二年六月初六日（1842年7月13日）赶到镇江，但只待了一天就溜号了。

对镇江的防务策略，堂堂的两江总督牛鉴，想法十分"务实"：出点银子，买个平安。牛鉴到镇江后，就给镇江的地方文官施加压力，让他们筹集一笔"赎城费"，交给英军，换得镇江免于战火。

给英国佬支付"赎城费"的事情，早有先例。当初靖逆将军、皇侄奕山主持广州军务时，就和英军做了一笔交易，通过支付给600万银圆的"使费"，换取英军从广州城里撤军。这个"使费"和"赎城费"也就是叫法不同，实质都是用白花花的银子，换得暂时的安宁而已。

吴淞口战败后，英军海军司令巴加和陆军司令郭富就一起署名发出照会，要求上海官员支付100万银圆，来换取英军从上海和松江府撤兵。上海官员还没来得及缴纳这笔钱，英军主力就急不可耐地攻打镇江去了，"赎城费"的事也就不了了之。

虽然上海的"赎城费"没拿到手，但这却是英军主动索取"赎城费"的开始。其后，他们将此敲诈手段发扬光大。英国佬主动要钱的事，大概给牛鉴提了个醒，让他想到了给英军支付"赎城费"，换得镇江免于战火。

英军此次兵临镇江，目的是封锁长江和京杭大运河的水运，迫使清廷彻底认尿。这样重大的战略意图，岂能因为一点银子就白白放弃。

牛鉴不明白英军的战略意图，所以才一厢情愿地提出"赎城"的方案。先不考虑这方案英国佬是否答应，单在海龄手里就通不过。海龄严词拒绝牛总督花钱买安宁的策略，表示要和来犯的英夷死磕到底。牛鉴见海龄态度如此强硬，索性撒手不管了，将镇江的防卫交给到了海龄，自己脚底抹油，溜到南京去了。

海龄，郭洛罗氏，镶白旗满洲。身为旗人，当兵打仗就是天经地义的事情。海龄年轻时，先从八旗骁骑校干起，驻防山海关，后来升任直隶张家口协守备。嘉庆年间，因参加镇压天理教起义，战功卓著，历次擢升为都司、游击、参将、副将、总兵。

道光十五年（1835年），一直官运亨通的海龄栽了跟头。他大概因有了战功，便滋长了骄纵的毛病，结果得罪了他的上级——时任直隶总督的琦善。琦善弹劾了海龄一个"性耽安逸，不勤训练"。于是，海龄的正二品总兵就被撸了，降级为正四品的二等侍卫，而且还被一脚踢到新疆，做了个古城领队大臣。

道光二十年（1840年）秋，海龄被重新起用，授西安右翼副都统。一个月后，又调任江宁副都统。其后不久，因英军一路北上，朝廷在加强沿海布防的同时，也重视起长江的防御，于是海龄又被调任为京口副都统，驻守镇江。

道光二十一年正月（1841年2月），海龄赴任京口副都统。到任后，他对镇江的防御十分上心，认真操炮练兵，积极从事京口备防。但是从伊里布到牛鉴，历任两江总督都认为英军的攻击方向在沿海，长江一带不会有事，所以没给海龄多少财力物力用于镇江防务。

即使如此，海龄还是尽其所能，强化镇江的防务。他积极地训练士卒，亲自率领军民修复城墙，努力改善镇江十分脆弱的城防。

到牛鉴出任两江总督的时候，海龄在镇江城防上的种种努力都碰了壁。海龄统率的八旗兵只有1600多人，兵力实在太少。他请求给镇江再调拨些兵力，但两江总督牛鉴却以"京口官兵，足资防守，毋庸添拨"为由，予以拒绝。非但不给补充兵力，牛鉴还把镇江城里的大炮征调到吴淞口加强海防去了。碰到这样一个不通防务而且还刚愎自用的领导，海龄也是"有看法，没办法"。

不给兵，那就准许招募些壮勇吧。就这点小要求，还是被牛鉴拒绝。更悲催的是，海龄为了鼓舞士气，提出给手下士兵预支半年钱粮，结果被牛鉴弹劾了一个"扰乱人心"，落得一个降两级留任的处分。

没办法，人一旦遇上一个糊涂领导，那日子过得就像天天放哀乐一样。

吴淞口失陷以后，海龄感觉英军会沿江而上。于是他上书朝廷，要求用沉船巨木阻塞长江航道，防止英国军舰沿江而上。海龄大概是没招了，所以才提出这样一个不靠谱的办法。

阻塞长江航道可不是说着玩的，那将是多么浩大的工程。再说，阻塞长江航道对自己的影响恐怕远远大于对英军进军的影响，这样的做法，无异于自己抓住自己的喉咙，把自个儿往死里整。还好，道光皇帝不糊涂，他在海龄请求阻塞长江航道的奏折上朱批了"费力无益"四个字，就这样轻轻松松否决掉了这个不靠谱的建议。

在镇江，海龄的种种努力，算是尽到了一个驻防武官的职责，但这些努力，并没改变镇江城防薄弱的状况。英军已经兵临城下，镇江将迎来一场血与火的大劫难。

3. 血与火的大劫难

英军兵临镇江，共有各类舰船 70 余艘，海陆兵 7000 余人。英国海军舰船火力强大，很快就封锁了镇江上游和运河南北江门。然后，英军海军就将攻克镇江的功劳让给了陆军。因为侵略军一路北上，海军取得的战功实在太多，现在是该匀出一些功劳给陆军的时候了。

英国陆军士兵多数装备当时比较先进的前装燧发滑膛枪，而且还配备炮兵部队。这样的装备比清军的鸟铳、抬枪、弓箭、大刀、长矛等家伙，至少先进了一个世纪。所以，英军海军司令巴加和陆军司令郭富认为，攻取镇江不费吹灰之力。但结果是，他们为自己的轻敌付出了惨重的代价。

道光二十二年六月十四日（1842 年 7 月 21 日），英军派出 70 余艘舰船在镇江城北江面一字排开，封锁长江，摆出一副即将攻城的架势；同时，部署陆军三个旅，一部攻城外清军，一部攻北门，一部攻西门。

六月十五日（7 月 22 日）清晨，英国海军舰船炮击镇江外围防御工事。陆军在海军的炮火掩护下，向镇江发起进攻。

参赞大臣、四川提督齐慎，署理江南提督刘允孝统帅绿营兵驻防在镇江城外。面对英军的猛烈攻势，城外绿营兵稍作抵抗后，就败退而去。

海龄曾一度派兵出城支援，但这样的主动出击无法抵抗英军的猛烈进攻，也不能阻止齐慎、刘允孝所部绿营兵的败退，城外防御很快就崩溃。海龄只好关闭城门，率所部八旗兵据城死守。

击退城外清军，英军开始向北门和西门发起进攻。英国陆军一面正面攻城，一面又运来云梯攀城。英国海军也派出一支船队，沿运河驶来参加攻城。面对英军进攻，八旗兵奋勇还击，击退用云梯攻城的英军，还发炮击退支援陆军攻城的英军舰船。

虽然八旗军奋勇抵抗，但是还是无法抵挡英军强大的攻势。英军用火炮轰塌城墙，用炸药炸开西门，镇江城被攻破。

镇江城被攻破，英军蜂拥而至。海龄妻子为激励丈夫与敌血战到底，带着孙子跳入熊熊大火之中自焚而亡。

亲人悲壮自杀，海龄心如刀绞。他挥泪召集残部，继续与英军殊死战斗。八旗士兵依然斗志高昂。他们使用手中劣势兵器，凭借城中有利地形进行巷战，与敌人争夺每一寸土地。

海龄率部与英军殊死血战，虽坚守两日，但败局已无法挽回。绝望的海龄回到衙署，命部下将公文纸和木柴一起堆在他的周围，然后亲手点火自焚，壮烈殉国。

英军在镇江一役中投入兵力最多，但遭受的损失也最大。此役英军死亡37人，伤127人，另有3人失踪。这样的伤亡数目，相当于自开战以来，英军历次重大战役死伤人数的总和。镇江是战败了，但八旗士兵的奋勇抵抗，也让英国佬实实在在地吃了大亏。

参与此战的英军军官利洛在《英军在华作战末期记事》中记录道："今天一整天不论是汉兵或满兵都表现得非常勇敢，很令我们敬佩，我可以肯定地说，中国方面的上层人士，从他们的行动可以看出，虽然打到最后一个人，也还是不肯屈服的。"

另有参战英军回忆说："满兵作了一次最顽强的抵抗，他们寸土必争，因此，每一个城角和炮眼都是短兵相接而攻陷的。"

恩格斯在《英人对华的新远征》一文中说："如果这些侵略者到处都遭

到同样的抵抗，他们绝到不了南京。"

镇江八旗兵几乎全部战死，他们的亲眷也殉难无数。在战斗的最后一刻，这些老弱妇孺，或自杀，或借亲人之手了结生命，其惨烈悲壮非文字可以传达。

八旗兵驻守于此近二百年，此处是亲眷生活之处，是祖宗埋骨之地。他们浴血奋战，所保卫者，是实实在在的家园。所殉难者，是因为目睹家园被毁的悲愤和绝望，是不愿向侵略者低头的骄傲和决绝。

英军攻陷镇江后，四处抢劫财物，奸淫妇女，而后又四下纵火。镇江在侵略者的蹂躏下，已为人间地狱！

4. 海龄的身后荣辱

镇江虽最终不免沦陷，但英军也付出了自开战以来最为惨重的代价。八旗兵在镇江浴血奋战，打出了八旗军的血勇，无愧于八旗军的威名。道光皇帝感喟道："朕之满洲官兵，深堪悯恻。"

对力战不屈、自焚殉国的京口副都统海龄，道光皇帝亲发谕旨称赞海龄"为国捐躯，忠义可嘉"，并下令查访海龄后人予以优赏。朝廷对海龄身后的哀荣也极其重视，"谥昭节，入祀昭忠祠，并建祠镇江，妻及次孙附祀"。

就在海龄极尽哀荣之时，驻镇江府地方官常镇道周顼上书禀奏，海龄在镇江闭城期间犯下暴行："城上开炮开枪，击杀平民，指为汉奸，无辜罔吁。又每日城内搜索汉奸，立时正法，每日约杀十余人，颇有冤枉。"

接着，又有言官奏称，海龄并不是自杀殉国，而是因滥杀平民，激起民变被"乱民"戕害。一时訾议汹汹，让道光皇帝也变得糊涂起来。

海龄之死，如果是力战不屈，兵败自焚，那就是殉国成仁，必须表彰其忠勇，树立典型。但如果海龄真的因为滥杀无辜，激起民变，被"乱民"戕害，那么，海龄就是罪人，死不足惜。

此时，彻查海龄在镇江的所作所为，就不单关系他本人的身后荣辱，更成为朝廷必须表明立场的大是大非。道光皇帝亲下谕旨，旗帜鲜明地指示两江大员，彻查海龄在镇江的所作所为和死亡原因。

当时在两江的钦差大臣耆英主持彻查，两个多月后，事实真相基本浮出水面。海龄确实干过滥杀无辜的事，但他力战不屈，壮烈殉国也是事实。他既是一个英勇不屈的烈士，又是一个屠戮百姓的浑蛋。

道光二十二年六月初八日（1842 年 7 月 15 日），即英舰船"伯鲁多"号和"复仇神"号驶至镇江圌山附近的第二天，英军兵临城下。镇江百姓人心惶惶，都想出城逃难。海龄却下令禁闭城门，不放任何人出城。

急于逃命的镇江百姓因为不能出城，联合向海龄抗议，海龄却以"汉奸"的罪名将抗议的百姓拘拿。闭城后，海龄纵兵四处捕捉"汉奸"，将 13 人处斩在小校场。此后接连六天，京口驻防八旗兵四下抓捕，甚至肆意开枪射伤行人，据传被杀者达 700 余人。

镇江流传下来的竹枝词有言："都统差人捉汉奸，各家闭门胆俱寒。误投罗网冤难解，小校场中血未干。"这说明海龄滥杀无辜的传言非虚。另有《出围城记》记载："城中炊烟寥寥，盖城闭市亦闭，饥民无处市米，亦无处市饽饽，人疑副都统欲尽汉人而后止。"

城外英军虎视眈眈，城内八旗兵横行暴虐，可怜的镇江百姓成了失去庇护、任人宰割的羔羊。海龄禁闭城门，镇江百姓无法出城逃难。英军攻陷镇江后，大肆烧杀淫掠，镇江如同人间地狱。海龄罪责难逃！

根据耆英的调查，海龄全家殉难，本人自焚殉国是事实。海龄滥杀无辜也实有其事，但仅止于小校场处斩的 13 人。这样的数字明显是打了大大的折扣，但即便是滥杀 13 人，也是犯下重罪。如何对海龄盖棺定论，就成了一个难题。

最后，道光皇帝下谕旨拍板定案：海龄因守镇江，拿获奸细，办理草率，原有应得之咎。唯既阖门殉难，见危受命，大节无亏，仍遵前旨，照都统例赐恤。入祀京师昭忠祠，并于该地方建立专祠。常镇道周顼所禀失实，着与该处城陷后未经殉难之文武各员一并查明，再行严参。

道光皇帝大概是太需要一个忠勇的典型，所以才以"见危受命，大节无亏"的话，强行将海龄送进了昭忠祠里。这明显就是自欺欺人，给自己和海龄找台阶下。他的这种说辞，怎么可以让后世认同？

　　一个军事统帅，驻防镇守的意义就是保境安民。如果城池无法守卫，疏散民众就是将领义不容辞的职责，岂有关闭城门大肆捕杀的道理？一个滥杀无辜百姓的将领，即使他再如何忠勇，这忠勇又有何意义？

　　海龄捕杀"汉奸"，屠戮百姓的举动，并不是他个人的丧心病狂，而是清朝贵族普遍存在的隐秘心理作祟。清军入关二百年，面对人口众多的汉人，他们心虚至极，对统治缺乏信心。防备汉人，视汉人如仇雠，一直是清朝贵族秘不可宣的政治正确。所以，在外敌入侵的危难时刻，海龄不可能放心地选择和汉人并肩作战，而是担心汉人在背后捣乱，担心所谓"汉奸"里应外合。这种内心的虚弱和恐惧，使他将屠刀伸向无辜百姓，成为千古罪人。

　　官员视民众为仇雠，民众亦仇视之。海龄激起民变，被"乱民"戕害的传言，也就是基于此理而产生的。统治者和其治下的民众互不信任到这种程度，岂能同仇敌忾，共御外辱？鸦片战争，清廷之败，夫复何言！

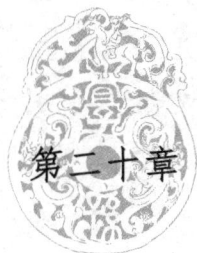

第二十章 耆英和伊里布的漫漫乞和路

1. 第五位钦差大臣——耆英

英军发动扬子江战役，一路攻城略地，一直打到长江和京杭大运河的交汇处，拿下镇江，成功达成封锁清廷南北水运交通的战略目的。大清被卡住了喉咙，战争失败已成定局。

在这里，我们暂且放下英军在长江沿线的战局不说，还是先隆重请出一位重量级人物登场。他就是自广州禁烟以来，道光皇帝派出的第五位钦差大臣——爱新觉罗·耆英。

爱新觉罗·耆英，字介春，满洲正蓝旗人。耆英的身世可不一般，他是努尔哈赤同父异母的弟弟穆尔哈齐的六世孙，是货真价实的爱新觉罗子孙。清军入关已经二百年，穆尔哈齐这一支血脉虽然已成为皇室远支，但他们毕竟还是皇室宗亲。

耆英的爹叫禄康，是乾隆、嘉庆朝的重臣，在嘉庆年间，官至东阁大学士加太子少保。身上流着爱新觉罗氏的血，加之老子官高位显，所以耆英的仕途就无比坦荡。10岁的时候就奉恩诏，荫封为六品官，20岁的时候，以荫生授宗人府主事，正式进入官场。此后，耆英在仕途上一路狂奔，先升任内阁学士，兼副都统、护军统领，后历任工部、户部、礼部尚书，坐上从一品大员的高位。

道光十八年（1838年），耆英出任盛京将军。

道光二十二年正月（1842年2月），耆英调任广州将军，按照惯例，在赴任前进京面圣听训。

耆英觐见时，道光正为浙江的战局忧愁不已。见到一直被自己器重的耆英回来了，道光立马感觉找到了可靠的人。君臣二人嘀咕了半天，定出了一个先剿后抚的方针，即先和英国佬干上一战，只要小有胜利，赢得一些面子，就和英夷议和，结束战争。

方针既定，道光就命耆英改任署理杭州将军，前往浙江前线。同时还给他派了一个高级跟班——伊里布。发配张家口的伊里布，这时获得赏七品职衔，跟着耆英随营差遣。

耆英还没离京赴任，道光皇帝就担心耆英署理杭州将军的官职不高，权力不大，镇不住浙江前线的那些官员，索性就将钦差大臣的官帽子扣到耆英的脑袋上。于是，耆英就成了道光皇帝自广州禁烟到鸦片战争开战以来，第五位派往前线的钦差大臣。

钦差大臣看着位高权重，风光无限，可想想道光皇帝派出的前几位钦差的下场，就知道这实在是个风险很高的职位。

第一位钦差大臣林则徐，革职，发配新疆伊犁。

第二位钦差大臣伊里布，革职，发配张家口。还好，现在被起用了，沦为七品职衔的高级跟班。

第三位钦差大臣琦善，革职锁拿，查抄家产，发配张家口扛枪去了。目前正站岗放哨，干得"不亦乐乎"呢。

第四位钦差大臣裕谦，打了败仗，丢了定海，内心伤感绝望，投水自杀了。

以上四位，谁也没落下好，道光皇帝的钦差真的不好当啊！

道光二十二年三月初五（1842年4月15日），第五位钦差大臣耆英，带领着他的高级跟班——赏七品职衔、随营差遣的伊里布，离开京城，赶赴浙江前线任职。

他的命运将会如何呢，目前还真不好说。

2. "战无长策唯有羁縻"

道光二十二年三月廿九日（1842 年 5 月 9 日），钦差大臣耆英到达杭州。

按照当初道光和耆英定下的先剿后抚的方针，耆英准备撸起袖子大干一番。可是，真到了浙江前线，耆英才感觉浙江的战局已经烂得不能再烂，败得不能再败，丢脸得不能再丢脸了。

于是，耆英决计实施"羁縻"，开始朝着投降卖国的方向不懈努力。

耆英满怀忧虑地上奏道光皇帝，奏折里夹了个《战无长策唯有羁縻片》。在这个夹片中，耆英表达了自己对浙江战局的看法："敌势愈骄，我兵愈馁，万难再与争持"，"舍羁縻之外，别无他策，而羁縻又无从措手"。也就是说，仗是实在没办法打了，咋打都是输，要想"羁縻"忽悠，也不知道该从哪里下手，事情实在不好弄啊！

耆英上奏这个夹片，潜台词就一句话：英夷咱打不过，也忽悠不了，还是老老实实接受他们的条件吧。

耆英不但对道光皇帝这样说，更积极主动地将投降卖国落实到行动中。刚到浙江，他就开始派人和英军接触，希望能够停战议和。

这时候，英军刚刚放弃宁波，正准备收缩兵力，攥紧拳头狠狠地揍清廷一下。在浙江前线的各位大员，都没领会英军突然撤兵的意图，更不知道英军的扬子江战役即将实施。

不过，扬威将军奕经倒是一个能抓住机会的人。他发扬天不怕地不怕，就怕不会说谎话的精神，向道光皇帝吹牛说自己如何运筹帷幄，指挥有方，大败英军，收复了宁波等处失地。

奕经的一通谎话，哄得道光皇帝十分开心。道光是太渴望一场胜利来安慰自己受伤的心灵了，听了奕经上奏的"捷报"，精神振奋的道光皇帝马上就改变了主意。

道光皇帝谕令耆英：浙江的事，你不要管了，带着钦差大臣的关防，继续南下赴任广州将军去吧。至于伊里布，就交给奕经差遣吧，如果奕经觉得伊里布没啥用，就打个报告，让这老家伙回京吧，反正他也没啥用。

皇帝虽然发出了上谕，改变了人事安排，但大清当时的通信条件，这封上谕到达浙江至少也得十几二十天。钦差大臣耆英当时还不了解道光皇帝已经改变了主意，正积极踊跃、任劳任怨地实施着自己的"羁縻"之策。

道光二十二年四月初九日（1842年5月18日），耆英派伊里布和英方交涉。伊里布到嘉兴时，乍浦已经失陷。英军正在乍浦烧杀淫掠，无恶不作。老头儿伊里布断然不敢在乱兵横行的时候前往乍浦，于是就派了一个叫陈志刚的手下，向英方送去一封照会。照会中开出的条件还是以前的老一套：停战通商。

停战通商，对英国人已经没任何吸引力了。因为英国前任全权代表义律已经在广州和靖逆将军奕山、果勇侯杨芳等人达成了停战通商协议。

英国现任全权代表璞鼎查来了以后，所做的第一件事就是向英商们宣布：把国家利益置于商业利益之下的时代已经过去。他警告商人，不要把自己的生命和财产置于清政府的势力范围之内。也就是说，大英帝国如今在中国的主要任务是打仗，你们要做生意的心情可以理解，但事情必须得放一放，等打服了清政府，赚钱的机会多得很。

璞鼎查主动放弃了通商，他就是要用战争迫使清政府彻底屈服，从而达成英国的战争目的，从根本上攫取政治和经济上的利益。

但事实上，英夷在广州的贸易并未真正停止。因为璞鼎查到任以后，战场主要在浙江、江苏一带，广州相对太平。贪求经济利益的商人们并没有彻底断绝贸易往来，他们将生意转入地下。广州毕竟是老牌通商口岸，民间对贸易也有需求，所以广州官方对转入地下的商贸往来，实际采取的是睁一只眼闭一只眼的态度。

所以实际的情况就是，英国人一边在广州通商做着生意，一边在浙江、江苏沿海攻城拔寨，端的是通商打仗两不误。现在跟他们谈什么停战通商，他们压根儿不会搭理。

3. 英军的议和条件

虽然伊里布提出的是一个不靠谱的议和办法，但英国佬还是礼貌地回复他的照会。因为当年在定海的时候，伊里布的所作所为让英国佬觉得，这老头儿是一个明事理、讲道理的人。

此时，英国全权公使璞鼎查还在香港，接收伊里布照会的是英国远征军陆军司令郭富。郭富客气地回复了伊里布。在复照中，郭富首先感谢伊里布昔日善待英国战俘的行为，并表示欢迎伊里布前往乍浦。对清方停战通商要求，郭富说，这不是自己的职分，需要转告全权公使璞鼎查。郭富还说："倘若贵国按照叠次所致文书内条款，一切允准，即结平和无难。"

伊里布接到复照，十分欣喜。虽然这个照会没达成什么结果，但从态度上看，这些英夷还是愿意和平的。

同时，伊里布对郭富所说的"叠次所致文书内条款"糊里糊涂。因为这一年多，老伊同志都在张家口扛枪守国防，哪有机会看到"叠次所致文书内条款"？

虽然英国佬的态度很好，但伊里布还是不敢贸然前往乍浦。于是，他再次发出一封照会：既然你们要转告你们的全权代表璞鼎查，那么俺老伊就在嘉兴等吧，等贵国全权代表璞鼎查回来，咱们再谈。

收到伊里布再次发来的照会，郭富即刻明白，这老头儿并不知道英国停战议和的条件。为了让这个老熟人明白英方和谈的条件，郭富和英国远征军海军司令巴加联名照会伊里布，明确告知停战谈判的条件：

一是须由清朝皇帝表明，情愿按照先前《巴麦尊致中国宰相书》及璞鼎查在浙江发出的所有照会中的各条件办理。

二是清方的谈判代表必须是"钦派操全权之大员"。

另外，英方还提出了释放英军战俘的要求。

对英方前两个条件，大清浙江大员们不敢，也无法做出答复。让皇帝明确表态，那是不想要自己头上的顶戴和吃饭的家伙了。"钦派操全权之大员"的事情更是万万不能答应，大清一切皆由皇上圣裁，哪里来的"操全权之大员"。

对于释放战俘的事情，扬威将军奕经马上爽快地答应了。因为英夷已经攻占了乍浦，据说随时就会攻打省城杭州。靠撒谎过日子的扬威将军奕经，现在实在招架不住了，如果杭州失陷，即使撒谎的水平再高，也没法向皇帝交代。现在英夷要求释放战俘，那就赶紧把人送回去吧，只要英国佬不找杭州的麻烦就行。

奕经在答应释放战俘的事上，十分爽快，而且还派伊里布亲自解送。奕经希望将战俘送到乍浦，以此换取省城杭州的平安。伊里布押解着战俘赶到乍浦的时候，英军已经撤离乍浦，北上吴淞。

大老远赶来，可战俘送不到英军的手里，这怎么可以呢！于是，伊里布追着英军，一定要把战俘交给他们，以表达清方对和平的诚意。

对气势汹汹、一路北上的英军，伊里布不敢贸然追赶。他打听到镇海的招宝山驻防着少量英军，于是就赶往招宝山，将战俘送给驻扎在那里的英军。

老伊啊，千里辗转送战俘，礼重情也重啊！

伊里布一路追着英军，屁颠儿屁颠儿地送回了俘虏。英方也释放了清军战俘，并给每人发了 3 块银圆。

堂堂天朝上国，怎么能被英夷压过一头？他们给咱的战俘发 3 块银圆，咱们就给他们的战俘发 30 块。当然，那些黑夷应该少些吧，那就减半。于是清方释放英方战俘时，表现得十分慷慨大方：白夷每人发 30 块银圆，黑夷每人 15 块银圆。

大清真是有钱，确实"任性"。

4. 一变再变的圣意

就在伊里布追着英夷，不辞辛劳地送战俘的时候，道光皇帝命耆英停止在浙江的工作，南下赴任广州将军的谕旨到了。耆英和伊里布的"羁縻"刚刚开始，就这样被道光皇帝紧急叫停了。

没法子，圣命难违，耆英只好收拾东西，准备赶赴广州。

伊里布这个老头儿倒是很执着，他并没理会道光皇帝的谕旨，而是一封又一封发照会，希望能和英国佬好好谈谈。但英军此时兵临吴淞口，对长江防线志在必得，压根儿就不理睬伊里布频频抛来的"媚眼"。

道光二十二年四月底（1842年6月初），就是乍浦失陷十几天后，道光皇帝才接到有关此事的奏报，同时收到的还有耆英的《战无长策唯有羁縻片》。

面对乍浦失陷的事实和耆英的奏折，原本倾向进剿的道光皇帝又开始动摇了。这时候，奕经也上了奏折说：英夷太厉害，俺实在打不过，现在耆英和浙江巡抚刘韵珂等人正商量着找英夷议和呢。其实俺心里也是同意议和的，但俺奕经是带兵的将军，参与议和的事情不太合适，您还是让耆英专门负责"羁縻"英夷的事情吧。

战局如此不堪，加上奕经的一通忽悠，道光皇帝又一次改变了主意。他收回了让耆英赴任广州将军的命令，让他暂缓起程，留在杭州专办"羁縻"事宜。扬威将军奕经原有职责不变，继续负责对英夷的征剿事宜。

这就是道光皇帝的如意算盘：耆英专办"羁縻"，奕经专管征剿。他的意思大概是"两手都要抓，两手都要硬"吧。

既然准备羁縻，有"妥协投降"经验的伊里布的作用就大了。正好原乍浦副都统长喜兵败自杀，留下一个空缺。于是，道光皇帝就给伊里布授予四品顶戴，顶替长喜，署理乍浦副都统。以前跌了跟头的伊里布，这次又重新坐上了显达的高位。

耆英正走在前往广州的半路，突然收到道光皇帝让他继续主持"羁縻"的上谕。一心"妥协投降"的耆英急忙屁颠儿屁颠儿返回杭州，继续自己的投降卖国"事业"。

此时，英军已攻克吴淞口，正准备沿长江而上。耆英和伊里布一路追着英军要求谈判，照会往来很多次，但英方只一个要求：要谈判，派全权大臣来，否则免谈。

道光二十二年五月十二日（1842 年 6 月 20 日），英方照会称，全权公使璞鼎查已经来到吴淞口，要谈判赶紧的。耆英十分激动，亲自回复英方照会，称自己是大皇帝特派来议善的大臣，愿意在任何时间、任何地点和英方见面谈判。璞鼎查回复，只和全权大臣谈判；不派全权大臣，就不进行谈判，战争还要继续。

耆英兴高采烈地想和璞鼎查约定谈判时间和地点，并且把这事奏报给道光皇帝。结果不但璞鼎查压根儿就不愿意和他玩，直接冷冰冰地拒绝了，而且道光皇帝也不同意，给他的谕旨是："不可与之会晤"。

堂堂钦差大臣和英夷见面，岂不有伤国体。

道光二十二年六月初二日（1842 年 7 月 9 日），耆英奏报，璞鼎查不肯谈判。道光下旨："专意剿办，无稍游移。"

不让大臣们游移，其实反复游移不定正是皇帝陛下本人啊。

不久，道光收到镇江围城的奏报时，他又倾向于"羁縻"，下谕："着耆英、伊里布准照前奉谕旨，开诚晓谕，设法羁縻，有应便宜从事之处，即着从权办理。此事但有期成，朕亦不为遥制。"

六月二十日（7 月 27 日），接到镇江沦陷的奏报，道光皇帝明白麻烦大了。镇江失守，京杭大运河被拦腰切断，漕粮无法北上运抵京城，偌大个北京将要面临饿肚子的局面。看来仗真的没法再打下去了，于是道光皇帝下谕："着耆英、伊里布仍遵昨旨，便宜行事，务须妥速办理，不可稍涉游移。"

先前是"专意剿办，无稍游移"，今天又是"便宜行事"，"不可稍涉游移"。到底是谁游移了？所谓天意从来高难问，面对一变再变的圣意，臣子们办差大概全要靠猜了。

第二十一章 南京和谈，小人物张喜错步上前

1. 伊里布的心腹仆役

英军攻克镇江后，继续挥师北上，进逼南京。清廷钦差大臣耆英、两江总督牛鉴、新任的署理乍浦副都统伊里布等人十分紧张。他们天天发照会，要求和谈，但是英方的回应简单而一贯：必须派出全权大臣才能开始谈判，否则继续开炮攻城。

就在诸位大员一筹莫展的时候，一个小人物错步走上历史的前台，在南京对英谈判中发挥了巨大的作用。这个小人物就是伊里布的心腹仆役张喜。

张喜，字小沧，又名士淳，本是小吏出身，后投伊里布门下做了家仆，随侍多年，深得伊里布信任。道光二十年（1840 年），伊里布出任两江总督，在浙江以战俘换失地的时候。张喜就被伊里布赏戴六品顶戴，派往定海和英夷交涉。

张喜为人机敏，善于言辞，竟然在英国人中混得一片好人缘。伊里布革职拿问，张喜也跟着倒了霉，和他的主人一起押回京城受审。后来，伊里布发遣军台效力赎罪，张喜不过是一个小小家仆，没承担啥责任。刑部经过一番审讯，就把他无罪开释，放回家去了。

道光二十二年三月（1842 年 4 月），道光将伊里布从张家口召回，赏给

185

七品职衔，让老伊跟着耆英随营差遣。伊里布被免去了扛枪保国防的苦差事，心里当然万分高兴。此时张喜却十分冷静，他告诉主人，如蒙皇上召见，"务将夷情彻底陈明，方能有济，若如前隔膜，仍恐掣肘"。

有了前一次跟着主人"羁縻"英夷反而获罪的教训，张喜变得十分谨慎。他知道如果不让道光皇帝知道前线的真实情况，傻乎乎地前去"羁縻"英夷，最终还是老鼠钻风箱，两头受气。结果肯定和以前一样，主人伊里布将会背上一口大黑锅，自己也要背一口小黑锅，跟着主人一起倒霉。

张喜让伊里布将前线的情况给道光皇帝说清楚，这个设想倒是不错。可是，现在的伊里布圣恩已失，想见皇帝一面就没那么容易了。伊里布去军机处报到时，道光皇帝根本就没召见他。

张喜见形势不妙，就称病拒绝了主人邀其一同南下的要求。他知道，在现在这种情况下，跟着老主人掺和洋人的事，一定不会落下什么好。

伊里布到了浙江后，追着赶着要和英国人停战议和。英国佬压根儿就不愿意和他纠缠，以非全权大臣恕不接待的理由，冷冰冰地拒绝了。和英国佬的接触，一直打不开局面，伊里布感觉自己越发离不开娴于辞令，且在英国佬中人缘不错的张喜。

乍浦失陷，乍浦副都统长喜自杀身亡。伊里布被加赏四品顶戴，署理乍浦副都统。重获高位的伊里布更是需要张喜的襄助，于是他写了一封言辞恳切的信，派专人去召唤张喜。

主子重新获得荣华，情深意切地召唤，冲着这份情意，张喜岂有再拒绝的道理。加之，江南战事不休，议和也确实是有利于万千百姓的举动，所以张喜不顾家人的劝阻，慨然南下。

就这样，一个小小的仆役，就错步上前，走到了历史的前台，开始了他的纵横捭阖之旅。

2. "教皇上瞧着我们还不如一个长随吗?"

道光二十二年六月廿九日(1842年8月5日),张喜赶到无锡,见到了主人伊里布和钦差大人耆英。张喜的到来让伊里布十分激动,他高兴地赋诗一首,其中有一句是:"且喜帷筹来管乐,非为掉舌有苏张。"

伊里布将张喜比作管仲、乐毅、苏秦、张仪一样的人物,评价高到肉麻的程度。这恰恰说明夷务办得伊里布焦头烂额,乱了方寸,张喜这时候真就如同他的救命稻草。

张喜到来之日,正是英军兵临南京城下之时。英方早在攻陷镇江,进军南京之前就发出照会,要求清方缴纳"赎城费"300万元,否则就要进攻南京。

在南京的两江总督牛鉴,于六月廿八和廿九(8月4日和5日)两天之间,连发六道照会,和英国人讨价还价。牛鉴给璞鼎查说"赎城费"数目巨大,一时难以筹齐,可先交三十万元,请英军后撤十里,然后再续交三十万元。璞鼎查不愿讨价还价,威胁如不一并缴纳,英军将立即进攻南京。

牛鉴忧心如焚,急忙派人到无锡,请耆英和伊里布速赴南京。耆英和伊里布决定先派张喜赶赴南京,他们二人随后就到。

张喜临行前,耆英赏给他五品顶戴,并承诺说,自己将奏明皇上,为张喜争取功名。张喜确有报国为民之心,又受到钦差大臣如此厚爱,不禁慷慨激昂起来。他说,自己此行并不是为了功名,而是为解大清江南百姓的倒悬之苦。

一个小小的仆役,竟敢以天下为己任,这让耆英心里十分不爽。张喜不知道,他越表现的超然于名利之外,越发衬托出朝廷大员的腐败无能,越发惹得钦差大臣耆英内心不高兴。

张喜走后,耆英对伊里布感叹道:"教皇上瞧着我们还不如一个长随吗?"久经官场沉浮的伊里布马上品出了其中的深意,而处于风口浪尖,正慷慨激昂的张喜显然没有理解其中的微妙。

道光二十二年七月初二日(1842年8月7日),张喜赶到南京牛鉴的衙署。此日，谣传英军即日攻城，牛鉴急得团团转。张喜掐指一算，当日正是西洋历的礼拜天，是周末放假、礼拜上帝的日子。于是张喜安慰牛总督说，放心吧，英军今天不会攻城。

张喜这点西洋知识在今天不算什么，但在西洋文化一窍不通的牛鉴看来，张喜堪称能掐会算的神人，对他崇拜得五体投地。

七月初三日（8月8日），伊里布到达南京。张喜受主人差遣，前往英舰和英国人交涉。以前在定海，张喜就和英国人打过交道，英方翻译小马礼逊、秘书麻恭少校等人都与他熟识。英国人知道张喜是伊里布的亲信，所以对他十分客气，并坐下来和他谈了判。

耆英和伊里布两位朝廷高官，哼哧哼哧努力了好几个月，都没和英夷接上头。现在，小小的仆役张喜一出场，英国人就十分给面子地坐下来谈判。这在讲究尊卑上下的大清，实在是不可思议的事情。英国佬果然是些不懂礼仪教化的蛮夷，做事情实在不可理喻！

3. 张喜施展辩术

张喜一出面，就代表大清两位大员和英夷开始谈判了。此次谈判，张喜表现得既精明强干，又滑稽可笑。

精明强干之处是，张喜成功地让英方认同了耆英和伊里布的谈判资格。英方坚持要与全权大臣谈判，张喜忽悠说，大清皇上派耆英和伊里布"便宜行事"，这"便宜行事"和英国所说的"全权"意思是一样的。

英方一直要和全权大臣谈判，清方都没派来。为了这个事情一直僵持着，也不是个办法。于是，英方索性就接受了"便宜行事"和"全权"意思相同的说法，认同了耆英和伊里布的谈判资格。

至此，南京谈判才算正式开始，这件事上，张喜功不可没。

滑稽可笑的是，张喜在谈判中模仿战国时期辩士的说辞，声言自己此番来是"先为贵国贺，后为贵国吊"。"贺"是祝贺英国取得暂时的胜利，"吊"是哀悼英国即将面临片帆不归的失败。

张喜像先秦的辩士一样，慷慨陈词，忽悠恐吓，声称大清认为不值得和英方争锋，未加防范，所以才让英军暂时取得胜利。如果英军得寸进尺，惹得皇帝震怒。到时，只需一纸谕令，天下百姓就会纷纷而起，群起而攻之，英军定会片帆不归。

可惜的是，晚清之际不是先秦时期，英国开战也并不是为了和大清彼此争雄。张喜大人弄错了时间和空间，就使他慷慨激昂的演说，变成了滑稽可笑的表演。

张喜表演完了战国辩士纵横捭阖的节目，英国人没受到一点感染。

璞鼎查冷冷地抛出英方具体而实际的交涉内容：

一、抗议清方照会将中国皇帝的字样抬写于英国国主字样之上；

二、要求清方马上缴纳"赎城费"300万元，否则进攻南京；

三、停战议和的条件，按照先前《巴麦尊致中国宰相书》及璞鼎查在浙江发出的所有照会中的各条件办理。

这些都是大事，小小的张喜自然做不了主，他只能返回南京，报知主子伊里布和两江总督牛鉴。伊里布和牛鉴也不敢做主，事情就此搁置起来。

牛鉴守土有责，害怕英军攻城，所以照会璞鼎查，愿意将"赎城费"从60万元提高到100万元。璞鼎查也不愿意再废话，于七月初五日（8月10日）晚传话说：不交300万元，明天就攻城！

英国人要开打，这可咋整呢？伊里布和牛鉴只能将希望寄托于张喜，还得麻烦他再去和英国人通融通融。

英国人要进攻南京的消息传开，南京城内人心惶惶。

伊里布和牛鉴要张喜再去和英国人交涉。张喜不干了，你们啥答复都没有，让我如何跟英国人说？于是，他就以"唯恐往返空谈，不能济事"为由，拒绝从命。

情势危急，伊里布不得不写下照会，其中承诺"所有烟价、马（码）头及平行各条，均可酌商定议，写立合同"。牛鉴也表示，"赎城费"的数目可以好商量。有了伊里布的照会和牛总督的承诺，张喜才动身前往英国军舰，再次与英夷交涉。

七月初六日（8月11日）凌晨，张喜匆匆赶到璞鼎查的座舰。璞鼎查看到伊里布的照会，觉得大清官员终于明白了英方的要求，所以同意谈判。

璞鼎查还给牛鉴照会：既然两国马上就要开始停止谈判，"赎城费"就不要了。

张喜得到璞鼎查的承诺，马上返回南京通禀。就在张喜往回赶的路上，有英舰摆开架势，做出要攻城的样子。南京城里马上就跑出几个打着白旗的代表，此时的大清已经尿得一塌糊涂。

4. "你炮若烈，必轰了我们，然后再讲攻城"

张喜匆匆赶回南京。此时，耆英也抵达南京。现在的南京城里汇聚了耆英、伊里布、牛鉴三大员，大清实施"卖国投降"政策的高官们正式聚首了。

张喜向三大员禀报了璞鼎查同意谈判，而且不要"赎城费"的消息。耆英和伊里布终于松了一口气。两江总督牛鉴更是喜出望外，300万元"赎城费"，英夷说不要就不要了，张喜真是太有本事了！

其实，璞鼎查的目的就是为了逼迫清方答应签订条约，"赎城费"不过是个施加压力的砝码。现在伊里布的照会同意"所有烟价、马（码）头及平行各条，均可酌商定议，写立合同"，那么，"赎城费"一事，就没有必要再提了。只是牛鉴不明白英国人的目的，还以为他们单纯就是为了讹钱。牛鉴真是小看了英国人的胃口。

道光二十二年七月初七日（1842年8月12日），耆英、伊里布派张喜和耆英手下的佐领塔芬布前往英舰谈判。小小的家仆张喜带着五品顶戴，做了大清重大外交活动的谈判代表。对此，耆英上奏道光皇帝的说法是，为了不使夷人轻视，暂给张喜赏了军功顶戴，派他前往夷船议事。

熟知东方事务的璞鼎查见清方派来的是小人物，便派出翻译小马礼逊、秘书麻恭为英方谈判代表。双方代表在南京城外下关一带的静海寺进行谈判。

英方开出了赔款、割地、通商、废除行商、平行外交等八项条件。此等大事岂是张喜能够做得了主的？他只能傻坐着，把各项条件一一听到耳朵里，然后回去据实上报。

唯有赔款一事，他发挥自己的家仆本色，进行了一番讨价还价。据张喜后来撰写的《抚夷日记》说，英方要求的赔款是3000万元，经过他讨价还价，使赔款降到2100万元，为大清节省了900万元。至于英方的其他条件，张喜没有记载，估计是因为做不了主，不好意思记载吧。

七月初七日（8月12日）的谈判，其实就是英方传达和谈条件，张喜负责回去汇报的一次接触而已。谈判结束，张喜带回英方文件交给耆英等大员。结果几位大员看都没看就直接给了手下的师爷。

七月初八日（8月13日），耆英等人再次派张喜和几位下级官员前往静海寺谈判。临行时张喜要求将英方文件和清方答复带去交给英方。谁知那位拿走文件的师爷竟然出门访客，迟迟找不到人影，文件一时取不出来。至于清方答复，更是没有。

张喜无奈，只能空手前往。英方见既没有中方回复，又没有自家的文件，顿时大怒，指责清方讲和毫无诚心，威胁马上开炮攻城。可怜的张喜急了，只能说出实情："我们往来传话，有话只管说明，我们亦好回禀钦差大人。"

对英方开炮轰城的威胁，张喜唯有故作强硬地回答："你若是定准攻城，我必随从伊中堂守护城池，镶黄旗下是伊中堂，白旗之下便是我与陈志刚（伊里布手下），你炮若烈，必轰了我们，然后再讲攻城。"

张喜这番视死如归的话还真把英国人将住了。最后英方宣布，明天必须带来回信，否则就开炮。谈判即将决裂。

张喜虽然用一番义正词严的话，让英国人暂时没了脾气，但谈判即将决裂，也是事实。张喜将这一消息回禀给耆英等三大员。三大员大惊失色，急忙找回师爷，连夜研究英方的条件。经过一番研究，三大员决定对英方条件"一概允准"，只对付款期限等小节表示异议，要求重议。

至此，中英之间的议和，初次显出了眉目。

5. "凉拌"的下场

既然"一概允准"英方条件，和议也就基本达成。三大员开始忙着安排各自的手下，参与到议和的工作中来，以便日后向皇上保奏举荐，请功求赏。他们都争着将自己的人往谈判队伍里塞，一时言语中不免有些明争暗斗。

一旁等着给英夷回复的张喜急了，说："我们布置虽然定妥，唯恐该夷无此耐烦，等不得这些日期。"

张喜的这番提醒让三大员心里很不高兴，但一心为公的张喜并没意识到自己的话已经引起三大员的不悦，接着说："办事的只管办事，保举时即请全行开列何妨。"

此语一出，张喜就将三大员全部得罪了，他的风光日子也就到头了。

道光二十二年七月初九日（1842年8月14日）凌晨，张喜将三大员的答复送达英方，并带口信说，钦差大臣将另行委派官员，在静海寺静候议事。

七月初九日（8月14日）上午，南京城外静海寺。

清方谈判代表为江苏按察使、代理布政使黄恩彤，四等侍卫、前吉林副都统咸龄。英方谈判代表为麻恭和小马礼逊。双方如约而至，进行谈判。这时候就没张喜什么事了，他只能伫立一旁，未敢发一言。

张喜在《抚夷日记》中说："议事之际，是黄、咸两大人与其交谈，黄、咸两大人未曾命喜入座，喜未敢多赞一词。"张喜如此记载，言语中透露着难以掩盖的失落。

谈判正式开始了，以前出力最多的张喜却被"凉拌"了。作为一个小小的家仆，他在机缘巧合之下，错步走上历史的前台，现在大局已定，他就该干嘛干嘛去。况且钦差大臣耆英早已对他不爽很久了，再不长眼色，可能磨还没卸，驴就被杀了。

老主人伊里布到底还是对张喜心近些，他提醒张喜，以后少上夷船、少见夷人。还对他说："耆将军爱你又怕你，爱你者爱你口辞捷辩，深得大体。怕你者怕你性情刚烈，唯恐偾事。"

张喜只好委屈抱怨说："耆将军口说怕喜偾事，实则怕喜成功。"

张喜的这番话，很符合他作为家仆的视野。他觉得自己被"凉拌"，完全是耆英担心张喜立功，使主人伊里布盖过了耆英的风头。至于更深的原因，他根本想不到。

在讲究长幼有序的大清官场，缔约谈判何等正式，岂可让一个家仆正式参与？所以关键时候替换张喜，是必然的。小人物张喜能参与前期接触和沟通，已经是天大的恩赐了。现在，谈判正式开始，他就该被"凉拌"。如果他的事迹传扬出去，岂不令太多的人感到难堪，岂不有辱堂堂大清的颜面！天朝上国，到任何时候都是要脸面的。

6. 主仆二人的不同命运

道光二十二年九月（1842 年 10 月）间，伊里布办理夷务有功，再次获得圣心眷顾。道光皇帝将耆英的所有差事交给伊里布，补授他为广州将军兼钦差大臣前往广州办理夷务。

临行前，伊里布请张喜陪他南下广州办理夷务。这时候的张喜心里已经是哇凉哇凉的，他拒绝了老主人的邀请。

张喜不但自己不愿意南下，而且劝说伊里布："不但喜不必赴粤，即中堂亦可不必赴粤。""既登彼岸，岂可复投苦海？况中堂年逾古稀，就此退步，亦无不可。"

耆英和伊里布想要举荐张喜功名，张喜坚辞不受。两次办理夷务，前一次是押解入京受审，后一次被半路抛弃，伫立一旁。两次遭遇，让张喜早就心灰意懒了。

道光二十二年九月（1842年10月）底，张喜辞别主人伊里布返乡。伊里布对张喜甚是慷慨，赏银千两。张喜将其中一部分赠予故友亲朋，其余带回家乡奉亲养老。

张喜一直无子，回乡后纳了妾，一连生了两个大胖小子。在办理夷务时，曾记有《抚夷日记》一册，回乡后又著有《探夷说贴》一册。总的来说，张喜此后，甚是逍遥。

他的老东家伊里布南下广州，办理中英交涉事宜。南下前老头儿就身体有恙，到任后，广州民众反对英国人侵略的声势日益浩大。伊里布夹在英夷和民众中间，一时忧愤难解，于道光二十三年二月（1843年3月）病重身亡。伊里布死后，道光给他追赠太子太保衔，谥号文敏。而后世给他的评价就两个字："汉奸！"

冤乎哉，伊里布！

第二十二章 大清为什么干不过英夷？

1. "泥脚巨人"与"日不落帝国"

道光二十二年七月廿四（1842 年 8 月 29 日），在英舰"皋华丽"号上，大清钦差大臣耆英等大员在《南京条约》上签了字，盖了关防大印。这场历时三年之久的战争，就这样以大清的完全失败而宣告结束。

一直以来，大清以天朝上国自居，岂料英夷派出区区两万人，就将大清打得俯首认怂，不得不割地赔款，这结局实在令人难以接受。许多人都认为，凭借大清辽阔富足、兵员充足、本土作战等有利因素，完全能够将区区两万英夷打得满地找牙。全然是因为大清君臣抵抗意志不坚决，才让英国佬捡了便宜，侥幸得胜。

这样的认识，实属一厢情愿。它根本不符合历史事实。

战争，说到底是综合国力的比拼。大清虽然自诩天朝上国，但在政治、经济、科技、军事等方面，与新兴的资本主义英国根本不在同一个量级。

鸦片战争时期的中国，昧于时知，浑浑噩噩地做着天朝上国的迷梦。清廷对内是高度集权的君主专制，使举国"万马齐喑"，毫无生气。对外闭关锁国，不知世界发展大势。当时，中国在政治、经济、文化、科技等方面全面落后于西方。

大清虽然经济上号称富足，但自给自足的小农经济能创造的财富终究有限。所谓富足，不过是靠量的累积的结果。这种富足是属于朝廷、官府、达官贵人的，底层老百姓大多处于食不果腹、衣不蔽体的悲惨状态。贫富分化其实已经动摇着大清的根基。乾隆、嘉庆年间各地民乱蜂起，已经撕开了大清国泰民安的假象。

英国在 17 世纪完成资产阶级革命，建立起君主立宪的资本主义制度，此后国力"噌噌"地向上蹿，先后干翻了荷兰、西班牙、法国等西方列强，成为拥有殖民地最多的西方霸主，号称"日不落帝国"。

大清千百年不变，老牛拉车，男耕女织，日升而作，日落而息。而英国已经进入蒸汽机时代，机器代替人力，生产效率突飞猛进。

当大清的读书人孜孜不倦地诵读着子曰诗云，一味沉溺于古人经典，为考得一官半职耗尽心力的时候。英国的牛顿已经揭开了力学、光学的诸多奥秘，法拉第发现了电磁感应现象。就连一个工人出身的瓦特，也能改良蒸汽机，为世界科学技术的发展，提供新的动力。

英国一日千里，大清举步不前。国力之差距，一目了然。

即便如此，英国对大清这个东方大国还是心存敬畏。为了能和这个东方的天朝上国好好做生意，他们多次伸出橄榄枝。

乾隆五十八年（1793 年），马戛尔尼使团访华。

嘉庆二十一年（1816 年），阿美士德使团访华。

大清认为，英夷是不远万里来朝贡的。既然是朝贡，那就该行三跪九叩的大礼。牛哄哄的天朝上国遇到了骄傲的"日不落帝国"，结果只能是啥事也谈不拢。双方和平而平等地建立外交关系的机遇，就这样同历史擦肩而过。这也为日后硬碰硬的战争，埋下了伏笔。

英国先后派出的两个使团，都没完成他们的平等通商的使命，但他们通过与大清近距离接触，摸清了所谓天朝上国的底细。

马戛尔尼惊异于中国老百姓的贫穷，也敏锐地意识到这种贫穷之下，清廷的国力衰退。他断言，清王朝是"一艘破烂不堪的头等战舰"，预言它迟早会"不再有纪律和安全","英国从这一变化中将比任何其他国家得到更多的好处"。

阿美士德使团，不愿向大清皇帝行三跪九叩的大礼，结果连嘉庆皇帝的面也没见上，就被打发回去了。但是阿美士德使团也算没白跑一趟，他们通过在中国沿海转了一圈，将大清沿海和长江的水系和布防，弄了个一清二楚，为后来的战争提供了第一手资料。

阿美士德回国时，途经圣赫勒拿岛，这里囚禁着一个牛人——拿破仑。这个法兰西第一帝国的皇帝，近代欧洲历史上的战神，在滑铁卢战役失败后，被英国军队关押在这里。

出于对这个传奇人物的敬仰，阿美士德拜访了拿破仑。会见期间，他们谈起阿美士德的中国之旅。拿破仑认为，阿美士德应该入乡随俗，向中国皇帝行跪拜之礼。同时，拿破仑还说，和这个地域广阔、物产丰富的帝国作战，是世上最大的蠢事。中国并不软弱，它只不过是一只睡眠中的狮子，它一旦被惊醒，世界会为之震动。

拿破仑如此高看清朝，一方面是他对击败自己的英国极不满意，所以情感的天平倾向中国；另一方面是他对中国的认识还停留在过去西方对中国的崇拜中。但是，对中国的实际情况，还是亲自走了一遭的阿美士德更有发言权。阿美士德从内心已经对这个所谓的天朝上国极其蔑视了，他评价道：中国不过是个泥脚巨人，根本不堪一击。

从长远看，拿破仑的看法不无道理。中国昏睡百年后，一定会清醒和崛起，重新傲立于世界的东方。

但就当下情况而言，阿美士德的判断才是准确的。清朝统治下的中国，真的是一个不堪一击的"泥脚巨人"。

2. 海警部队与近代海军

如果从政治、经济、科技等方面对比，来推测一场战争的胜败，显得有些笼统的话，那么军事实力上的比较，就会更加具体和直观。

英国是个海洋国家，而且长期干着海外殖民的勾当，其海军实力堪称世界第一。英国当时拥有世界最大的海军舰队，战舰多达 400 余艘。

英国的战列舰按照载炮数量，分为六级：一级载炮 100 门，二级载炮 84 ～ 98 门，三级载炮 64 ～ 80 门，四级载炮 50 门，五级载炮 28 ～ 44 门，六级载炮 20 ～ 24 门。

鸦片战争中，英国派往中国的远征军舰队并不是最先进的，其中载炮最多的"威厘士厘"号、"麦尔威厘"号和"伯兰汉"号都属于三级战列舰。这几艘三级战列舰舰长 100 米左右，载员 300 ～ 500 人，排水量 1500 ～ 2000 吨，载炮皆为 74 门。此外，其他中小型武装战船，载炮为 20 ～ 40 门不等。

我们再看看大清水师战船的情况吧。大清水师战船最大者，长约 33 米、宽 6 米多，载员不过百人，最大排水量仅 250 ～ 350 吨。这样的战船最多载炮十几门，少的也就两三门。

从体积吨位和载炮数量上看，大清的战船遇到英国的战列舰，就像小猴子遇到了巨无霸，根本就不是一个层面的东西。

在动力方面，英军战舰只有少部分采用蒸汽机。当时的蒸汽机体积大，装在船上太占地方，限制舰船载炮数量。另外，当时的蒸汽机船都是明轮船，即蒸汽机和轮船的划水系统都在水面之上。这种船只容易受到敌人炮火的攻击，反倒不能成为主力舰艇。

因此，英军战船多采用多桅风帆。船上桅杆高高耸起，风帆巨大而且数量众多。这种船不管风大、风小，风向如何，都可以通过调整风帆方向和角度，保证船只破浪前行，纵横驰骋。

大清水师战舰也是采用风帆为动力，但由于船只小，只能配备少量风帆，且桅杆低矮。这样的风帆受风力、风向制约，如果遇到逆风，只能落下船帆，动用人力划桨摇橹。所以，大清战船的动力其实是人力为主、风帆为辅，其速度当然就慢得多了。

英国海军的战舰为多层，舰炮分布于舰船两侧。由于体积巨大，抗风浪能力强，而且载炮多，所以每艘舰船都是一个独立的作战平台。这样的舰船组成的舰队，对抗大清水师体积小、稳定性差、载炮少的战船，那可就是分分钟秒杀的节奏。

英国海军战船的先进之处远不止这些。我们现在不过是从体积、动力、火力这几个主要方面进行对比。

总而言之，英国海军是近代意义上的远洋海军，而大清水师不过是承担近海巡逻和缉捕海盗任务的海警部队。所以，英军从海上而来，大清水师的那些破船，根本抵御不了。想在海上御敌于国门之外，大清想都不要想。

3. 天灵盖挡炮弹

既然海上作战捞不到便宜，那就立足海岸，用大炮轰炸侵略者。把我们的岸防炮对准入侵船只，这样敌攻我守，敌客我主，一定会立于不败之地。这种想法很有道理，当时大清沿海诸位大员就是这样想的，也是这么干的。

于是林则徐在广州修建炮台，构筑虎门、横档等工事；颜伯焘在厦门修建炮台，构建石壁防线；裕谦在定海修建炮台，筑起土城防线；陈化成在吴淞口建造炮台，构建土塘防线。

用炮台对抗英国军舰，这个思路没问题。但实战的效果如何呢？

战果是无一胜绩，惨不忍睹。广州被攻破，奕山、杨芳等人掏银子赎城；厦门石壁崩溃，颜伯焘被撸了官；定海失陷，裕谦自杀；吴淞口也没挡住英军，陈化成战死。英军从海上一直窜到长江，兵临南京。

为啥大清立足海岸，也干不过英国的战舰呢？

答案无它，大清铸造大炮的技术太差。

当时，英军的舰炮和大清的岸防炮原理一样，都是前装滑膛炮。所用的炮弹也差不多，都是实心弹为主，开花弹为辅。好像两者没啥差距，而且大清还占着岸上开炮的地利优势，可结果为啥还是一败涂地呢？

其实原理是原理，技术是技术，大清输就输在铸造大炮的技术上。

当时，大清铸炮的方式是将生铁熔化成铁水，浇灌到泥模中铸造成炮。这样铸造出的大炮炮管，中间充满孔洞和砂眼。炮管有孔洞和砂眼，开炮极易炸膛。一炮打出去，且不说能不能打着敌人，反而常常把自己人给炸了。

为了改善炮管有孔洞和砂眼的问题，只能采取加厚炮管壁的方式。这样一来，清军的大炮就比英军的炮笨重得多。炮管壁厚了，炮身就笨重，炮管的长度也就受到限制。如果将炮管铸造得太长，炮身沉重，稳定性也不好。于是，清军大炮的造型也就可以用笨厚黑粗短来形容。

这些大炮的炮管短，所以炮弹的初速慢，射程也不远。虽然一个个火炮看着形体巨大，但性能是十分一般的。

另外，这种生铁泥模铸造的大炮，抗高温能力差，一炮出去，炮管子就发红，需要长时间冷却，才能再打下一炮。这对射击的速度和频率也是一个极大的影响。

影响大炮射程和攻击效果的还有一个因素，那就是火药。清朝当时使用的是配方标准不统一的黑火药，这种火药燃烧不充分，所以烟大威力差，推动炮弹的能力有限，大炮射程受到极大的影响。这种火药还极容易受潮，一旦受潮，火药就只冒烟不喷火，炮弹推不出去的事，也是时有发生。

清军也装备了一定数量的开花弹，就是打出去能爆炸的炮弹。但是由于火药性能不靠谱，打出去能不能爆炸，啥时候爆炸，都成了很不确定的问题。

清军的大炮主要是所谓红夷大炮。这种炮有轻有重，标准不统一。自重一千多斤的算是轻的，这种轻量级的红夷大炮，有效射程也就四百多米。还有自重五六千斤的大家伙，这种大型红夷大炮，最大射程能达到三千米，但射出那么远，炮弹早就没劲儿了，真的能有效杀敌的射程也就一千米而已。

英军装备的舰炮，体积比大清的小，重量比大清的轻，但威力却比大清的火炮强得多。英国的冶铁技术远远超过中国，他们铸造大炮使用的是熟铁或低碳钢，铸炮的模具是铁模。这样铸造的大炮既轻巧又结实，根本不会出现炸膛的问题。

英军大炮重量轻，炮管就可以造得长一点。炮管长，炮弹初速就高，射程也就远。

英军火炮耐高温能力强，不需要等待冷却时间，可以打了一炮又一炮。这样的射击速度和频率，大清方面只有"羡慕嫉妒恨"的份儿了。

英军的火药配方有严格的标准，火药性能可靠，这也保证了火炮的有效射程。英军军舰装备的长管加农炮，射程在一千米以上。在战斗中，英舰火炮在千米之外密集射击，攻击清军炮台。而清军炮台上的火炮射速慢，射程也基本够不到英国军舰，如此只有挨打的份儿了。

清兵打不到英国佬，而英国佬发射来的炮弹却是又多又密集，这给清军士兵造成很大的心理威慑。通常情况下，经过英军几轮密集的炮轰，清军士兵就纷纷撂下家伙，逃之夭夭了。

还有一个问题，就是清军修筑的炮台没顶盖。虽然大清沿海的官员都热衷于修建炮台，但是炮台的设计严重脱离了战争的实际。大清的炮台，就是一圈围墙，几个炮眼，所有的炮台都是朝上敞口的。他们似乎不明白炮弹是沿着抛物线打来的道理，所以压根儿就没考虑炮台顶部的防御。

这种没顶盖的炮台，抵挡不住从头顶落下的炮弹。大清各处炮台上的士兵，只能眼睁睁看着英军的炮弹从头顶落下，用自家的天灵盖做最后的"抵挡"。

通常，清方的炮台上都会聚集很多士兵。前线将领坚信人多力量大的朴素真理，每到开战时，就不断要求增兵援助。援兵来了，大家都挤到炮台上，人数的密度正好方便英军炮弹提高命中率。

更有奇葩如颜伯焘者，他当时一掷千金地构筑石壁炮台，将大炮安放在防护墙之外，而且不给大炮配备炮车。当英军来袭时，石壁炮台上的清军士兵只能打一炮，然后就歇菜了。因为炮在墙外，没有炮车将炮拉回，士兵也不敢出墙装填弹药。英舰的火炮噼里啪啦地密集攻击，清军士兵一炮之后就束手无策，只能缩着脖子等着挨炸。

所以即便清军占据着近岸防守的地利优势，但炮不如人，也是无济于事，加上那些官僚们拍着屁股想出来的没顶炮台，结果只是坑苦了可怜的士兵们的天灵盖。

4. 陆军兵力大比拼

船没人家的坚，炮没人家的利，炮台没有顶盖，这些因素决定了大清无论在外海还是近岸，都不是英夷的对手。

海上和海岸上干不过英军，这也没啥，咱们可以在陆地上和他们死磕。大清拥有常备军力80万，区区2万英夷，岂可横行霸道。

但陆战的结果，大清依然是败得稀里哗啦，不是英军的对手。

我们且分析分析清廷陆军的情况，探究一下清军陆战失利的原因。

大清拥有八旗兵20万，绿营兵60万，全国总兵力80万。英国侵华远征军开始派出兵力7000余人，后来增兵至2万。从兵力对比上看，大清是占据绝对优势的。

大清80万兵力也是各有防区，各有任务的。我们先说说20万八旗军的驻防情况吧。

清朝入关，建都北京之后，将八旗精锐半数驻于京畿一带，拱卫京师安全。这10万八旗军是保卫京城，确保清朝统治的禁旅，是不可以随便调动的。

剩下的10万，分四方面驻防：一是驻防在东北"龙兴之地"，确保关外安全；二是驻防察哈尔等接近蒙古的地方，监视内蒙古各部；三是戍守西北边疆，重点威慑新疆、青海、外蒙古；四是驻防内地各军事要冲，控制内地各省，监视绿营兵。

八旗军的这种驻防叫作"居重驭轻"，即占据各处军事要冲，确保清朝统治安全。鸦片战争时期，八旗军除了在乍浦、镇江抵抗英军侵略外，基本没参加战斗。

另外 60 万清军为绿营兵。这些军队是清初由汉兵编成的分驻在地方的武装力量，他们以营为基本单位，用绿旗做标志，故称"绿营兵"。

绿营兵中有少部分驻防京畿外围，其余都分驻各省。在一省之中，总督、巡抚、提督、总兵各自有其亲自率领和指挥的绿营兵，称之为"标"，各标下辖 2 ～ 5 个营不等。

总督统领的绿营兵叫"督标"，巡抚统领的绿营兵叫"抚标"，提督统领的绿营兵叫"提标"，总兵统领的绿营兵叫"镇标"。

各标之外，正三品的副将统领的叫"协"，协的兵力和各标基本相同。

标、协以外，其余兵力都以营为基本单位，由参将、游击、都司、守备统领。参将到守备，官阶有差：参将为从三品，游击正四品，都司从四品，守备正五品。虽然官阶不同，但他们所统领的兵力都是一个营。一个营的兵力在 200 ～ 1000 人之间，营的大小由所驻防地区的重要性决定。

营以下为哨，哨以下为汛，分别由千总、把总统领。绿营兵并非统一驻防，而是分兵驻守于一省各地。小到一个市镇，也会驻防一汛。这一汛士兵或数名，或十几个，最多也就几十个而已。

绿营兵分兵驻防，是由其军队性质决定的。绿营兵分驻各处，执行维护社会治安、监视控制百姓等任务。八旗军分驻各省，又起着占据战略要冲，监视控制绿营兵的作用。整个清军，其实就是集警察、内卫部队、国防军三种职能于一体的军队。

女真是异族入关，一直担心汉人造反，所以才采取这种"居重驭轻"的战略思想，强化对内的控制。这种分散驻防，层层监督的体制，有效达到了强化内部统治的效果。但是，一旦外敌入侵，兵力就显得捉襟见肘，无法集中力量抵御外敌。

鸦片战争开始后，清廷害怕内地百姓借机生事，更要强化对内的监控。一省之内，既要严密控制百姓，又要抵御英军，兵力自然就捉襟见肘，不敷使用了。

兵力不足，只有从其他各省抽调。抽调集结就成为鸦片战争中，清廷唯一保证兵力的方法。但是，这种抽调集结，兵力运输是个大问题。大清集结兵力，基本靠士兵的两条腿，集结速度远远赶不上英军战舰那样来去如风。

在中国漫长的海岸线上，英军凭借机动性极强的舰船，拉着士兵到处跑。他们可以在任何地点、任何时间集结优势兵力向清方发起进攻。而大清方面，沿海各处都需要设防，处处都要分兵据守。

虽然大清有80万常备军，但多数都要严密驻防于内，不能调动。即便抽调出数万兵力，往沿海各地一派驻，又等于化整为零，于事无补。英军乘船而来，可机动灵活地集中兵力。清军援兵开动双腿，疲于奔命。

由于机动性上的差别，英军几千兵力，重复投入各处战场，让几千人发挥出数万人的作用。清军沿海虽然有十余万兵力，但在具体战役时，能派上用场的也就几千人。

比如，道光二十一年二月初（1841年2月底）的虎门之战，关天培所部守军不过千人左右，而英方进攻兵力在三千以上。

道光二十一年八月中旬（1841年9月底）的第二次定海之战，清军约三四千人，而英军进攻兵力在四五千。

道光二十二年六月（1842年7月）的镇江之战，清军京口副都统海龄和参赞大臣、四川提督齐慎，以及署理江南提督刘允孝三方面共有八旗、绿营兵4000余人。而英方陆军司令郭富和海军司令巴加，统领各种舰船70余艘，海陆军近7000人（一说后增兵至2万）。

由以上战力可看出，大清虽然本土作战，但兵力上其实并不占多少优势。很多重大战役中，投入的兵力反而不如英军多。

5. 士兵素质和单兵武器

在鸦片战争中，大清船不坚、炮不利，而且士兵素质和单兵武器也远远落后于英军。

鸦片战争初期，英国派出陆军约4000人，海军约3000人，总兵力约7000人。英国陆军分为三个步兵旅和一个炮兵旅。每旅下辖两个团，以营为基本作战单位。

陆军中，除了三个从印度、孟加拉招募的土著（黑夷）兵团战斗力较弱外，其他四个步兵团（皇家爱尔兰第18步兵团、第26步兵团、第49步兵团和第55步兵团），都是从英国本土调来的战斗力强悍的老牌部队。这四个步兵团都参加过镇压美国独立的北美"七年战争"，具有丰富的海外殖民地作战经验。

清朝八旗和绿营都带着明显的世兵制色彩，士兵一旦招募入伍，就成为终身职业。非但自己终身当兵，而且还父死子继地传承下去。这导致士兵年龄参差不齐，身体素质各不一等。

茅海建先生《天朝的崩溃》一书，收录了1840年7月中英第一次厦门之战中，清军战死的九名士兵的档案资料。这些档案记录着战死士兵的姓名、年龄、职务、家庭成员等信息。从这些档案中可以发现，这九名战死的士兵，年龄22～29岁者四人；年龄30多岁者两人，一个35岁，一个39岁；年龄40多岁者两人，一个43岁，一个47岁；还有一个年龄超过50的，已是59的高龄。

从这九名战死士兵的资料看，清军中年龄较大者不在少数。这样的年龄结构，先不说军事素养如何，单就体力体能一项，就不能和英军的精壮小伙子相比。至于训练水平、战术素养，大清这种冷兵器思维下的军队，和英军近代意义上的陆军，更是没法相提并论。

在陆军的单兵武器装备上，清军和英军也存在着明显的差距。

鸦片战争时期，清军是冷热兵器混用的军队。部队一半人装备大刀、长矛、弓箭、藤牌等冷兵器，另一半则使用鸟枪、抬枪等火器。

清军使用的鸟枪、抬枪属于前装燧发滑膛枪，这种枪是在火绳枪的基础上发展而来的。所谓燧发，简单说就是通过枪机撞击燧石产生火花，从而引燃火药发射子弹。所谓滑膛就是指枪管里没有膛线，子弹平滑射出。由于没有膛线，子弹无法产生通过自旋而获得稳定弹道，所以射击精度不高。

当时，英军装备的轻武器也是前装燧发滑膛枪。从原理上看，中英之间的火器差别并不大，都是燧发，都是前装滑膛，射击精度都不靠谱。

但是基本原理相同，并不代表双方火器的性能一样。

清军火器是从仿制明朝时期的西洋火器发展而来的。其中，鸟枪长约2米，铅弹丸重1钱，装填火药3钱，射程在160～240米，射速为每分钟1～2发。

抬枪长3米左右，重15多千克，发射时须两人操纵，一人在前充当枪架，将枪身架在肩上，另一人瞄准发射。抬枪射程在400米左右，但由于枪身笨重，发射需两人操作，其射速也就慢得多。

清军火器不是制式装备，所以样式繁多，制造年份不一。军中使用的鸟枪达58种之多，而且一支枪使用几十年那是稀松平常的事情，更有甚者，居然有160多年前的枪，还在军中使用的情况。

英军装备的是当时最先进的伯克式前装滑膛燧发枪和布伦士威克式前装滑膛击发枪。这两种枪，前者枪身长1.16米，口径为15.3毫米，射程200米，射速为每分钟2～3发。后者枪长1.42米，口径为17.5毫米，射程约300米，射速为每分钟3～4发。

从以上对比中看，英军枪支的射程和射速都比清军的鸟枪先进。而且他们的枪支是制式装备，整体质量和使用稳定性，清军火器根本赶不上。此外，清军的鸟枪长达2米。枪管太长，装填速度就慢，实际的射速就更迟缓了。

当时清英双方都使用的是射击精度不靠谱的滑膛枪，战争中难免要短兵相接。英军枪支上都装有刺刀，而清方鸟枪长达2米，枪管太长无法另行加装刺刀。所以当两军短兵相接之时，清军的鸟枪兵就没了御敌的武器，只能依靠手持大刀、长矛的兄弟们帮忙。

英军火枪加刺刀，既可远攻又能近战；而清兵只能是拿鸟枪的负责远攻，拿大刀、长矛的负责近身搏斗。武器配备的不同，导致一个英军士兵就等于两个清兵。

一直有论者说，鸦片战争时中英单兵装备没有代差，都是前装燧发滑膛枪。但只要仔细一分析，就会发现，虽然都是前装燧发滑膛枪，但它们也有着明显的先进和落后之分。清兵手里的家伙，确实远远落后于英国佬。

6. "排队枪毙"

战争是技术，更是艺术。打仗可不是街头打架，只要胆子大，提着板砖往前冲，就能威慑群雄，获得胜利。鸦片战争，清廷被打得满地找牙，除了船不坚、炮不利，武器装备不如人之外，战术的落后也是一个重要的原因。

在沿海各处的攻防战中，英军采用的都是舰炮正面轰击，陆军侧翼迂回登陆的战术。要说这战术也没啥新鲜的，但大清官员似乎对此一无所知，愣是让英军屡试不爽，频频得手。

陆军登陆后，按说清军还是有能力放手一搏的。可通常的情况是，英军陆军一登陆，清军士兵立马溃散，纷纷撂下家伙，撒开脚丫子，四散跑路了。

这是为啥呢，难道大清的士兵们天生就是尿包吗？

其实，导致这个现象的原因，还是英军先进的战术。清兵在英军先进的战术面前，真的毫无还手之力，只能撒丫子开跑。

前面我们说过，当时中英单兵火器都是前装燧发滑膛枪，这种枪的射击精度不靠谱。为了改善这种状况，英军作战一般把士兵分成两部分。一部分士兵站成三横排，进行"排队枪毙"的三线式战术。

这种战术要求，队列中的士兵不能做单兵机动，每排士兵集体行动。前排举枪射击，后排装填弹药，中间一排装填完毕，等待射击。前排射击完毕，退至后排装填弹药，中间一排变成前排，继续射击。三排轮换，保证射击不间断。大家站成一排射击，就不必考虑射击的精准度，反正只要子弹向前飞出去，打不着这个，也会打着那个。如此，整体的射击精度反而提高了，有利于弥补滑膛枪射击精度不靠谱的不足。

在一部分士兵执行"排队枪毙"的三线式战术的同时，另外一部分士兵呈散兵线布置，对三线式士兵队列进行掩护。这些散兵主要由轻装步兵和来复枪兵担任，英国的轻装散兵部队通常由训练有素并且具有高度纪律性的优秀士兵组成，以散兵群或单兵的形式作战，其作战方式很类似于现代步兵。

他们与敌保持接触，起到骚扰、杀伤敌军并分散敌方火力的目的，确保己方"排队枪毙"的三线式士兵队列，不致过分暴露在敌人火力之下。在战斗中，散兵和"排队枪毙"的三线式士兵队列，紧密配合，达到充分发挥单兵武器性能，大量杀伤敌军士兵的效果。

清军的战术思维还停留在冷兵器时代。最前排是远射的鸟枪兵、抬枪兵，然后是弓箭手，再次是藤牌兵，最后是等待短兵相接的大刀长矛。两翼通常是骑兵，随时准备冲锋突袭。整个队形十分密集，一副严阵以待的架势。

清军火器射程本就不及英军，英军在远处开枪射击，清军的火器够不着，只能等着挨打，加之清军队形密集，正好让英军的三线式战术充分发挥作用，举枪对清军进行"排队枪毙"。

等到两军接近，英军进入清军火器的射程范围内时，英军就不再开枪射击，而是挺着刺刀向前冲锋。

不是说好大家开枪对射吗？你们怎么举着刺刀就赶上来了！

清军中的火器兵面对英军的刺刀，顿时没了御敌打仗的家伙，这时候只能是撒丫子跑了。打仗这事，如果大家同心协力，都奋勇上前，那就士气高昂，视死如归。一旦有人溃散逃跑，那么恐慌就迅速传染，整个队伍马上崩溃。

英军的刺刀冲锋，让没有肉搏武器的清军火器兵最先溃散。火器兵一开跑，那些手持大刀长矛的哥儿们也马上不干了。谁都是妈生爹养的，为啥你们开跑，我们死磕呢。况且这些英国佬人高马大，拼刺刀的技术十分了得，不跑就是死路一条，那谁不跑就是犯傻了。

通常，在火器对射的时候，清军还能勉强抵挡一阵子。一旦英军靠近，发起刺刀冲锋，战斗就基本趋于结束。

总的来说，大清无论海上还是陆上，都不是英军的对手。闭关自守而且军事落后的所谓"天朝上国"，遇到近代化程度很高的"日不落帝国"，挨打是历史的必然。这场战争，清政府从一开始就注定毫无胜算。

第二十三章 《南京条约》的百年回望

1.《南京条约》签署

英军兵临南京城下，战争的态势已经很明显，大清败局已定。道光皇帝虽然一百个不情愿，但是也不得不应允钦差大臣耆英等大员同英方接触，进行议和。

谈判本就是强者为王的事情，大炮架在南京城门口，清廷还有什么争执的底气。谈判基本是按照英方的意图进行，英国人先提出草案，再翻译成中文，然后和清政府谈判代表讨论。

清政府谈判代表，无论是负责前期接触的张喜等小人物，还是后期实际进行谈判的官员黄恩彤、咸龄，再到地位更加尊崇的耆英、伊里布、牛鉴，没一个懂得英文。他们只好等英国人草拟好英文条款，再翻译成中文，然后才能进行讨论。如此一来，谈判就成了被英国人牵着鼻子走的事，哪里还有什么主动权。

道光二十二年七月初九日（1842 年 8 月 14 日）上午，南京城外静海寺，清政府以江苏按察使、代理布政使黄恩彤，四等侍卫、前吉林副都统咸龄为代表，正式和英方谈判。

七月十二日（8 月 17 日），英方将根据会谈的情况拟好的条约草案交与中方。

七月十四日（8月19日），双方会谈，英方详细说明条约各条款，中方表示无异议。

七月廿一日（8月26日），英方正式交付条约文本，中方接受，至此议和已成。

七月廿四日（8月29日），在南京江面的英舰"皋华丽"号上，耆、伊、牛三大员在条约上签字并盖用关防。《江宁条约》，即今天所说的《南京条约》，正式签署。

谈判进展得如此迅速，这与耆英等大员急于尽早得到停战承诺的心态有关。为了尽快忽悠这些英夷瘟神离开，让北京紫禁城里的道光皇帝早日安心，耆英等大员显得急不可耐，一点都不淡定。

在耆英等中方大员的心目中，所谓谈判，就是忽悠英国佬尽快停战撤兵，早日向道光皇帝交差。至于如何仔细推敲和约的条款，最大限度地争取利益，这确实是超出了他们的心理预想，也超出了他们的能力范围。

耆英等人轻率地签字画押，连英国人都觉得看不过眼。当时参与谈判的英国海军军官利洛，在其后来所写的《缔约日记》中这样描述道："在欧洲，外交家们极为重视条约的字句与语法。中国代表们并不细加审查，一览即了。很容易看出他们所焦虑的只是一个问题，就是我们赶紧离开。因此等他承认条约以后，就要求大臣将运河中的船只转移到江中。"

《南京条约》签署，历时三年之久的硝烟散去，鸦片战争结束。

《南京条约》的原件之一由英国政府保存，另一份正本寄存在台北市的故宫博物院。其详细条款，各位看官请参看本书附录。

总体来说，《南京条约》共十三款，其主要内容可大体概括为以下几点：

一、宣布结束战争。两国关系由战争状态，进入和平状态。

二、五口通商。清朝政府开放广州、福州、厦门、宁波、上海五处为通商口岸，准许英国派驻领事，准许英商及其家属自由居住。

三、赔款。清政府向英国赔款2100万银圆，其中600万赔偿被焚鸦片的烟价，1200 万赔偿英国军费，300 万偿还商人债务。所有款项分四年交付清楚，倘未能按期交足，则酌定每年每 100 银圆应加利息 5 银圆。

四、割地。清朝政府将香港割让给英国。

五、另订关税则例。清朝政府将以公平的原则颁布一部新的关税则例，以便英商按例交纳。

六、废除行商制度，准许英商与华商自由贸易。

七、释放战俘，赦免在战争期间与英国人有交往的中国人。

割了地，赔了款，大清一厢情愿的天朝上国迷梦，再也无法维系。在我们惯常的历史叙述中，中国自此以后，就从光辉灿烂的古代历史，断崖式地跌入了积贫积弱的近代历史。我们先不说这样的叙述是否合理，但必须承认，《南京条约》的签署，确实具有中国历史分水岭的意义。

从此，中国历史翻开屈辱的一页。

从此，中国历史也走出了王朝更替的封闭循环，在危机四伏中，迎来新的机遇。

2. 强盗的逻辑

《南京条约》签署距今已一百七十多年，这足够我们拉开历史的距离，用当今的眼光重新审视这个丧权辱国的条约。

必须承认，《南京条约》是不平等的。英国人凭借坚船利炮，逼迫清廷低头认怂。这就好比一个强盗闯进家里，把刀架在你脖子上，逼你交出银行卡并说出密码一样，其行为就是赤裸裸的抢劫。

但从另外一个角度看，英国这个闯进大清国门的强盗，他们并不是完全为了讹你的钱、占你的地盘。他们把刀架在大清的脖子上，就是要逼迫大清答应，从此以后，大清得按照规则出牌，好好做生意。

割占香港，英国是为了要一个可以停船休整的港口。赔偿货款、商欠，是为了保护英国商人的利益。当然，替那些鸦片贩子的出头，这本身就不大光彩。至于赔偿军费，这是欧洲当时的通例，你干不过人家，就得听人家的，掏钱赔款。

自古强权就是真理，强盗自有他们的逻辑。

相比勒索金钱，霸占地盘，英国更为看重的是开放口岸、派驻领事、平等外交、废除行商、另定税则等条款。他们根本的目的就是要为英国所产出的大量商品，寻找一个巨大的销售市场，保证英国在对华贸易中占到优势地位，不要像以前那样，老是吃亏。

开放口岸，做生意的地方就多了，不再局限于广州一地。派驻领事，以后英国商人就有了领导，不再受大清官员的欺负和盘剥。平等外交，从此你们得把我们当回事，不能总是牛哄哄的，把我们当孙子对待。废除行商，是因为这些浑蛋凭借朝廷给予的权利，垄断市场，低买高卖，在贸易中坑人无极限。另定税则，是因为你们的各级官吏太不是东西，收钱的名目繁多，没有规矩。

英国漂洋过海来揍你，就是要一个好好做生意的规则和环境。于是，他们通过《南京条约》，强行将清廷拉入到他们的贸易体系中来，让清廷按照他们的贸易规则行事。

抛开割地赔款这些明显的不平等条款，单就从开放口岸、平等外交、废除行商制度、另定税则标准等旨在通商贸易的条款而言，《南京条约》其实也算给封闭的大清提供了一次敞开国门，和世界交流的机会。

世界已经突飞猛进，再这样关起国门，沉溺于天朝上国的迷梦里，大清吃更大的亏，受更大的罪，那就是早晚的事情。

《南京条约》签订之后，大清若能在此时顺应时变，实行改革，那么这些条款也算是帮助清廷步入了世界贸易体系之中，为中国打开了近代化的大门。

可惜的是，在这个重要的历史拐点上，清廷是不可能马上清醒和觉悟的。大清是从东北的山林里走出的落后政治势力，在历史的阴差阳错下，占据了华夏大地，窃据社稷神器。为了维护清朝的统治，沿用传统的治国方式，坚持以农为本，尊崇孔孟之道，就是他们最佳的选择。希望这样的政权抓住历史的机遇，进行近代化改革，简直就是痴人说梦。

清廷不可能超越自身的认知局限，一夜之间从传统的农业思维转向近代化的商业思维。所以即使是机会，他们也无法把握。中国的近代化，还得在付出更多代价后，才能艰难起步。

3. 天朝上国的体面

据《清宫补闻》记载，道光在签署《南京条约》之前的晚上，彻夜不眠，绕殿逡巡，不停地拍案叹息。上谕发下后，他连连流泪，说是对不起祖宗。

道光皇帝觉得堂堂大清向英夷低头，这实在是莫大的耻辱。割地赔款，心疼的并不是钱和土地，而是痛心天朝上国经此一役，颜面尽失。

其实，割地赔款，对清廷的损伤并不是太大。天朝物产丰盈，无所不有，区区2100万银圆不过毛毛细雨。至于香港一地，鸟不拉屎的小地方，有它不多，没它不少。"赏借"给英夷停船休整，也算是天朝皇恩浩荡，怀柔远夷。

大清赔偿英国军费、货款、商欠，共计2100万银圆。当时中英贸易中，英国商人大都使用西班牙殖民墨西哥期间，在当地铸造的币面花纹有西班牙国王肖像的银圆。条约里所说的2100万银圆，指的就是这种银圆。这种银圆一枚约合银7钱，2100万银圆大约合银1470万两。

在道光年间，大清一年的财政收入为四千万两左右，而作为一个封闭的农业国家，财政支出并不算多，所以每年财政皆有结余。据《清史稿·食货六》记载："道光二十二年，岁入银三千七百十四万两，岁出银三千一百五十万两，均有奇。"

道光二十二年就是1842年，即鸦片战争进行的最后一年。这一年大清被英国鬼子揍得鼻青脸肿，京杭大运河漕运也被阻断。按说，这一年正在打仗，财政收入应该有所缩减，而打仗又要养兵，保证后勤补给，是最烧钱的事情，政府支出肯定暴涨。可这一年大清的财政收支结果是：结余了564万两白银。由此推断，在不打仗的和平时期，清廷的财政收入会更多些，支出也会少一些，当然结余就远不止564万两白银这个数了。

既然大清财政收入一年就结余500多万两，区区2100万银圆，合银1470万两，对不差钱的大清而言，也真不算个事。用几个小钱，买个国泰民安，这个生意对一心求得统治安稳的清廷而言，绝对划算。

对于割让香港，清廷官员也没什么大的反应。香港岛面积不足80平方公里，除了有几个小渔村之外，就要啥没啥了。当初，琦善和义律捣鼓了一个《穿鼻草约》，把香港"私许"给英国人，而京城里的官员们，压根儿不知道还有这么个地方。巴麦尊也对割占香港很不满意，他说："（香港）鸟不生蛋之地，一间房屋也建不成。"就这么个荒岛，区区百里之地，"赏借"出去，真的不算个事。

至于释放战俘、赦免"汉奸"的条款，这更不是事。仗都打完了，两国从此"永存平和"，那么战俘就该打发回去了，留着他们还得天天管饭，耗费粮食。至于和英夷往来的"汉奸"，不过都是些贪图几个小钱的斗升小民，他们也翻不起什么大浪，赦免就赦免了，这正好可以体现天朝的宽宏大量。

另定关税例则、废除行商制度这两项条款，对昧于近代商业制度的清廷而言，也无大碍。

总之，就诸多具体条款而言，清廷接受起来也并不是很困难。让大清皇帝和各级官吏耿耿于怀的，只有一件事，那就是《南京条约》损伤了天朝上国的体面。

当时担任江苏布政使的李星沅，看到《南京条约》的条款后，在日记里写下了这样一段话："阅江南钞寄合同（即条约），令人气短，我朝金瓯无缺，忽有此蹉跌，至夷妇与大皇帝并书，且约中如赎城、给烟价、官员平行、汉奸免罪，公然大书特书，千秋万代何以善后。"

李星沅进士出身，是一个具有深厚文化素养的儒学官员。鸦片战争期间，他就在江苏任职，对战争形势比较了解。他知道大清是干不过英夷的，所以对停战议和，是积极拥护的。

看到《南京条约》，李星沅对条约是否平等，没一句话的评价。让他忿忿不平的是"夷妇与大皇帝并书"，"赎城、给烟价、官员平行、汉奸免罪，公然大书特书"。他觉得这些丢人的事，白纸黑字地写出来，不好给后世交代。也许在他的逻辑里，这些丢人的事，偷偷摸摸地做了就行，写在纸上就是摆明了欺负人。重视面子的中国式思维，与英夷讲究契约的做法碰到一起，对撞出的不是火花，而是笑话。

4. 到底是哪里不平等？

今天之国人，应该从更全面、更辽远的视角去审视《南京条约》。

首先必须明确，《南京条约》是英国武力胁迫下签署的，但就其产生的方式看，就是极不平等的。近来有论者说，《南京条约》大体公平，这是断章取义，不值一驳的。

同时，我们也应看到，《南京条约》确实存在一些相对平等的条款。譬如，第一款的约定是："嗣后大清大皇帝与英国君主，永存平和，所属华英人民，彼此友睦，各住他国者，必受该国保佑，身家全安。"这条规定中英互相保护侨民的生命财产安全，这是对中英两国同时提出的要求。虽然在具体执行中，英国人来中国的多，中国人去英国的几乎没有。但就条款而言，没啥毛病，说其平等，也不为过。

又如官员之间平等外交的条款，这让清廷的官员觉得十分憋屈，毕竟曾经的高高在上从此以后无法继续。但今天看来，两国外交，就该如此。唯有平等才好商量着办事，如果一国把另一国当孙子，还有啥外交可言。

开放口岸，允许英国人在通商口岸居住这一条款，大清上下都觉得不爽。广州、福州等地老百姓为抵制外国人入住，还发生了规模不小的斗争。但今天看来，让外国人住进来，彼此多些交往，总比关起大门，继续封闭愚昧好些吧。

当然，我们更应该注意到，《南京条约》里有些貌似平等的条款，其实严重损害中国利益。其中另定税则一条，对中国近代的经济发展，制约极大，为害尤深。

在当时清廷官员眼中，唯有此条算是公平合理。后来在作为《南京条约》补充细则的《五口通商附粘善后条约》（即《虎门条约》）里，英国人大方地给出了逢百抽五（即5%）的关税税率。大清谈判代表黄恩彤、耆英等官员十分高兴地接受了。因为这个税率比大清以前的逢百抽三、逢百抽四的税率还高。

不懂国际贸易规则的大清官员，显然不知道，议定税则，意味着从此以后就得按照这个执行；对一些特殊商品，清政府失去了征收保护性关税的权力。

就是因为这个议定税则，让中国传统经济在日后受到严重的挤压。洋米洋面、洋布洋火、洋钉洋盆此后渐渐涌入中国，让中国传统的农业和手工业日渐凋敝。

由于时空不同，认识角度不同，故而当时清廷所认为的不平等，和今天我们重新审视时所认为的不平等，完全不是一个概念。

今天，我们跳出具体的条款，看到的是，英国将中国强行拉进了世界贸易体系。这种强拉硬扯，让清廷措手不及，跌跌撞撞入了局，糊里糊涂地开始了贸易竞争。这才是所有不平等中最大的不平等。

但是，从另外一个角度而言，《南京条约》使封闭的国门开始打开，中国历史千年不变的王朝更替式的循环被打破，历史开始向新的方向前进。

《南京条约》是中国近代积贫积弱，丧权辱国的开始。

《南京条约》也开启了中国走向近代化，进而走向现代化的起点。

第二十四章 耆英的卖国历程

1."新十可虑"

《南京条约》签署，还真不能说是耆英等大员卖国。在英军坚船利炮的威逼胁迫之下，耆英等人也没得办法，只能代表清廷低头认屄，签字画押。因为这事给耆英等人扣一顶卖国贼的帽子，还真是冤枉了他们了。

《南京条约》毕竟是个新玩意儿，大清上下对这个条约充满疑惧，一时议论纷纷。时任浙江巡抚的刘韵珂就曾给耆英等大员写了一封长信，表达了对签约后，处理夷务的种种疑虑。

刘韵珂继续发扬官场人精的滑头精神，在信中一口气向耆英提出了十个问题。主要内容是：与英国人签订了条约，其他国家也跟风要签条约咋整；英夷说话不算数，继续勒索钱财咋整；老百姓和夷人发生纠纷，该咋处理；赦免"汉奸"，会不会让不法之徒钻空子，投靠英夷；英夷以后在各口岸修房子盖楼，不打算走了，这地方还算咱们大清的吗；处理夷务时，英夷再找借口动武，到时候该怎么办等。

刘韵珂一口气提出的十个新问题，我们权且将其称为"新十可虑"吧。这"新十可虑"比起以前上奏道光皇帝的"十可虑"密奏，水平和见识就差得远了。当时给道光皇帝密奏"十可虑"，讨论的重心是国内问题。刘韵珂对此熟门熟路，自然句句切中要害。

现在，大清从天朝上国突然跌份到了和英夷签合同，定条约地步，天朝的官员们真的是措手不及，不知道以后的工作该如何开展。刘韵珂的种种担心，其实就代表着大多数沿海官员的疑惧，虽然他们的一些疑问和担心，在今天看来，完全不是个事。

耆英将条约内容上奏道光后，道光下旨，"各条均照办理"。这就是说，大清的最高统治者认可了条约的内容，同意按照白纸黑字的条约执行。但不久，他又谕旨耆英："此外一切紧要事件必应筹及者，均责成该大臣等一一分析妥议，不厌反复详明，务须永绝后患。"

签订了条约，还要"一一分析妥议"，希望达到"永绝后患"的目的，这说明道光皇帝心中也充满顾虑。

《南京条约》十三条，确实有些笼统，大清君臣不踏实、不放心，确实在情理之中。刘韵珂和道光皇帝的忧虑和担心，耆英本人也有。

签订《南京条约》的时候，英军的大炮就瞄准着南京城，当时不得不低头认尿，签下这个城下之盟。现在既然双方已经停战，为什么不再好好商量商量，把一切不太明确的事分条缕析明确下来呢？为什么不再坐下来好好谈谈，做些通融，为朝廷扳回一些损失呢？

耆英是这样想的，也就立刻这样做了。

道光二十二年七月廿七日（1842年9月1日），即《南京条约》签字盖用关防大印后的第三天。耆英发出两份重要文件，一份是给道光皇帝上奏《南京条约》具体内容的奏折；另一份是给英国全权代表璞鼎查送去的照会。在照会中，耆英提出对《南京条约》中不够具体详尽的内容，进行进一步交涉。

八月初二日（9月6日），道光收到耆英的奏折。此时道光皇帝谕旨耆英："以上各节，着耆英等向该夷反复开导，不厌详细，应添注约内者，必须明白简当，力杜后患，万不可将就目前，草率了事。"

道光皇帝所说的"以上各节"，简单通俗地说，就是道光皇帝对下面几个问题的担心。

一、商欠。条约里说，大清支付300万银圆用以清理商欠。既然答应赔偿，区区300万银圆也不是个事。但朝廷替商人清理商欠，只能仅此一次，下不为例。以后出现商欠，谁欠的找谁要去，再不能找朝廷要钱。

二、汉奸。汉奸可以赦免，但是这些汉奸如果再作奸犯科，俺们就要按照大清律法收拾。这是俺们自己的事，和英国人没关系，你们不能找理由护着。

三、关税。海关关税可以商量一个标准，但货物过了海关，运到内地，我们该怎么收税，还怎么收税，你们英国人管不着。

四、英军撤离。赔款未付清前，准许英国人暂时占着定海县的舟山海岛、厦门的鼓浪屿小岛。等大清把款付清了，英国人就必须从这些地方滚蛋，不准耍赖。

道光谕旨耆英，把上面这些问题给英夷说清楚，而且要添注在条约里，保证清清楚楚、明明白白，不要以后再起什么幺蛾子。

道光谕旨里的要求，其实耆英大人早就先行一步，着手办理了。几日前耆英就照会璞鼎查，要求再次交涉。在战后对这些问题进行交涉，君臣二人算是不谋而合，想到一块去了。但是道光和耆英君臣二人根本就不知道，他们担心的这些问题，其实大多是清朝自己的内政，根本不需要和英国人商量。

璞鼎查见到耆英要求再次交涉的照会，顿时喜出望外。老奸巨猾的璞鼎查从照会中看出，耆英就是一个根本不懂西方外交法则的大傻帽。这个傻帽提出的愚蠢要求，正好为英国提供了一个占便宜的绝佳机会。璞鼎查爽快地答应了继续交涉的要求，并开始盘算着如何在谈判桌上，再狠狠坑清廷一把。

2. 十二条照会

耆英其实也是本着继续细化条约内容，力争在交涉中为朝廷扳回一点损失的目的，提出再次交涉的要求。

耆英给璞鼎查照会的大体内容为如下十二条，我们简单分析一下。

一、五个通商口岸，准许英国商人居住。但是你们做完生意就坐船回国吧，不必常年住在商馆。

大概准许英夷在五口通商之地居住，让耆英大人心里腘应得慌。华夷杂处，必生龃龉，容易酿出事端，让官府左右为难。所以不如让洋人尽可能不要久居，这样也好勉强维持一个华夷相安的局面。但是，这一条提议明显违反了《南京条约》的约定，英国人肯定不会答应的。

二、以后中英商人之间产生商欠，官府可以配合追讨，但绝对不会代为偿还。谁欠的找谁要去，不能让朝廷出面还钱。

道光皇帝的谕旨里也有这条，这并不是赔偿商欠的事，让清廷君臣觉得很吃亏。实际上他们明确地说，此种事情，下不为例，只是因为不愿意陷入华夷纠纷的麻烦中。可是，道光君臣不了解，此条压根儿不需要交涉。在自由贸易的体制下，商人之间的欠款是商业问题，政府根本不需要承担责任。

三、通商口岸只准货船往来贸易，不准兵船进入。五口通商以外的地方，英国货船和兵船都不得进入。

兵船不得进入他国领海领地，这是国际惯例。这完全是大清自己的主权，这个问题和英国佬商量个什么？

四、战争结束了，俺们在沿海各处要驻扎军队，修复海防设施。英国朋友你们不要介意，俺们这完全是为了防备海盗，不是针对你们。

在自己的地盘修筑工事，驻扎军队，还要和别国打招呼，这是什么道理？这完全是清廷正常的国防部署，是一个主权国家的分内之事。耆英大人拿这条和英国人商量，显然是被英国的坚船利炮吓怕了，内心戾得一塌糊涂。

五、广东、福建等地的军民目前还不知道已经签了和约，战争已经结束。他们如果发生攻击行为，请你们不要以此为借口再次挑起战争。

这事，朝廷应该赶紧通知广东、福建等地停战就可以了，不用低三下四地给英国佬说明。

六、朝廷会按时付清赔款，你们也要讲信用，按时撤军。舟山、鼓浪屿你们先占着，等钱彻底还清了，你们的军队要全部撤出。在你们占着舟山、鼓浪屿期间，士兵最好就驻扎在船上，不要到岸上居住。

付款的期限和撤兵的时间，白纸黑字，在条约里写得明明白白。但耆英大人还是不放心，所以再次专门强调。

七、驻扎舟山、鼓浪屿的英军，不得欺负大清的老百姓，不能阻拦大清的商船向其抽税。

这条字字句句还是透着耆英大人的担心，他对英夷真的不放心。

八、以后英国商民和中国的老百姓发生纠纷，"英商归英国自理，内人（中国老百姓）由内地惩办"。也就是说，发生了争端，各管各的人。

耆英提出交涉的诸条中，这一条最为糊涂。"英商归英国自理，内人由内地惩办"，等于将清政府审判英国人的权力拱手让出，将英国人置于中国的法律体系之外。

当初因为英国水手打死广东农民林维禧的案子，林则徐坚持要英国人交出凶手，一时间闹出许多纷争。耆英是个怕麻烦的人，所以他就想出了遇到纠纷，"英商归英国自理，内人由内地惩办"的办法。耆英大概觉得这样各家管各家的人，可以一劳永逸，避免华夷纠纷扩大化。孰料，此举让清政府失去了对英国人的司法审判权，让英国政府轻而易举地获得了在中国的领事裁判权。

九、中国奸民犯法，逃匿英国货船、兵船，英方必须交送官府，不得隐藏庇护。

中国人犯法，官府追捕缉拿，这是天经地义的事情。不论作奸犯科的家伙逃到哪里，只要是在中国地界，官府都有权搜查捕拿。但耆英却给英国提出"（人犯）逃匿英国货船、兵船，英方必须交送官府"的要求。这就等于将清朝官府到英国船只搜查捕捉犯罪的权力让出，而逮捕逃匿于英国船只上的人犯，就全靠英方主动交出了。靠人家通常是靠不住的，英国人可以上交人犯，也可以藏匿人犯，反正你们也不能上船搜查。如此，挂着英国国旗的船只，日后就成了大清的法外之地，成为作奸犯科的不法之徒的庇护所。

十、英国取得五口通商权利，但其他国家不能享有同等权利。他们要通商，只能去广州口岸。如果其他国家商人出现在广州以外的口岸，"应由英国与之讲解，俾仍在粤通商，无致生事"。

对于其他国家在广州以外的口岸通商，耆英大人要求英国人"与之讲解"，那要清政府各级官员干什么？这样处理外交，想想也是醉了。

十一、福州等口岸关税税率不一，俺们到时候按照广州的关税，制定一套规则，报请户部批准后，咱们双方遵照执行吧。

关税事关重大，是一国主权的象征。你拿着自家的主权，和英夷商量什么劲儿呢？

十二、大清皇帝已经同意在条约上加盖国玺，英国也要这样办。不能我们盖了国玺，你们不盖，显得我们很没面子。

耆英大人提出这条，还真不是为了外交对等，估计他心目中还没有外交对等这个概念。这条代表了耆英大人一个朴素的愿望——中英双方要互相给对方面子。

耆英主动照会璞鼎查，本是希望给大清扳回一些颜面和损失。但他提出的十二条照会内容，其实已经迈出了出卖大清主权的第一步。耆英大人的照会一发出，其实就等于一只脚跨进了成为卖国贼的门槛。

耆英本意是忠心体国的，但却在糊里糊涂中，踏上了卖国之路。

晚清，总是让后人感觉啼笑皆非，心生许多酸爽！

3. 三大员各有去处

耆英提出的继续交涉的要求，令璞鼎查满心欢喜。

道光二十二年八月初一日（1842年9月5日），璞鼎查复照耆英，同意继续谈判。他还专门强调说，清政府的谈判代表必须是"由内阁奉谕，以便宜行办"的大员。

璞鼎查还装出一副公平公正的面孔，说耆英照会中的各条都十分重要，不如双方在谈判后，另外整出一份新条约，粘贴在《南京条约》之后，作为附约。

璞鼎查还积极主动地说，自己愿意提前起草这份新条约，以便双方谈判的时候，商量着办。璞鼎查用和善、公允的假面忽悠耆英，其实他已经准备刨个大坑，等着耆英往里跳。

道光二十二年八月末（1842年9月底），清政府按照《南京条约》要求，支付了第一笔赔款。英军也按照条约约定，从长江一带撤兵。

在撤兵前，璞鼎查专程向耆英等大员辞行。璞鼎查在辞行时和耆英约定，对《南京条约》诸多未尽事宜，将在广州进行新一轮谈判。

耆英是铆足了劲儿，准备到广州谈判，为大清扳回一些损失。但是，道光皇帝在战后的官员任命，使他的广州之行泡了汤。

鸦片战争失败，道光皇帝憋着一肚子邪火。现在英夷已经撤出长江，两江的夷务基本结束，道光就将心里窝着的不痛快，撒向两江总督牛鉴。

道光皇帝给牛鉴整了个"贻误封疆罪"的罪名，将他褫职逮问。牛鉴被抓进京后，经刑部、大理寺等议罪，被判斩监候。好在这种死刑缓期执行，大多是不会真的丢了命的。牛鉴后来并没被砍脑袋，而是关了几年就被加恩释放了。

牛鉴被撤职拿问，道光将两江总督的位子交给了耆英。至于到广州和英夷继续谈判的事，道光让富有经验的伊里布去办理。耆英钦差大臣、广州将军的头衔，也被道光全部交给了伊里布。

现在好了，签订《南京条约》的三大员各自都有了去处。牛鉴的官被撸了个干干净净，送进了大狱；耆英代替了牛鉴，成了两江总督；伊里布接替了耆英的职务，成了堂堂的钦差大臣兼广州将军。三个老家伙好似"驴推磨"，单单把牛鉴推进了大牢里。

鸦片战争这几年，伊里布也是大风大浪，大起大落，先前从两江总督的位子上一头栽下来，被革职拿问，发遣军台效力赎罪；后来又被赏了个七品职衔，跟着耆英随营差遣；再后来升任乍浦副都统，跟着耆英办理抚夷和谈。如今，伊里布又被道光皇帝任命为钦差大臣、广州将军，前往广州和英夷进行谈判。伊里布终于走出了人生的低谷，重新爬上了自己仕途的顶端。

耆英一心想去广州和英夷谈判，为大清扳回损失。但是道光皇帝让他留任两江总督，派伊里布南下谈判，这让耆英好不失落。其实，道光让耆英留任两江，并不是不重用耆英。在道光皇帝的心目中两江实在太重要了，必须交给最信任的人主持。而谈判的事，相比两江的战后重建，也不算什么大事。

伊里布大起大落，再次被拱上了高位，完成了仕途生涯上的一次完美逆袭。只是，这老头儿此时已经老病缠身，距离油尽灯枯、寿终正寝不远了。

南京谈判期间，70多高龄的伊里布就已身染疾病。赴任广州后，伊里布这把老骨头还没好利索，他是带病奋战在"卖国"谈判的第一线的。

到广州后，首先要和英国人谈判关税细则。面对繁复琐碎的关税条款，年老体弱、疾病缠身的伊里布根本没有精力和能力弄明白。好在伊里布赴任广州，道光皇帝还给他配了一个助手——前江苏按察使黄恩彤。

黄恩彤先前参与了南京谈判。《南京条约》签订后，朝廷以黄恩彤议和有功，给他授予了一个二品职衔，随伊里布南下广州，协助伊里布同英国人谈判。

伊里布年老体弱，而且还病快快的，所以议和的重担就落在黄恩彤的身上。黄恩彤是读圣贤书、走科举路的大清官员，对外交和贸易的事情也是两眼一抹黑，基本是啥也不懂。

这时，官场老油条伊里布悄悄给年轻的黄恩彤支了一招：洋务只可粗枝大叶去画，不可细针密缕去缝。

于是，在这种思想的指导下，关于关税的谈判，就按照英国人的思路，基本确定下来了。

在和英国人谈判期间，广州地界一直不平静。英国人按照《南京条约》第二款"自今以后，大皇帝恩准英国人民带同所属家眷，寄居大清沿海之广州、福州、厦门、宁波、上海等五处港口，贸易通商无碍"的约定，要进入广州城里居住和贸易。而广州官绅士农工商各个阶层都对洋鬼子没有好感，坚决抵制。以至于发生多起诸如"焚烧夷楼"的严重的群体性事件。

英国人要进城，广州民众坚决抵制。道光皇帝担心英国人以此为借口，再起战端，便命令广州方面弹压民众。

一方面是咄咄逼人的英夷，他们依据《南京条约》的约定要进城；另一方面是群情激奋、坚决抵制的广州官绅士农工商各个阶层；另外还有朝廷不得再起战端的指示。在几方面压力之下，病恹恹的伊里布终于支持不住，挂了。

《清史稿》记载："（伊里布）至粤，见民心不服，夷情狡横，忧悴。逾月病卒。"

道光二十三年二月（1843 年 3 月），伊里布倒在了"卖国"的第一线上。清廷追赠他太子太保衔，谥号文敏。

伊里布一死，谈判中断了。英国人眼看就要到手的种种好处面临泡汤的可能，这可是璞鼎查不愿看到的。于是，他就扬言要开着军舰，北上两江找耆英去谈判。

清廷这时候十分配合，你们要找耆英谈判，那就让耆英去谈好了，何必再开着军舰来呢，那玩意儿怪吓人的。

道光二十三年三月（1843 年 4 月），耆英被再次授予钦差大臣头衔，前往广州，接替伊里布，继续和英夷谈判。

只要抱定一颗执着的"卖国"之心，机会总会到来的，耆英大人努力吧！

4. 耆英的制夷之法

璞鼎查扬言要开着军舰找耆英去谈判，而耆英一时半会儿还到不了广州。这时候，为了稳住英夷，避免他们开着军舰北上，再惹出麻烦。在广州的清方代表黄恩彤向英方提议，谈判继续。

既然耆英大人正在赶赴广州的途中，璞鼎查也不必开着军舰北上了。于是，双方的谈判继续进行，地点从广州换到了英国人占据的香港。

道光二十三年五月初七日（1843 年 6 月 4 日），耆英到达广州。此时，中英之间的谈判也基本差不多了。

五月廿六日（6月23日），耆英在黄恩彤的陪同下前往香港，和璞鼎查会谈。

耆英一直积极踊跃要求同英夷谈判，是因为他自认为找到了和英夷打交道的正确方法，对自己为大清扳回利益充满信心。通过南京和谈中与英夷的接触，耆英慢慢产生了自己一套对付洋人的理论。

耆英曾上奏道光皇帝说："制夷之法，必须先知其性而后能制之。即如吉林省擒虎之人，手无寸铁，仅止以一皮袄盖于虎首，则即生擒矣，是知其性而后能获之。今若深知其性，断可以慑其心胆，而更可以早行葳（完成）事，此亦必然之理。"

耆英所说的意思，大体就是知己知彼、百战不殆；只要了解了英夷的性情，就有收拾他们的办法。

在同英夷打交道的过程中，耆英发现，英夷有礼貌、守信义、重视合同、讲求诚信。于是他就觉得掌握了英夷的心性，找到了对付他们的办法。耆英对付英夷的办法，简单说就是示以信义、用私交笼络。

当初在南京谈判成功的庆功宴上，耆英让璞鼎查张大嘴巴，自己则拿着蜜饯梅子，准确无误地隔空投进璞鼎查的嘴里。这种投梅游戏倒是其乐融融，但英国人该咋谈判还咋谈判，该怎么坑大清，还怎么坑大清。私交对于国家外交的作用几近于无。

南京和谈之后，耆英对璞鼎查的示好和拉拢更是花样百出。他给璞鼎查的私人信件写得亲昵而肉麻，称璞鼎查为英地密特（intimate的音译，表示亲密）的朋友。在香港期间，耆英当着璞鼎查的面，要认璞鼎查的小儿子为干儿子。两人还私下交换彼此夫人的照片，以示关系密切。

用中国的话说，耆英和璞鼎查可谓是私交甚笃，但这丝毫不影响璞鼎查在谈判中可劲儿地给大清挖坑，骗取英国的对华利益。在香港的谈判，璞鼎查顺着当初耆英提出的十二条照会意见，一步一步将耆英带入沟里，悄悄攫取中国主权。

道光二十三年六月初一日（1843 年 6 月 28 日），耆英在香港和璞鼎查会谈结束，返回广州。此时，中英关于《南京条约》的善后谈判基本定型。

　　六月廿五日（7 月 22 日），璞鼎查率先公布了中英双方基本议定的《五口通商章程：海关税则》。耆英也在两天后，将此谈判结果上奏朝廷。清廷在军机大臣和户部核议后予以批准。从上奏到批准，文件在广州和北京一个往返，等耆英收到朝廷批准文件，已经是闰七月十四（9 月 7 日），此时《五口通商章程：海关税则》已经开始执行 42 天了。

　　可以说《五口通商章程：海关税则》是货真价实的卖国条约。因为在这个条约里，大清实实在在地丢失两项国家主权。

　　一是大清失去了关税自主权。《五口通商章程：海关税则》规定了大清各通商口岸收取的进出口税税率为值百抽五，同时免收口子税。双方协定的税率固定，大清无权再作更改。值百抽五是当时国际贸易的最低税率，单此一项，清政府就已经吃了大亏，再加上清方无权更改税率，耆英等人卖国的罪名完全就可以坐实。

　　可是，耆英还乐呵呵地觉得，大清占了很大的便宜。因为此前清政府海关抽税为值百抽三、值百抽四，现在明显是涨价了，岂不是占了便宜，替大清扳回了损失？

　　二是英国获得了领事裁判权。领事裁判权，简单地说，就是一国的驻外领事，负责管理他们的侨民。如果他们的侨民在所在国犯了法，所在国无权进行审判，而是由领事根据他们本国的法律，对侨民进行审判和制裁。领事裁判权说到底，就是外国侨民彻底脱离了所在国法律的管辖，而是由他们本国的驻外领事说了算的一种非法特权。

　　英国当初本没有奢望会获得此项权利。导致英国获得领事裁判权的原因，就是耆英当初给璞鼎查照会的第八条："英商归英国自理，内人由内地惩办。"既然耆英本着各家管各家人的原则，将中国主权让出，璞鼎查自然乐呵呵地代表大英帝国欣然接受。

　　从此以后，英夷在大清的地盘上为非作歹，清政府的官员只能"有看法，没办法"；惩处作奸犯科的英夷，只好期望英国领事凭良心判决了。耆英不懂外交，不懂国家主权的边界，就这样糊里糊涂出卖了国家一项重要主权。

5.《虎门条约》

耆英大人在谈判中卖国，还不仅仅体现在《五口通商章程：海关税则》中。中英之间的善后谈判还在继续，耆英将国家主权拱手让人的糊涂行为也在继续。

道光二十三年八月十五日（1843年10月8日），耆英和璞鼎查在广州虎门签订了《五口通商附粘善后条约》，即史称的《虎门条约》。先前签订的《五口通商章程：海关税则》则成为《虎门条约》的附件，继续生效执行。

《虎门条约》中，英国大有斩获，他们又攫取了清政府另外两项国家主权。

其一为片面最惠国待遇。《虎门条约》关于此条表述为："各国既与英人无异，设将来大皇帝有新恩施及各国，亦应准英人一体均沾，用示平允。"英国人在条约里，以一种卑下的口气，表示大清如果给予其他各国什么权益，英国也要"一体均沾"。此条让英国占了便宜，也让其他国家找到占便宜的借口。从此以后，其他列强都纷纷援引此条，有了便宜，他们都要"一体均沾"。大清被实实在在地坑了。

其二为英国军舰进入通商口岸的权利。任何国家的武装船只，未经允许无权进入他国领海领地，一旦进入，形同入侵，这是基本的国际惯例。但耆英等人和英国人谈判议定的《虎门条约》却有这样一条规定："凡通商五港口，必有英国官船一只在彼湾泊，以便将各货船上水手严行约束，该管事官亦即借以约束英商及属国商人。"

这条准许了英国官船进入通商口岸，行使所谓"约束"商人水手的职责。从此以后，英国军舰就在"约束"商人水手的名义下，进驻通商口岸，随时可以向大清施加军事压力。

耆英当初巴巴地给璞鼎查照会，要求继续交涉。璞鼎查利用了耆英的十二条交涉意见，最终谈成了《虎门条约》，使英国获得了更多权利。

一心想替大清扳回颜面和损失的耆英大人，压根儿不知道自己在此次谈判中上了当，反而觉得自己抚夷有功，为大清的东南换得了和平与稳定。

当然，这个卖国的锅，也不应该由耆英一人去背。所有参与谈判的大清官员，朝廷军机处和户部负责审核复议的大臣，最后批准的道光皇帝，他们都在不知不觉、糊里糊涂中拱手让出了国家的主权。要说卖国，大清当时应该是君臣一体，凡是参与者，都应该背负卖国的罪责。

6. 鸦片走私合法化的讨论

中英双方从南京谈到广州，从广州谈到香港，先后签订了《南京条约》和《虎门条约》。可对引发战争的一个重要问题——鸦片走私，未达成任何协议。

早在南京谈判的时候，英国方面就曾提及此事。最先提及鸦片贸易问题的是英方的中文秘书兼翻译小马礼逊。

按照英国的法律，鸦片贸易并不违法，所以英国政府无权干涉商人进行鸦片贸易。清政府实行禁烟政策，这也是其国家内政，不容干涉。在鸦片走私的问题上，两国法律存在差异。

于是，小马礼逊就建议，让清政府放弃禁烟政策，将鸦片贸易合法化。小马礼逊还用算账的手段，诱导清方谈判代表说，如果将鸦片贸易合法化，每年巨大的贸易量会给清政府带来巨额的关税收入。

小马礼逊试图通过经济上的好处，诱使清廷放弃禁烟政策。这表面上好像是替清政府考虑，实际上暗藏祸心。如果真如此，英国商人不但可以摆脱走私鸦片的罪名，而且还会为英国政府带来巨大的经济利益。

耆英不敢对这个问题表态。因为道光皇帝绝对不会自打自脸，收回禁烟政策。可是，既然英方提出鸦片贸易问题，不予回应也不是个事。

经过一番思虑后，耆英向英方提出了自己的办法。他可以奏请大清皇帝放弃禁烟政策，但条件是：必须由英国全权公使担保，保证清政府每年从入口鸦片中获得300万元的税收，而且必须先一次性预付五年，共计1500万元；英国全权公使担保的期限为十年，在这十年中，不管每年鸦片贸易额是多少，英方应该缴纳的税收一分也不能少。

英国全权公使凭啥替你们做这个担保，况且还没贸易，你们就要收钱，一次性还要收五年，这跟抢钱有啥区别？如此苛刻的条件，璞鼎查当然不会答应。南京正式谈判期间，鸦片贸易的事就被搁置起来。

道光二十二年七月廿一日（1842年8月26日），即中英南京谈判所有条款都已议定、英方向中方交付条约文本的那一天，耆英在南京的上江考棚大宴中英谈判人员。宴会上，耆英表演了隔空投梅的绝技，给璞鼎查嘴里塞满了梅子蜜饯。其乐融融的宴会之后，璞鼎查又重提鸦片问题。

可璞鼎查刚一开口，中方代表就表示，不愿讨论这个问题。璞鼎查无奈，只好说：这只是当作私人谈话的题目。这样，中方代表才有了谈论这个话题的兴致。

有中方代表问：英国为什么不禁止在英国属地种植鸦片？为什么不禁止鸦片贸易？为什么要将鸦片走私到中国害人？

璞鼎查回答道：禁止鸦片种植和贸易，不符合英国宪法，英国政府没有权力这样做。即使英国政府使用专制的权力禁止鸦片种植，对中国也毫无益处。中国人不将吸食鸦片的恶习彻底扫除，这只能使鸦片贸易从英国转到别国手中。事实上，鸦片问题应由你们自己负责，假使你们的人民是具有良好道德品质的，他们绝不会染此恶习；假如你们的官吏是廉洁守法的，鸦片便不会到你们国中来。所以在我们的领土以内，鸦片种植的前途，主要的责任是在中国。因为几乎全印度所产的鸦片全部销于中国。假使中国人不能革除吸食鸦片的恶习，中国政府的力量不能禁止鸦片，那么中国人民总要设法得到鸦片，不管其法律如何。

接着，璞鼎查趁机蛊惑说："若将鸦片的入口，使之合法化，使富户和官吏都可参加合作，这样便可将走私的方便大加限制，下便人民，上裕国课，岂不甚好？"

清方的代表们纷纷表示璞鼎查说的有道理，但也一致认为大清皇帝不会听从这样的议论，断然不会取消禁烟的政策。英方试图将鸦片贸易合法化的讨论，又一次失败。

道光二十三年八月（1843年9月），《虎门条约》的谈判期间，璞鼎查又一次提出鸦片贸易问题。耆英以未上奏大清皇帝，自己不敢变更天朝法律为由，拒绝了英方的提议。

耆英心里清楚，如果将鸦片贸易合法化，就等于承认了英方战争的合理性，这会使清廷既输了战争，又输了法理。真到了那个时候，举朝上下肯定会把耆英当成国贼，人人得而诛之。这个黑锅，耆英才不会去背。

其后，清廷依然严令各省，查禁鸦片，抵制鸦片走私。道光二十三年九月（1843年10月），道光谕军机大臣等：

> 耆英奏通商事竣，朕思鸦片烟虽来自外夷，总由内地民人逞欲玩法，甘心自戕，以致流毒日深，如果令行禁止，不任阳奉阴违，吸食之风既绝，兴贩者即无利可图。该大臣现已起程，着于回任后，统饬所属，申明禁令。此后，内地官民，如再有开设烟馆及贩卖烟土并仍前吸食者，务当按律惩办，毋稍姑息。特不可任听关吏人等，过事诛求，致滋扰累。总之，有犯必惩，积习自可渐除，而兴贩之徒亦可不禁而自止矣。

在后来的中美《望厦条约》、中法《黄埔条约》中，明确鸦片为违禁品，对走私者，中方有权查禁处理。

但是鸦片战争后的形势毕竟不同于战前，清政府的在外国商人中已经没有了权威。鸦片贩子们依仗着战争后各国从中国攫取的贸易特权，明火执仗地进行走私。沿海各级官员不愿引起纠纷，对鸦片走私睁一只眼闭一只眼。于是，清政府的禁烟政策就形同虚设，鸦片走私越发猖獗。

第二十五章　打包相赠的"卖国大礼包"

1. 顾盛访华

英国打了胜仗，占了便宜，其他列强自然也不甘落后。大清这块肥肉，他们都想扑上来咬上一口。大清挨了打，又受了骗，分明是个十分好欺负的主，凭什么让英国人独占便宜？于是，美国、法国也闻风而至，提出签订条约的要求。作为大清抚夷成功的典型，耆英大人注定在卖国的道路上渐行渐远，收不住脚步。

太平洋彼岸的美国，当时是刚刚兴起的资本主义国家。当大清和英国打得不可开交的时候，美国就意识到了大清紧闭的国门将会被打开，拓展美国在华利益的机会马上就要到来。

《南京条约》签订后，英国攫取了巨大的权益。这让美国十分眼红。于是，美国派出特使带着礼物赶赴中国，准备觐见大清皇帝，希望进行谈判并签订条约。

美国派出的特使叫顾盛（Caleb Cushing），他是一个律师出身的众议院议员。美国方面对顾盛访华特别重视，美国总统约翰·泰勒亲自审定美国送给清朝的礼单。为保证清廷不小瞧美国特使，美国国会还特别批准顾盛穿少将礼服，以抬高这位特使先生的身价。

顾盛动身前，美国国务卿颁发训令，明确指示此次访华的目的：

一、这是一次平等独立的外交，不能让清政府误认为是给他们皇帝进贡的；

二、在通商事务上，美国要获得和英国同等的权利；

三、如果有可能，应该进京觐见大清皇帝，当面递交国书。

1843 年 7 月底，美国使团乘坐军舰离开美国，行经大西洋、印度洋，绕了地球近乎一周，赶往中国。

道光二十四年正月初五日（1844 年 2 月 24 日），美国使团抵达澳门。这时候，耆英已成功地和英国人签订了善后条约，卸去了钦差大臣的差事，回到南京继续做他的两江总督去了；广东省的事现在由广东巡抚程矞采负责。

美国特使顾盛到达澳门后，就向广东巡抚程矞采发出照会，明确表达此次访华是为了签订条约，并且表示他们准备北上，到京城觐见大清皇帝。

洋人要进京觐见皇上，这可是把天捅了窟窿的大事。按照大清天朝上国的礼法制度，外夷觐见大清皇帝要行三跪九叩的大礼。这是维护帝国皇帝至高无上的权威，必须进行的重要礼仪。但这些洋夷又大多不是那么恭顺，他们不愿意下跪磕头。

当年马戛尔尼、阿美士德进京，就因为跪与不跪，弄出了不少事端。现在，美国人又要进京觐见，这岂不是麻烦再起？所以，程矞采绝对不会让这样的历史麻烦在他手里重现，他必须阻止美国使团进京觐见皇帝。

为了阻止顾盛进京，程矞采派出时任广州布政使的黄恩彤前去交涉。黄恩彤从南京和谈开始就同英国人打交道，后来又参与了中英之间的善后谈判，具有丰富的抚夷经验。让黄恩彤出马，一定可以阻止美国人进京觐见。

但是结果并非如程矞采大人所愿，黄恩彤和顾盛的交涉毫无结果。顾盛言辞上十分礼貌恭顺，但进京觐见皇帝的态度却十分坚决。

双方谈了一个月，顾盛坚持要进京觐见大清皇帝，并且语意中露出武力威胁的意思。黄恩彤拿顾盛这种一根筋的脾气没办法。他担心这个倔强的美国佬真的驾船北上，觐见皇上，再惹出事端。

程矞采和黄恩彤感觉摊上大事了，他们只能老老实实地上奏朝廷，请求圣意裁决。

程矞采和黄恩彤是玩不转了，这种事还得请"卖国专家"耆英大人亲自出马。于是，道光皇帝就调耆英为两广总督兼任通商大臣，赶赴广州，同这个难缠的美国特使谈判。

道光二十四年二月廿九日（1844 年 4 月 16 日），耆英收到任命，马上起程赶赴广州。但此时，顾盛已经失去了耐心，把军舰开到广州黄埔，轰隆隆地放了一阵子炮。事后，顾盛说，鸣炮是西洋各国海军的一个规矩，并不是要打仗的意思。可是，这震耳欲聋的炮声，把广州城内的各级官员吓得心惊肉跳。他们觉得刚刚结束的战争，马上又要重新开打了，大家刚刚过了几天的太平日子马上就到头了。

2. 英国得到了什么，美国就要得到什么

道光二十四年四月十四日（1844 年 5 月 30 日），耆英抵达广州。程矞采和黄恩彤等官员悬着的心终于踏实地落到了肚子里。耆英大人来了，"卖国"的主心骨就有了。

四月廿五日（6 月 10 日），即耆英抵达广州十天后，他主动地前往澳门，找美国特使顾盛谈判。耆英来了，顾盛也知道真正说了算的人物登场了。于是，顾盛拿出了美国送给大清的礼物，表示此次外交的诚意。

美国为了准备送给大清的礼物可说是煞费苦心。为了避免清廷误解这些礼物是进贡的贡品，美国总统约翰·泰勒亲自审定礼单。礼物包括航海地图、美国百科全书、军事战术书籍、地球仪、最新式的手枪和步枪、蒸汽战舰模型、望远镜、气压表、温度计等。

对刚刚战败的清廷而言，这些书籍和高科技的物品，正是大清最为急需的。美国人一厢情愿地认为，这些礼物一定能打动中国人。顾盛在给耆英展

示这些礼物时，也委婉地表示，这些东西是中国目前急需的，它将给中国带来富强和进步。

可是，耆英却丝毫不为所动。他说现在战争已经结束了，中国不需要这些东西。就这样轻轻松松、客客气气地将送到眼前的知识和科技拒之门外。

耆英和顾盛接触之后，中美之间的谈判正式开始。

美国人事先准备好了谈判的条款和内容，这些条款和内容基本就一个意思：英国人得到了什么，我们就要得到什么。

耆英的诉求也比较简单，说啥都行，就是不能进京觐见皇上。

顾盛在谈判中为美国争取利益；而耆英则担心顾盛要觐见皇上，当面递交国书。所以耆英就把谈判的重点放在如何将顾盛的国书哄出来，来个釜底抽薪，断了他觐见皇上的念想。

其实，按照美国国务卿的训令，觐见皇帝，递交国书并不是必须完成的任务。只要条约顺利签订，进京与否，就已经无关紧要了。顾盛到中国后，发现大清官员将全部的注意力都放在这一点上。顾盛立刻明白了耆英的软肋所在，于是故意毫不相让，以此作为要挟，获得谈判的主动，谋取了更多利益。

中美之间的谈判，草案由美国方面提出。美国一共列出了四十七条谈判要求，清方则以先前同英国签订的各个条约为蓝本，进行交涉。美国谈判的底线是，获得和英国同等的权利。所以，谈判双方的要价和还价之间，差距并不是很大。

耆英在意的是顾盛手里的一纸国书。他要美国人交出国书，放弃进京觐见的想法。只要答应这个条件，一切都好商量；如果不答应，将终止谈判。

在维护大清皇帝至高无上的权威的问题上，耆英表现得相当强硬。顾盛则以觐见皇帝、当面递交国书为要挟，不断地在谈判中占便宜。等到便宜占得差不多了，顾盛才装出一副迫不得已，只能让步的可怜样，放弃进京觐见的要求。其实，这时候美国已经取得远远大于英国各条约的权益，取得中美谈判的完美胜利。

道光二十四年五月十八日（1844年7月3日），在澳门的望厦村，顾盛终于同意放弃进京觐见，当场交出国书。作为交换条件，耆英也十分爽快，当场在中美商谈的《中美五口通商章程》上签了字，史称的《中美望厦条约》正式签署。

耆英大人觉得自己成功地阻止了美国特使进京觐见，为大清解决了一场外交上的麻烦，维护了天朝上国的体面。但他不知道，自己签订的《望厦条约》，其实就是将中国的主权打包送给了美国。而其他各国也可以按照"一体均沾"的原则，获取和美国一样的权益。

耆英送出"卖国大礼包"，他将毫无争议地以卖国贼的标签，被历史铭记。

3.《望厦条约》

美国特使顾盛的中国之行，让美国赚了个盆满钵满。《望厦条约》不但获得了英国在《南京条约》《虎门条约》中的所有权益，而且还取得了更大的突破。

《望厦条约》共三十四款，其对中国近代危害巨大的主要有以下诸条：

一、清政府被套进了协定关税的枷锁中。

《望厦条约》第二款："倘中国日后欲将税例更变，须与合众国领事等官议允。"

这条使清政府彻底失去了单方面变更海关关税的权力，让中国彻底丧失进出口商品的贸易保护权。大清政府本应自己做主的关税政策，被套进了"须与合众国领事等官议允"的枷锁之中。这种协定关税，使近代中国在国际贸易的角逐中，一下子就输在了起跑线上，其对中国近代经济的发展制约极大。

二、美国扩大了领事裁判权。

《望厦条约》第二十一款："嗣后中国民人与合众国民人有争斗、词讼、交涉事件，中国民人由中国地方官捉拿审讯，照中国例治罪，合众国民人由领事等官捉拿审讯，照本国例治罪。但须两得其平，秉公断结，不得各存偏护，致启争端。"

美国将英国已经取得的领事裁判权，从刑事案件扩大到民事案件。其后西方各国皆按照"一体均沾"的原则，援引此条对其侨民进行庇护。外国人在中国，从此就可以肆无忌惮地为非作歹，而大清无法制裁他们。中国近代历史上，洋人和中国人矛盾冲突四起，国内民众普遍仇视洋人，以至于引发民间非理性的仇外排外的义和团运动，其根源就在此条款。

三、限定修约时间，为第二次鸦片战争埋下祸根。

《望厦条约》第三十四款："和约一经议定，两国各宜遵守，不得轻有更改……应俟十二年后，两国派员公平酌办。"

这条从文字上看，似乎公平公正，没啥毛病。但它却为十二年后，英、美、法各国要求修改条约埋下伏笔，为第二次鸦片战争爆发埋下祸根。

此外，《望厦条约》还规定，外国人可以请中国人做教习，学习各方语言，外国人可以在中国购买书籍等。当时和英国签订条约时规定，英国领事承担确保关税征收、取缔走私的责任。而《望厦条约》里，顾盛成功地解脱了这种责任。聪明的顾盛可谓干吃了枣，连吐核的麻烦都省了。

《望厦条约》签订后，顾盛扬扬得意地向美国国务院报告："美国及其他国家必须感谢英国，因为它订立了《南京条约》，开放了中国的门户。但现在，英国和其他国家也必须感谢美国，因为我们将这个门户开放得更加宽阔了。"

顾盛所言不虚，《望厦条约》的危害远甚于清廷同英国签订的条约。中国的主权被耆英等糊里糊涂地打包相送，拱手让人了。他们送出去的"卖国大礼包"，给中国近代带来了无尽的屈辱和麻烦，让中国近代化的道路上布满了荆棘。

耆英，这个不可饶恕的卖国贼！

耆英本人并不觉得他同美国的外交是卖国，他觉得自己取得了巨大的胜利。在他看来，和英国人怎么商量的，就跟美国人怎么签约，《望厦条约》和以前与英国签订的条约没什么不同。更重要的是，此次外交成功地阻止了美国进京觐见皇帝，成功地忽悠了顾盛在澳门递交国书。这样就省去了许多外交上的纠纷，维护了大清的体面，难道这不是成功吗？

耆英将同美国人签约的情况如实上奏。道光皇帝收到奏折后，朱批"所办甚好"，而且下发谕旨表扬耆英"所办均合机宜"。

大清君臣，根本不懂近代国际外交层面的国家主权为何物，更不知道他们打包相赠的"卖国大礼包"，将给中国带来什么样的危害。清王朝闭目塞听，其愚蠢颟顸已是无可救药。

4. 冒牌的法国代表

就在美国特使顾盛志得意满，准备打道回国的时候，法国派出的对华全权代表拉萼尼（Théodore de Lagrené）率领八艘军舰，威风凛凛、浩浩荡荡地赶到澳门。

八艘军舰，这在当时可是一支规模不小的舰队。法国的全权代表带着舰队访华，其目的显然不是为了和平。英美同清政府签订了条约，攫取了好处。法国上下自然不甘落后。他们派出率领舰队的使团，摆明了就是吓唬清廷，希望分得对华利益的一杯羹。

拉萼尼并不是法国派往中国的第一拨外交人员。在此之前，法国就曾派出好几茬儿人，密切关注中英之间的战争动向。

道光二十一年（1841年），法国政府派遣真盛意（Dubois de Jancigny）率领两艘军舰，来到中国观察战争动向并收集情报。

真盛意来华，还真有一点"时无英雄，徒使竖子成名耳"的意思。

法国作为一个老牌的殖民大国，其主要势力范围在北美、北非一带。对于亚洲，法国是鞭长莫及，自然也了解较少。真盛意本不是职业外交人员，他有过一段短暂的戎马生涯，后又在印度支那混过十来年。他曾发表过几篇关于远东的文章，所以被认为是远东问题的专家，逐渐混得风生水起，进而被法国政府选中，成了派往中国的观察使。

和真盛意一起来华、负责护送真盛意的法国军舰舰长士思利，对真盛意的底细是门儿清，从心里看不起这个靠几篇文章就混成观察使的家伙。所以到华以后，士思利抛开观察使真盛意，自己私下同清政府广州方面的官员接触。真盛意也不甘落后，频繁同当时在广州的奕山等大员会谈。

奕山等清廷大员，也知道英法一直是宿敌，所以希望从真盛意和士思利口中试探法国对中英战争的态度，并希望法国政府居中调停。

让法国政府居中调停，这个事太大，远远超出了真盛意和士思利两人的能力范围。但是这两个狡猾的家伙都选择了顾左右而言他，对法国是否支持清政府含糊其辞，并不断地忽悠清方派使团前往巴黎和法国建交。

真盛意是个观察使，士思利只是一个舰长，他们两个都没有跟清政府进行外交谈判的权力。但这两个好大喜功的活宝，利用中国官员对外交惯例的无知，以法国政府外交代表的身份活动。他们之间虽然各行其是，矛盾重重，但想法却出奇一致，就是希望能在自己的手里，打开中国门户，为法国政府谋取利益。

真盛意和士思利两个都冒充法国的外交代表，彼此闹得矛盾重重。《南京条约》签订后，法国政府又任命拉地蒙冬（Ratti-Menton）为广州领事。

道光二十三年六月（1843 年 7 月），拉地蒙冬抵达澳门。

拉地蒙冬到华后，对真盛意和士思利擅自同清政府会谈的事，十分恼火。他派人告知中国官员，真盛意和士思利是冒牌货，他才是法国政府授权的唯一代表，中国政府只能同他谈判。

其实，拉地蒙冬的职务是广州领事，他也没有同清政府进行谈判的权力。但是，这并不影响拉地蒙冬开展外交工作的自觉性，他积极主动地和清方进行交涉，要求同英国享有同等的通商权利。

此时，耆英和英国的善后谈判已经接近尾声，《虎门条约》即将签署。对拉地蒙冬提出的要求，耆英本着来者都是客的公平原则，爽快地答应了。

和拉地蒙冬会谈后，耆英通过拉地蒙冬致信给法国外交大臣基佐（François Guizot）说："本钦差大臣已奉上谕，准令外国商民在广州、厦门、福州、宁波、上海五处口岸通商，并已将税则船钞一体议定，轻重合宜，足见我大皇帝怀柔远人之至意。法国商民自可一体同享。"

观察使真盛意、舰长士思利、广州领事拉地蒙冬三人，都不是法国政府派出的缔约谈判代表，他们在中国的活动都是擅自行动的越权行为。但是清政府的官员们对近代国际外交惯例两眼一抹黑，在糊里糊涂中，将自家手里的底牌亮了个底朝天。这让后来法国派遣的全权公使拉萼尼，访华的道路异常平坦。法国政府还未进行缔约谈判，就已经胜券在握。

5. 拉萼尼寻求突破

道光二十四年六月底（1844年8月中旬），法国全权公使拉萼尼率领八艘军舰来到中国。这让耆英等清廷大员十分不解。

先前耆英已经通过拉地蒙冬致信给法国外交大臣基佐，明确宣称"我大皇帝怀柔远人之至意""法国商民自可一体同享"。不就是要签个和英国人一样的条约吗？这事耆英大人已经答应了。法国人为什么还要如此兴师动众，一下子派出八艘军舰呢？

事有反常，必有阴谋。耆英弄不懂法国使团的意图，所以就不敢轻易同他们接触，他害怕法国使团再提出进京觐见皇帝的要求，到时候就不好处理了。于是，耆英决定拖一拖，拖到农历八月，东南季风结束。到那个时候，西北风起，法国军舰就难以扬帆北上，如此就可以断了他们进京觐见的念想。

其实，法国公使拉萼尼并无进京觐见的任务。基佐给他的训令简单说就一句话：签订一份和英国同等权利的条约，并尽可能地在政治权益上有所突破。

前者是个硬指标，后者是个软指标。对在政治权益上有所突破，拉萼尼心里其实也没底，他不知道该如何下手。于是，到澳门后，拉萼尼并未即刻照会广州方面。他是想摆起架子，等耆英等大员主动前来拜访。拉萼尼希望通过一个傲慢的态度，从心理上威慑清廷官员，然后伺机寻求此次外交在政治上的突破。

法方摆起架子，显示傲慢；清方则故意拖延，暗中抱着阻挠北上的想法。彼此各怀心事，互不见面。

道光二十四年八月中旬（1844年9月底），此时秋高气爽，东南季风已经结束。耆英觉得再也不用担心法国使团北上觐见，同他们谈判的时机已经成熟。于是，他带领黄恩彤等人前往澳门，同法国使团接触。

八月二十日（10月1日），耆英、黄恩彤等拜访拉萼尼。

八月廿二日（10月3日），拉萼尼礼节性地回访耆英。

八月廿四日（10月5日），中法之间的谈判正式开始。

因为有中英、中美条约的参照，中法双方关于通商的谈判进行得异常顺利。清廷将先前许诺给英美两国的，诸如片面最惠国待遇、领事裁判权、协定关税、军舰停泊口岸等权益，毫无保留地让法国"一体均沾"了。

这样大方地出让主权，让法国方面都感觉不好意思。法国主要势力范围在北美、北非一带，对华贸易数额不多，所以他们对通商方面的权益并不计较。既然通商方面，已经获得和英美同等的权益，他们自然十分乐意地照单全收了。

通商条约上没啥可争取的了，那么在政治外交上寻求突破，就成为拉萼尼下一个必须完成的目标。

拉萼尼曾"善意"地提出四条建议：

一、中法互派使节驻于对方首都，互通消息，互相帮助；

二、英国占据香港，对中国形成威胁，清廷可将虎门割让给法国，由法国派兵驻防，帮助清廷抵御英国人；

三、清方恢复当年传教士在中国传教、在宫廷任职的先例；

四、清政府派遣青年到法国学习军事和造船技术，用以富国强兵，抵抗英国。

这四条看似替清廷考虑，其实暗藏祸心。耆英等清方大员，以这些条件和清方定制及惯例不符，否决了拉萼尼的建议。

拉萼尼期望在政治外交上有所突破的想法，好像走进了死胡同，看不到希望了。于是，拉萼尼就耍起了无赖。他告诉耆英说，如果仅仅取得英、美一样的权益，那他这趟中国之行就算白来了，他回去也没办法向法国政府交代。

耆英否决了拉萼尼的提议，心里也不踏实。他担心带着八艘军舰的拉萼尼，哪天突然间心情不爽，再整出什么幺蛾子。于是他就致信拉萼尼，好言相劝说，本大臣不会让阁下为缔约这件小事徒劳往返。

有耆英这样的表态，拉萼尼品出了一点弦外之音：耆英在通商条约之外，是准备有所让步的。但耆英具体将在哪个方面让步，他暂时还吃不准。

6. 弛禁基督教的历史证据

就在拉萼尼对如何从政治外交上取得突破一筹莫展的时候，法国使团中的传教士兼翻译加略利（Joseph Marie Callery）向拉萼尼建议，要求清政府开放对基督教的禁令，允许西方传教士在中国传教。

清政府禁止基督教传播，是在康熙、雍正年间。此前，清政府非但不禁止基督教，而且还给予一定的扶持。中西文化在此阶段，还是有过一段短暂的蜜月期的。

基督教在明朝中后期就在中国传播，到清顺治、康熙年间，清政府对基督教的传播也是采取宽容态度。当时汤若望、白晋等传教士受到礼遇，还在清廷任职。

康熙末年，有部分传教士对中国的基督教徒们既信耶稣又拜孔子的现象非常不满。他们要求罗马教廷对中国教徒这种"脚踏两只船"的现象进行裁决。不了解实际情况的罗马教廷于是就发出禁令，禁止中国基督教徒尊孔祭天。

如此，就引发了罗马教廷和中国传统文化之间的礼仪之争。在中国传统文化和罗马教廷的基督教教义发生冲突的时候，以儒家思想为治国基础的清政府，当然就倾向于维护传统文化。康熙皇帝发出谕旨，禁止基督教在中国传播。但终康熙一朝，清廷并未严格落实禁教政策。康熙皇帝当时发给愿意顺从中国礼仪的传教士信票，允许他们在中国居留。对没有领取信票的传教士，则予以驱逐。

雍正皇帝继位后，就对基督教没那么客气。他颁布严格的禁教谕旨，大面积驱逐传教士。从此，基督教在中国就被彻底禁止。

到鸦片战争时期，清廷禁教已经 120 年。现在法国全权代表拉萼尼提出弛禁基督教，这事让耆英觉得十分为难。

拉萼尼在加略利的怂恿下，对弛禁基督教的态度十分执着。他觉得这是他在政治外交上唯一的突破口，自然不愿意轻易退让。耆英见拉萼尼如此坚持，便误以为这是法国政府此次缔约的核心目的，根本就没有通融的可能。

为了尽快和法国签订条约，打发这些金发碧眼的瘟神离开，耆英决定和拉萼尼合起伙来忽悠道光皇帝，逼迫道光皇帝答应弛禁基督教。

耆英主动为拉萼尼找到请求弛禁基督教的历史证据——康熙三十一年（1692 年）康熙敕令礼部，允许基督教在中国传播的碑模。耆英让拉萼尼将这个碑模照抄一遍，连同要求弛禁基督教的照会一并交给他，由他转奏道光皇帝。

耆英和拉萼尼达成一致，中法之间的谈判就彻底结束。

道光二十四年九月十三日（1844 年 10 月 24 日），广州黄埔江面的法国军舰"阿吉默特"号上，中法双方举行了盛大的签约仪式，订立了《五口通商章程》。此条约因签订于广州黄埔，故史称为《黄埔条约》。

《黄埔条约》中，法国取得了中英、中美诸条约中的所有权益。至于弛禁基督教一事，兹事体大，还需耆英奏明道光皇帝，等皇帝陛下批准才行。拉萼尼在这个问题上，还需耐心地等上一等。

7. 卖国卖出新水平

其实《黄埔条约》签署时，并没有获得道光皇帝的御笔批准。耆英签订的卖国条约多了，胆子也自然大起来了。他十分自信，自己先签订条约，然后报请朝廷批准，不过是走个过程，根本就不存在什么问题。让耆英惴惴不安的是，他答应拉萼尼弛禁基督教的问题，能否获得道光皇帝的同意。

为了忽悠道光皇帝批准弛禁基督教，耆英开始在上奏时编故事。他说，法国人从他们国内带来了一份康熙敕令允许在中国传播基督教的碑模。这碑模从纸张、颜色等方面看，绝对是真的，这是不可反驳的历史证据。法国现在以此为据，请求开放基督教的禁令，我们实在没法反驳。

同时，耆英还暗示道，法国派出八艘军舰，如果拒绝他们的要求，可能酿成不必要的事端。

经过鸦片战争一役，道光皇帝对西洋的坚船利炮早就心生恐惧，此刻他是最经不起恐吓的。道光收到耆英的奏折后，立刻发出两道谕旨。一道通过军机处明发，称清政府从未将基督教视为邪教，近年来也没有严格执行对基督教的禁令。这个明发的上谕，显然是给法国人看的，算是一个态度比较明确的认怂姿态。另一道上谕也是由军机处发出，但只密递给耆英一人，指示耆英对弛禁基督教一事，相机办理。

对基督教再次在中国传播，道光皇帝心里并不情愿。但他又害怕明确拒绝会引起新的纷争，所以才让耆英相机办理。岂料耆英早就和拉萼尼成了一伙，怎么会尽力交涉，相机办理？耆英能做的就是不断上奏道光皇帝，请求应允弛禁基督教。因为在耆英的眼里，与割让虎门、互派使节驻京等法方其他要求相比，弛禁基督教是危害最小的条款。

在耆英的不断忽悠和怂恿下，道光终于顶不住压力了。

道光二十六年正月（1846年2月），道光皇帝正式下旨，弛禁基督教。从此，西方列强在中国除进行经济侵略之外，也开始文化渗透。西方基督教教义和中国传统文化的冲突也日渐剧烈，直至华夏大地上，处处教案频发，华人和洋人严重对立。

在中英、中美谈判期间，耆英等人不懂国际外交法则，糊里糊涂将中国主权打包相送。但到中法谈判时，耆英的作为，就是明目张胆地和侵略者沆瀣一气。此时的耆英，已经成为一个自觉自愿的卖国贼了。

中法签订《黄埔条约》后，西方各个小国也纷纷赶来打秋风。慷慨的耆英大人，按照"一体均沾"的原则，将大清的主权拱手相送。荷兰、比利时、丹麦、瑞典、挪威等国，都按照英、美、法各国的条约，取得片面最惠国、协定关税、领事裁判权、传教自由、军舰停泊口岸等特权。大清鸦片战争一役，不单在军事上败给了英国，而且在外交上彻底输给了整个欧美列强，成了全球瞩目的冤大头。

大清被坑得这么惨，但当时的清廷君臣并不自知。卖国卖出新高度、新水平的耆英还沾沾自喜，认为自己抚夷有功。冤大头的巨佬道光皇帝也认为耆英对平定东南时局，居功甚伟，将他倚为长城。

耆英在广州"抚夷"多年，总算忽悠住各方，没弄出什么大乱子。这让道光皇帝十分满意。道光二十八年（1848年），耆英调任回京，仕途通达，一直做到文渊阁大学士。但他卖国所留下的隐患，却将大清拖入到万劫不复的深渊。

大清国门已然洞开，但君臣上下还是那么浑浑噩噩，全然不知道自己已经跌跌撞撞进入了一个新的时代，大清从此风雨飘摇。

第二十六章 小民的明争和官员的暗斗

1. "火烧夷馆"事件

《南京条约》第一条中说："嗣后大清大皇帝与英国君主，永存平和，所属华英人民，彼此友睦。"

战争之后，清政府和英国政府都真诚地希望"华英人民，彼此友睦"，这一点是不可否认的。清政府打不过人家，只能低头认尿，割地赔款，以此换得两相罢兵，彼此和平。在此情势之下，它自然不愿另起波澜，再生事端。

英国通过战争，迫使清政府签订了条约，达成了既定的战略目的。战争之后，又在谈判中攫取了巨大权益，占足了便宜。他们自然也没有破坏和约的意思。对英国而言，按照条约约定进行贸易，才符合他们的根本利益。

故而，在中英两国官方层面上，双方的和平愿望是真心实意、不容置疑的。

实际的问题是，双方毕竟曾刀兵相见，炮火往来，战争已经撕裂了原先和平友睦的基础。现在要心平气和地握手言和，彼此友睦，似乎也不是一朝一夕就可实现的。即便官方有必须和平的认识高度，但老百姓可不容易马上转过弯来，立刻产生紧跟官方的思想觉悟。所以，《南京条约》签订后，被定为通商之地的五个口岸，都不同程度地发生了华夷冲突。其中广州的华夷冲突最为严重，在签订条约的三个月后，便爆发了"火烧夷馆"的群体性事件。

"火烧夷馆"事件发生于道光二十二年十月初六日（1842年11月8日），起因缘于一场民间普通的骂街吵架。

当日，有个洋商雇用的中国仆役，上街买东西时耍横不给钱，还与卖货的小贩发生争吵。周围的广大"吃瓜群众"看不过眼，就帮着小贩骂这个耍横的仆役。这个仆役看群众人多势众，于是跑回洋人商馆请他的洋主子帮忙。

洋主子为了给自己的奴才出气，提着火枪出来，胡乱放了几枪，打伤了围观群众。洋人放枪伤了人，这还得了。于是，愤怒的群众越聚越多，事情顿时闹大了。那个放枪的洋人一见惹出了乱子，赶紧跑回商馆，闭门不出。

到了夜间，洋人商馆突然起火。不用说，纵火的肯定是气不过的广州老百姓。大火熊熊燃烧，引来无数看热闹的群众。这些老百姓不但不救火，而且还喊着"驱逐洋夷"的口号，欢天喜地地吓唬这些洋人。

火势越来越大，瞬间就将洋人商馆包围。洋商们手忙脚乱地抢着往外搬运货物。而围观的广州老百姓们索性趁乱哄抢，肆意糟蹋。

广州各坊间救火的水车赶来时，老百姓纷纷上前阻拦，不许水车靠近救火。官府派出士兵赶来救火时，成千上万的老百姓远远地投掷石块，打得救火的官兵鼻青脸肿，仓皇而逃。

官方和民间的救火者都指望不上了，火势肆意蔓延，直烧到第二天上午才熄灭。洋人的商馆、货物全都化为灰烬。

商馆被焚，英国人自然不答应，他们便找广州官方算账。此时在广州的钦差大臣伊里布已经病入膏肓，实际主政的是两广总督祁贡。在祁总督的治下，老百姓闹出事端，他就必须负责。面对气势汹汹前来问罪的英国人，祁贡十分被动。为平息事态，祁贡便将十个带头闹事的家伙砍了脑袋。然后又出银二十多万元，赔偿洋商损失。

"火烧夷馆"的事被祁贡施展铁腕手段弹压下去了，但民间对洋人的仇视情绪却不断累积，大有一触即发之势。广州士绅们出于对地方治安和英人报复的双重担心，纷纷行动起来，出钱出力，组织团练。

"火烧夷馆"事件过后不久，在大街小巷，突然贴出了一张叫"全粤义士义民公檄"的大字报。这份大字报大骂英国道："其主忽男忽女，其人若人若兽，凶残之性，甚于虎狼，贪黩之心，不殊蛇虺。惟蚕食夫南夷，辄夜郎以自大。"

同时还号召民众奋起抗击英夷，畅想出一幅"踊跃同袍，子弟悉成劲旅；婉娈如玉，妇女亦能谈兵"的壮阔场面。

在这个檄文的最后还说："此檄贴后，士民商贾，各宜守护。倘有私揭，即系汉奸。见者即拿获送至明伦堂，鸣鼓齐众，交官严办。凡读此文而奋感者，即优隶亦为忠义；如阅此檄而阻挠者，虽缙绅亦为贼子。务各自爱为望。"大有绑架所有人一起爱国，与英国佬死磕的架势。

广州老百姓本来就对英夷和其他各国洋人心怀不满，现在出了这样一份大字报，更是煽惑得大家义愤填膺，群情激昂。华夷冲突大有愈演愈烈，一发不可收拾之势。钦差大臣伊里布面对强横的英夷与汹涌的民情，忧惧不已，最后终于油尽灯枯，一命呜呼了。

2. "全粤义士义民公檄"案

"全粤义士义民公檄"出自一个叫何大庚的老秀才之手，负责修改并刻印张贴的是一个叫钱江的监生。

何大庚，浙江绍兴人，秀才出身。绍兴是盛产师爷的地方，何大庚也不例外，干着他们家乡的特色职业，成为众多绍兴师爷中的一员。鸦片战争爆发前，何大庚就来到广州，先后在广州知府余保纯、驻澳门道员易中孚的手下做随员和幕僚，后来还曾一度给林则徐打过工。

林则徐被罢黜之后，何大庚就下岗失业了，只能靠给人教书混口饭吃。何大庚从官府的幕僚混成一个穷教书匠，这与他本人性格有很大关系。在广州做幕僚期间，何大庚认为凡是商人，都有汉奸的嫌疑。而官府幕僚又多和商人交好，所以，在何大庚的眼里，官府的机密都被幕僚们泄露给汉奸商人。

何大庚的主观臆断，让他看官府的幕僚和广州的商人，人人都不顺眼。于是，他就开始骂人，基本上是逮着谁就骂谁。一直骂得人见人躲、鬼见鬼避，大家都不待见他。林则徐离开广州后，何大庚彻底失势，只能靠教书度日。

何大庚常宣称，自己胸中有平定英夷的妙计良谋，只是广州官员个个昏庸，不能采纳他的计谋。按照后来刑部对何大庚的判词，他已年逾古稀。一个七十多的老头儿，整天牢骚满腹，见谁骂谁，行事不着调，简直就是愤青中的"至尊宝"，二杆子里的"战斗机"！

钱江是浙江长兴人，监生出身。钱江的监生是通过纳捐买来的，并不是认真读书考出来的。但这并不影响他自命不凡，企图建功立业的雄心壮志。鸦片战争期间，他就从浙江跑到广州，想在历史的风云际会之时，出人头地，建功立业。

但到广州后，钱江混得十分悲催，很不受广州士大夫待见。按照时人梁廷楠在其所著的《夷氛闻记》中记载，钱江"在粤不为士大夫所齿"，"所交多为不平"。

何大庚和钱江际遇相似，境况相同，自然志同道合，成了朋友。他们整天聚在一起，谈论时事，大发牢骚。广州火烧夷楼之后，这两个爱国老愤青看到机会，他们觉得民心可用，于是就写出"全粤义士义民公檄"的大字报。

何大庚和钱江不但四处张贴大字报，而且还在广州府学明伦堂召集会议，要求广州民众"按户抽丁"组织团练，还要大伙捐钱捐物，支持他们训练团丁，抗击英夷。

何大庚和钱江都是浙江人，在广州全无根基，混得悲催无限。他们号召组织团练，响应者寥寥。地方团练牵头的，都是本地有头有脸的士绅，哪里轮得上他们两个外来户？所以他们在府学明伦堂的会议，并未取得实际上的效果，更没有获得广州各方民众的实际资助。

钱江看此计不成，便另生一计。他决定亲自到两广总督衙门去情愿，要求朝廷毁约再战。两广总督祁贡正愁找不到四处张贴大字报，煽惑民心的人，没想到钱江自己主动送上门来。于是，祁贡就毫不客气，将钱江捆了，丢到大牢里去了。不久，何大庚也被捉拿。两个老愤青企图假借爱国之名作秀，达到出人头地的目的，结果偷鸡不成蚀把米，将自己搭赔进了监狱。

道光二十三年三月（1843年4月），刑部对钱江、何大庚等做出判处。钱江革去监生，发遣新疆充军。何大庚革斥生员功名，按律杖一百，徒三年，但鉴于何已年过七十，所以免于刑罚，只办了个遣送回原籍看管。

汹汹一时的"全粤义士义民公檄"案，就这样被广州官方弹压下去了，但华夷对立冲突的情况并未改观。华夷冲突有如按下葫芦浮起瓢，不断上演。

3. 广州反入城斗争

《南京条约》第二款规定："自今以后，大皇帝恩准英国人民带同所属家眷，寄居大清沿海之广州、福州、厦门、宁波、上海五处港口，贸易通商无碍；且大英国君主派设领事、管事等官，驻该五处城邑。"

道光二十三年六月（1843年7月），璞鼎查按照这一条款，要求准许英国人进入广州城内居住。

而对这一条款解读，清方和英方各有不同。在清方看来，按《南京条约》的中文文本，"城邑"并不等于城内，条约并未给予英国人进入广州城内居住的权利。于是，拒绝英方入城的要求。

在《南京条约》的英文文本中，"港口"和"城邑"都被翻译成"Cities and Towns"（城市和城镇）。据此，他们认为条约准许英国人进入城内居住。

《南京条约》只有中英两种文本，再无第三方文本。于是中英双方就各说各有理，争执不下。

当英国人要入城的消息在广州传开后，广州的士绅们不答应了。在这些严守华夷大防的读书人眼中，金发碧眼的洋鬼子，性如犬羊，形同禽兽。其非我族类，其心必异，堂堂华夏子孙岂能与这些蛮夷同城而居。

广州的老百姓也不答应。因为在战争期间，英国军队烧杀掳掠，没少祸害广州老百姓。现在这些洋鬼子要光明正大地进城，谁知道以后彼此之间会生出什么事端。

在英方眼中，进城与否，事关尊严。过去洋商在广州，备受歧视和盘剥，憋屈得就像龟孙子。现在，战争胜利了，就该高调入城，出一出郁积已久的恶气，展示他们作为胜利者的特权和身份。

英方咄咄逼人，坚决要求入城。在外交上一向软弱的耆英等大员，顶不住压力，最终同意了英方的要求。此时，广州群情激奋，士绅和民众纷纷行动起来坚决抵制。当时，广州士绅领导的团练达数万之众，声势浩大。他们日夜操练，扬言不惜一战，也要阻止英人入城。

面对民间不惜一战的压力，耆英只好对英国人苦苦相劝，请求暂缓入城。殖民经验丰富的璞鼎查也觉得，在广州士绅民众普遍抵制的时候坚持入城，非但不会给英国人带来实际意义的好处，而且还会惹出麻烦。于是，他就顺水推舟，同意暂不入城。

道光二十四年（1844 年），璞鼎查卸任英国对华全权代表和香港总督，被英国政府召回。德庇时（John Francis Davis）就任香港总督兼驻华公使。

德庇时上任后，又重提英人入城一事。耆英知道准许英国人入城，势必引起广州各方民众的反对。于是他只能对英方好言抚慰，并表示官府正在积极地说服士绅，疏通民情，请英方宽限入城的时日。

德庇时耐心地等了半年多，但入城的事情依然毫无进展。恰好此时，清方按照《南京条约》的约定，付清了最后一笔战争赔款，英方也应依约从舟山撤兵。德庇时趁此机会，便以不让入城就不归还舟山来要挟。

面对德庇时的要挟，耆英使出忽悠大法。他一面私下致信德庇时赔礼道歉外加诉说委屈，另一面同英方签下归还舟山的条约，在条约中承认英人有入城的权利，但何时入城，则含糊其辞为："一俟时形愈臻妥协，再准英人入城。"

其后，英人入城一事又被拖延下来。

德庇时发现自己上了耆英的当，于是邀请耆英到香港商谈。在香港期间，德庇时态度强硬，威胁耆英说，再不解决入城问题，英方就只能武力解决，强行入城。德庇时一强硬，耆英就尿了。他奏明朝廷，获得批准后，就着手办理准许英人入城事宜。

道光二十五年腊月十六日（1846年1月13日），耆英和时任广东巡抚的黄恩彤联名发出告示，准许英人入城，明令省城内外绅民人等不得阻挠；同时派广州知府刘浔与英方秘密接洽，商定入城的具体细节。

告示一经贴出，广州城里就炸了锅。民众纷纷走上街头，将官府张贴的告示撕得粉碎。不久，街头巷尾又出现各式各类大字报、小字报，内容都是指斥官府昏庸怯懦，号召民众奋起反抗，坚决阻止英夷入城。其中一张大字报指名道姓骂耆英是汉奸卖国贼，并说："倘有不测变端，我中华百姓，先杀勾通卖国之奸官，然后与鬼子决战！"

腊月十八日（1月15日），广州知府刘浔同英方接洽完毕，回到府衙。这时，许多获知刘浔和英国人秘密商议入城事宜的老百姓，操起家伙就赶来同他算账，把刘浔吓得赶紧翻墙逃走，跑到耆英处躲避。

火气正旺的老百姓没逮着刘浔，就冲着广州府衙的办公设施出气。他们甩开膀子一阵打砸，然后一把火烧掉了刘浔的朝珠公服。烧了朝珠公服还不解气，索性再放火烧了广州府衙内署的几间房子，然后才扬长而去。

士绅民众情绪激动，随时会引起民变。耆英不得不顺应民意，一边发出布告，拒绝英人入城，另一边照会德庇时，乞求再宽限时日，暂缓英人入城。广州士绅民众此时已经集结团练，发出公檄，准备袭击英人商馆，同英夷开战。德庇时一看事情闹大了，也不敢再强硬，入城的事情再次搁置起来。

4. 老百姓不答应，官府也没办法

道光二十七年（1847年）春，有六名英国人在佛山遭到石块袭击，德庇时顿时有了找茬儿生事的借口。道光二十七年二月十七日（1847年4月2日），德庇时率领军舰二十余艘，士兵千余人攻占虎门，并将虎门炮台上的大炮的炮眼全部钉上塞子。

二月廿一日（4月6日），英方舰炮对准广州，摆出攻城的架势。广州的各处团练也剑拔弩张，准备迎战。耆英害怕战端再起，于是急忙照会德庇时，承诺两年后，保证让英国人实现入城的愿望。广州各处团练枕戈待旦，随时准备和英国人死磕。德庇时也不敢擅自挑起战端，所以只能退兵。

经过这么几场入城和反入城的斗争，夹在英夷和广州绅民之间的耆英感觉广州再也不能待了，再待下去，指定是个身败名裂。于是，滑头的耆英就奏请朝廷，要求进京述职。

道光二十八年（1848年）春，经过一番活动和打点，耆英进京述职的请求获得批准。他成功地离开了广州这个是非之地，脚底抹油溜回北京去了。

耆英走后，主政广东的是两广总督徐广缙。在同一时期，英方的领导也换了人。德庇时卸任回国，新任香港总督兼驻华公使文翰（Samuel George Bonham）上任。

道光二十九年正月二十五日（1849年2月17日），英国新任香港总督兼驻华公使文翰，率领兵船到达虎门口外，指名要和两广总督徐广缙会谈。文翰以两年之约马上到期，要求清方准备兑现允许英人入城的承诺，并且扬言，如果英方不能按时入城，他就率领军舰北上，找道光皇帝说理去。

文翰将兵船开到虎门，广州士绅民众马上行动起来。各处团练人数剧增，达到十万左右。团练日夜操练，杀声震天；士绅四处宣言，筹划守城之策。整个广州一派同仇敌忾的气氛。

徐广缙见民心可用，便对英国佬强硬起来。面对文翰的威胁，徐广缙就一条：老百姓不答应，官府也没办法。

此后，文翰和徐广缙照会往来，徐广缙毫不让步。同时，徐广缙还采取棉花、面纱等货物暂停贸易的手段，让洋商们做不成生意。其他各国商人没生意可做，自然就埋怨英国人生事，破坏大好的经济贸易环境。美、法、吕宋等国商人，还开列清单，要求英方赔偿。文翰顿时成了众矢之的，几头都没捞到好处。

道光二十九年三月十四日（1849 年 4 月 6 日），也就是耆英两年前对英人的承诺到期的那一天。徐广缙正式照会文翰，拒绝英人入城。在耆英的承诺到期的当日，徐广缙明确表示不认账，从这一点上看，这个两广总督确实够硬气！

徐广缙不但发出照会，而且还亲自登上文翰的英国兵船，当面提出拒绝兑现耆英两年前的承诺。恼羞成怒的文翰准备扣留徐广缙，迫使广州官方低头。这时，广州各地团练集结于珠江两岸，严阵以待，摆出和英国人决一死战的架势。文翰无奈，只好放徐广缙回城。

广州官方态度强硬，广州民众剑拔弩张，各国商人怨声载道，文翰知道入城一事基本是黄了。

道光二十九年三月十七日（1849 年 4 月 9 日），文翰在香港登报，不许英人入城。同日照会徐广缙，入城一事予以搁置，目前不再进行交涉，并希望中方尽快恢复通商。

自此之后，英方对入城一事，再没提出任何要求。历时七年之久的广州反入城斗争，以广州士绅民众的胜利落下帷幕。道光皇帝没想到徐广缙和英夷打交道竟然占了便宜，这实在出乎他的意料之外。于是，他谕旨称赞徐广缙为"贤能柱石之臣"。

5. "神光寺事件"

广州入城与反入城的斗争刚刚结束，福州那边又出了乱子。华夷冲突的麻烦，可谓一波未平一波又起。

《南京条约》签订后，福州成为通商五口之一。当时，英国派出的第一任驻福州领事叫李太郭（George Tradescant Lay）。李太郭是传教士出身，在中国沿海生活近二十年，对中国的民风民俗十分熟悉。他在任驻福州领事期间，非常顾及中国老百姓的感受，做事不算出格。因此，福州华夷之间虽然小有纠纷，但大体相安无事，没有弄出太大的矛盾冲突。

广州入城和反入城斗争愈演愈烈，大有兵戈相向的趋势。李太郭和时任闽浙总督刘韵珂达成了一项协议："领事夷官准租城内房屋，其余夷商俱遵条约，住城外港口，并令将赁屋租约送地方官用印，不准私租。"

这一协议明确了三个问题：

一、在城内租屋居住的仅限于"领事夷官"；

二、夷商全部居住在城外港口；

三、赁屋租约要送地方官用印，方才有效。

这三条将《南京条约》关于洋人入城的约定进一步明细化，按理说可以有效防止纠纷，达到一劳永逸的目的。但事情的发展，往往出人意料，福州后来还是弄出了"神光寺事件"的乱子。

"神光寺事件"发生于道光三十年（1850 年）夏天，起因是两个英国人在福州城内租房居住。

道光三十年六月（1850 年 7 月），一个英国医生和一个英国传教士来到福州。他们委托英国驻福州代理领事金执尔（William Raymond Gingell），向福州城内神光寺僧人租赁了两间房屋。租房契约由金执尔拿到福建侯官县（今福州市）县令兴廉跟前，要求加盖大印。兴廉也没细看，就糊里糊涂盖了印。

有了租房合同，而且加盖了侯官县的大印，租屋一事就合理合法。于是，这两个英国人兴高采烈地拉着行李，到神光寺安家，一个准备传教，一个准备行医。

福州城里突然住进了两个黄头发蓝眼珠子的家伙，这马上引起哗然大波。福州的士绅百姓议论纷纷，反对英夷入城居住，大有广州反入城斗争在福州重现之势。

时任福建巡抚徐继畲得知情况后，立即将糊涂官兴廉严加训斥，并命令兴廉设法劝说这两个英国人离开神光寺，搬到城外居住。兴廉找到这两个英国人，要求收回租房合同，请他们离开。这两个英国人自然不干。我们签了租房合同，你们官府盖了大印，怎么能说不认账就不认账？

兴廉看说不动这两个英国人，就只好找他们的领导——驻福州代理领事金执尔，要求金执尔劝谕这两个家伙离开。金执尔当然心向着自己的国民，他忽悠兴廉说，这事他做不了主，只能请示英国驻华公使文翰批复。

金执尔的做法明显是想拖延时间，想要借此机会，把英国人进城居住变为既定事实。但不管怎么说，事情并不算复杂，中英双方完全可以通过外交层面解决此事。

此时，住在福州城里的一个大佬不满意了。他一出手，英人城内租房的事就立刻升级为"神光寺事件"。

这个大佬就是赫赫有名的林则徐。林则徐在鸦片战争期间，被罢黜发配到新疆。后来又被起用，先后出任署理陕甘总督、陕甘巡抚、云贵总督等地方大员。多年宦海沉浮，林则徐的身体已经虚弱不堪。他多次奏请朝廷，要求开缺回乡调治。

道光二十九年（1849 年）秋，道光皇帝恩准林则徐开缺回籍。

道光三十年（1850 年）春，林则徐终于无官一身轻，回到了家乡福建侯官县。

回家没消停几天，福州城里就住进来两个黄毛蓝眼珠子的英夷。这让抗英老斗士林大人十分不爽。于是，他决定出手，一定要将这两个家伙赶出去，还福州城一个清平世界，朗朗乾坤！

6. 林则徐弹劾福建两大员

林则徐联合福州士绅，写公呈质问侯官县令兴廉擅自用印的失察之罪。林则徐还通过兴廉转交金执尔一封书信，信中说，福州十万百姓也将组织义勇，抗击英夷入城。有林则徐出头，福州士绅百姓们立刻就激动起来。不久，街头就出现了"某日定取夷人首级"的大字报。

面对如此恐怖的威胁，金执尔害怕了，他跑到福建巡抚衙门，要求徐继畬弹压民众，保护英国人的安全。

金执尔提出保护英人安全的要求，让徐继畬马上逮住了机会，他立刻派兵到神光寺附近巡防。士兵们真刀真枪地在神光寺附近转悠，说是保护，实际上等于变相地囚禁了那两个英国佬。

徐继畬还私下派人劝说福州民众，不要找那个英国医生看病，不要听英国传教士布道，从源头上将中国人和那两个英国佬隔离开来。英国佬租住的房子破旧漏雨需要修葺，徐继畬暗中阻止，使他们找不到愿意给他们修葺房屋的工匠。

两个英国佬住着破旧漏雨的房子，被清方士兵真刀真枪地"保护"着，日子过得无比悲惨。再坚持住下去，也没什么意思了。不久，他们就主动搬出神光寺。

徐继畬的阴招虽然上不了台面，但也不失为既能避免摩擦，又能迫使英人就范的一种办法。"神光寺事件"就这样被徐继畬四两拨千斤地平息了，但林则徐和徐继畬的矛盾却开始激化。

在"神光寺事件"的处理上，林则徐觉得徐继畬太过软弱，丢了大清的颜面。他写信给徐继畬，要求徐调兵演炮，招募壮勇，准备和英夷开战。

这也太不靠谱了吧。朝廷刚刚和英夷停战议和不久，一个地方大员岂能破坏和平的大局，擅自挑起争端？

对林则徐的建议，徐继畬不予理会。

林则徐感到十分愤怒。当初我老林在广州和英夷真刀真枪地硬干的时候，你徐继畬几品几级？现在竟然敢不听招呼，对我置之不理！于是，林则徐就动用人脉，发动在京的福建籍官员弹劾徐继畬，而且把闽浙总督刘韵珂也捎带上，一并弹劾。

不久，朝廷上弹劾刘韵珂、徐继畬庇护汉奸，放纵英夷滋扰闹事的折子满天飞，几乎将刘韵珂、徐继畬两人定性成为妥协投降的代表。

道光三十年（1850年），朝廷的情况有了重大变化。此年正月道光皇帝蹬腿咽气，龙驭宾天，道光第四子奕詝登基继位，成为史称的咸丰皇帝。按照祖制，先皇驾崩新皇继位，先皇年号还要沿用至下一年。这一年虽然皇帝换了人，但年号还是道光三十年。要改年号为咸丰，还得等到来年。

年号是旧年号，但皇帝是新皇帝。新皇登基，自然要有些新气象。年轻气盛的咸丰皇帝对先前软弱退让的外交政策十分不满。加上道光二十九年（1849年），受广州反入城斗争胜利的鼓舞，清廷在处理外交事务上，渐渐走向强硬。

在这种政治风气下，当年道光倚重的办理夷务的第一人——耆英大人，已被新皇咸丰帝革斥罢黜，回家抱孙子去了。对当年查禁鸦片、积极抗英的林则徐大人，咸丰皇帝十分挂念，正打算召他回京，委以重任。

这种时候，满朝飞舞着弹劾刘韵珂、徐继畬折子，这两个福建的封疆大吏倒霉的日子也就不远了。咸丰皇帝命令两广总督徐广缙调查刘韵珂、徐继畬在福建的作为。

咸丰元年（1851年），咸丰皇帝以"身膺疆寄，抚驭之道，岂竟毫无主见，任令滋扰"的理由，革去徐继畬福建巡抚之职，调回京城问讯。

官场老滑头刘韵珂，早就感觉风向不对，索性向朝廷称病请假。咸丰皇帝对刘韵珂已心生不满，索性顺水推舟，令其开缺回籍。

一个小小的洋人租赁房屋的事件，弄得两个福建大员倒了台，这实在是一桩大大的冤案。

7. 暗中使坏的封疆大吏

鸦片战争以后，沿海各地老百姓和洋人的关系普遍对立，闹出不少事端。虽然站在现代人的立场来看，那些争端有点偏激，甚至完全没有必要发生。但从反对侵略的角度看，民众的反应，自然有其情感上的合理性。

在民众和洋人对立的时候，沿海的官员们夹在中间，两头受气，左右都落不到好。从耆英、黄恩彤、祁贡、徐广缙、刘韵珂、徐继畲等大员的内心而言，他们也十分厌恶乃至痛恨洋夷。可作为朝廷的封疆大吏，他们又不得不妥协退让，努力做到民夷相安，维护地方稳定，不愿轻易惹出事端。毕竟国力衰微，大清干不过人家。努力维护地方安宁，就成为这些地方大员唯一正确的选择。

这些官员并不是全都妥协退让，他们也在努力争取，尽自己所能来维护朝廷的体面，努力为大清争取些许权利。譬如徐广缙在广州借用民意，成功挫败英夷的入城要求；徐继畲在福州暗使阴招，迫使英国人退出福州城。

在暗中使坏方面，做得最有水平的，当数官场老滑头刘韵珂。

在鸦片战争期间，沿海大员受到处分，撸官获罪的不胜枚举，但刘韵珂却得到荣升，于道光二十三年五月（1843年6月），由浙江巡抚升任闽浙总督。

刘韵珂任闽浙总督期间，《南京条约》签订，福州成了通商口岸。洋商们盯上了福建武夷山的茶叶，纷纷前往福州收购茶叶。刘总督对这些洋商十分不感冒。于是他就暗中使坏，给洋人设绊子。他在福建沿途各处派兵设卡，处处刁难，让武夷山的茶叶无法顺利到达福州。即使这些茶叶通过千难万险，运到福州，其成本也变得很高，超过了洋商可以接受的范围。洋商们感觉在福州的生意没法做了，只好返回广州进行贸易。

洋人到福州销售他们的商品，刘韵珂则私下授意福州的大小商贾，不准他们同洋人贸易。让洋商运来货物却卖不出去，最终无功而返，自个儿放弃福州这个口岸。

道光二十四年（1844年），美国商人率先跑到福州兜售洋货。他们兴高采烈地驾船而来，想到福州这个新口岸好好赚一笔。可结果让他们欲哭无泪。美国商船停泊在港口一个多月，竟然没人理睬，根本就没有中国客商前来贸易。美国商人只好挥泪降价大甩卖，希望好歹弄些返航的盘缠。可是，中国商人还是无动于衷，根本不理会美国商人打折降价，挥泪大甩卖。

就在美国商人困守福州码头、不知道该咋办的时候，刘总督出手了，他授意中国商人少量购买一点洋货，好让美国佬手里有点回去的路费，以便让他们顺利滚蛋。其后，但凡有洋商到福州，刘韵珂都这样如法炮制，让洋商们白跑一趟又一趟。

道光二十五年（1845 年），整个福州口岸，贸易额仅三十多万元。福州没法做生意的名声也就在洋商中传开了，他们对福州口岸彻底死心了。道光二十六（1846 年）、道光二十七（1847 年）两年，竟无一艘外国商船光临福州。

刘韵珂的蔫儿坏手段，让福州名为通商口岸，实与闭关无异。他在给道光皇帝的密奏中扬扬得意地说："福州竟不通商，数年之后，该夷灰心而去，则省城根本重地，不令非我族类实逼处此。"

对洋人耍心眼儿、玩花招的封疆大吏，还有咸丰二年（1852 年）继任两广总督的叶名琛。此公主政两广兼任通商大臣期间，采取尽量把洋商堵在广州之外的策略，能不进城，就尽量不让进城，能不与洋夷交涉，就尽量不交涉。

他作为通商大臣，却躲着不见洋人领事官，不办理外交事务。即便见面，也是种种借口，推诿扯皮，让各国外交人员拿他毫无办法。

叶名琛自以为得计，实不知他如此作为，将中外关系推向对立，直至引发了第二次鸦片战争。

第二次鸦片战争爆发，叶名琛彻底乱了手脚，只能采取"不战、不和、不守，不死、不降、不走"的策略，被时人讥为"六不总督"。

英法侵略者也是可憎，他们将叶名琛掳上英舰"无畏"号，后来押解到印度的加尔各答。此公被俘后，自诩"海上苏武"，整日赋诗明志，而且坚决不吃英国人提供给他的食物，以表示气节。

咸丰九年（1859 年），叶名琛吃完了自己从国内带来的食物，然后绝食而死，结束了自己悲催而可笑的后半生。

鸦片战争之后，列强通过条约，将中国拉进了世界贸易体系之中。既然已经跌跌撞撞进入了世界贸易体系，继续维持闭关锁国的政策，继续严守华夷之辨，显然已经行不通了。但是不论清廷官员，还是沿海百姓，他们都是脚已经踏进世界新格局，而脑子还处于旧时代。他们明争暗斗，对抗洋夷，自以为得计，实际上对国之富强和发展，毫无裨益。

8. 租界的滥觞

在各个通商口岸，为了阻止英国人入城，闹得鸡飞狗跳的时候，上海却显得比较安宁。英国人成功地进入了上海县城，而且没引起太大的风波。这并不是因为上海官员和老百姓好说话，真实的原因是，上海太小，没有抵制英国人入城的实力。当时，上海只不过是江苏松江府下辖的一个小县，面积不大，人口有限，和其他几个通商口岸根本就不能相提并论。

道光二十三年（1843年），璞鼎查推荐了一个叫巴富尔（George Balfour）的英国炮兵上尉，担任首任上海领事。巴富尔到上海赴任后，直接找时任苏松太兵备道、上海道台宫慕久，要求进城租赁房屋，作为领事馆的办公场所。

英夷要进城，宫慕久的心里当然一万个不情愿。于是他就开始忽悠推诿加拖延，一会儿说上海县城太小，住着太委屈英国朋友，一会儿又说上海县城租不到合适的房子。总之，种种借口，就是不让巴富尔入城。

就在双方互相扯皮的时候，有个姓顾的上海商人主动找到巴富尔，说自己有房屋愿意出租。巴富尔喜出望外，当即就看房签约，将顾姓商人名下的52间房子租到手。

巴富尔在上海县城里租到了房子，宫慕久也再没了推诿的理由，只好同意巴富尔进城。于是，巴富尔就堂而皇之地搬进顾姓商人出租的52间房内，作为英国驻上海领事馆办公之地。英国领事成功进城了，接着商人、传教士等英夷也纷纷而至，进驻上海县城。

可是，不久后英国人自己却主动要离开上海县城之内，希望能在城外找一处空地，修建办公和居住的房子。

这是为什么呢？原因可就多了：上海县城街道狭小，城建设施太差，晴天尘土飞扬，雨天道路泥泞，卫生状况糟糕，居民噪声太大等。总之，洋人住在上海县城，感觉种种不便，自己受不了啦。

英夷自己主动要求出城居住，这让上海道台宫慕久占据了主动。于是他就将上海城外黄浦江岸边的一块滩涂荒地划给英国人，让他们在那里修建居所。

这块荒地低洼潮湿，遍布沼泽，杂草横生，十分不适合人类居住。巴富尔自然不愿意要这么破烂的地方，要求宫慕久另换一处。宫慕久表示，除此之外，别无他处，爱要就要，不要拉倒。宫慕久还告诉巴富尔，按照大清律法，这块地只能租，不能卖，土地所有权必须是大清的。

英国人受够了住在上海县城内的种种不便，急于搬到城外，只能任由宫慕久摆布。经过双方议定，上海县将这块总面积约 830 亩（0.55 平方千米）的滩涂荒地，以每亩每年 1500 文的租金，租给英国人用以建造居所。

道光二十五年十一月初一日（1845 年 11 月 29 日），宫慕久公布了《上海土地章程》，南至洋泾浜、北至李家场、东至黄浦江，西界未定，此处土地租借给英国人作为居留地。从此中国土地上的第一个外国租界就产生了。

英国人租来了土地，便大肆建设。他们抽干积水，清理杂草，硬化道路，修建楼房，安装路灯，硬是将不宜人居的荒地，变成楼房林立、道路宽阔的近代化城市。租界建成，各国侨民闻风而至，顿时繁华起来。

道光二十六年八月（1846 年 9 月），巴富尔和上海方面议定租界西边界址，将租界面积扩大到 1080 多亩（0.72 平方千米）。即便扩大了租界面积，也赶不上英租界的发展速度。于是，英国领事便开始酝酿继续扩大租界面积，谋求更大的自治权利。

道光二十八年（1848 年），新任英国驻上海领事阿礼国（Rutherford Alcock），正式提出了扩充英租界的要求。经过双方协商，另行约定，将英租界面积向四周扩为 2820 亩（1.88 平方千米）。

太平天国起义期间，长江一带的士绅富商纷纷跑到上海租界避难。英国人就趁机大肆修建房屋，开发房地产赚钱，租界越发繁华热闹起来。

上海英租界的成功经验，让欧美其他列强也纷纷效仿，按照上海英租界为蓝本，在各个通商口岸建立租界。随着各国租界越来越多，洋人在租界内窃取的自治权利也就不断增加。租界到最后发展成了具有独立行政权、立法权、司法权的国中之国。

租界在近代中国的影响，可谓错综复杂，很难一言以蔽之。它以国中之国的形式存在，使中国主权丧失，成为西方列强对中国进行经济、文化侵略的桥头堡。

可从另一个角度看，它相当于给封闭落后的国家，生硬地凿出了几个窗口，让外部的风得以吹拂进来，让外面世界的风景尽收眼底。国人通过这个窗口，看了别人的生活，也就慢慢开始模仿着改变自己的日子。模仿多了，也就慢慢学会了走自己的路子。

第二十七章　躲进小楼成一统的道光皇帝

1. "望洋之叹"

鸦片战争战败，道光皇帝将失败的根源归结于用人不明。时任江苏布政使的李星沅，在其日记中记载了军机章京程庭桂觐见时，道光的表现："楞香（程庭桂）书，于进见时，蒙谕及英夷，辄以用人不明，深自悔恨，至于握拳捶心。"

既然道光皇帝认为战争败于用人不明，那么当时沿海前线的大臣们就倒了霉。林则徐、邓廷桢就不用说，在战争期间就被罢黜，发配新疆。与林、邓主张截然不同的琦善，也被发遣到张家口充军去了。厦门失守不久，闽浙总督颜伯焘被革职。

以上这些都是战争期间处理的沿海大员，战后对官员的处理就更加严厉。

《南京条约》签署后，英军撤出沿海，夷情大定，战争的硝烟彻底散去。这时候，道光就开始着手惩处战争时期的沿海军政大员。多次临阵脱逃的浙江提督余步云，被道光砍了脑袋，成了战后被依律处斩的最高官员。两江总督牛鉴，被革职拿问，判处斩监候。扬威将军奕经、靖逆将军奕山、参赞大臣文蔚统统下了大狱，判处斩监候。不过这些被判处斩监候的大员们，最后都蒙宽宥，并未因此丢了性命。

比较幸运的是果勇侯杨芳。这位老将广州战败后，便回到湖南提督本职上养病，当时道光皇帝还谕旨好言抚慰。鸦片战争结束，道光皇帝和大家算总账的时候，也没为难他，而是获准他开缺回家，安度晚年。杨芳在道光朝，平定张格尔叛乱，生擒匪首，立有大功，因此才被道光网开一面，未曾深究。

耆英、伊里布、黄恩彤等议和大臣，自然有功，个个都得到了荣升。伊里布死在议和的第一线，更是身后哀荣殊异，追赠太子太保，谥号文敏。

战争时期，给道光上奏"十可虑"的刘韵珂，也获得高升，从浙江巡抚，一跃成为闽浙总督。这个缘于刘韵珂聪明滑头，会来事，而且关键时候会说话又敢担当。

追究完责任，处理了一批大臣，关于战争的反思也就结束了。大清朝堂之上，星星还是那个星星，月亮还是那个月亮，啥新气象也没有。

《南京条约》签订后，英国军舰撤出东南沿海，道光皇帝下令各省修筑海防工事。各地重新修建的海防工事还和原来一样，全然没有任何改进。似乎英国的坚船利炮，并未引起大清沿海官员和道光皇帝任何学习和借鉴的兴趣。

倒是那个打仗不怎么样的皇侄奕山，曾奏请仿造西式战舰。但后来也不了了之，没了下文。两广总督祁贡也曾提议，从澳门雇用"夷匠"，仿造西式火轮船。但道光皇帝一听要用夷人，赶紧下令阻止。

远在广州的耆英，曾进呈给道光皇帝一把新式击发枪。这让年轻时玩过火枪的道光皇帝爱不释手。但对耆英上奏仿造西式枪械的事，他却朱笔批示道："卿云仿造二字，朕知其必成望洋之叹也。"

为啥会成为"望洋之叹"？除了没有技术、缺少工匠等客观因素之外，更主要的还是固步不前，不能下定决心，排除万难进行革新的主观原因。

2. 太平依旧的美梦

鸦片战争的失败，使道光皇帝备受打击。清军入关近二百年，一直国富兵强。可到了他的手里，落得个向英夷割地赔款，使大清江山金瓯有缺。作为爱新觉罗的子孙和帝国的最高统治者，他的内心充满了惶恐和愧疚。

道光是嘉庆帝嫡出的皇次子，由于长子早夭，所以他就成了事实上的嫡长子。道光降世后，身集乾隆、嘉庆两朝恩宠，早早就当作接班人培养。

道光39岁承继大统，成为帝国最高统治者。作为皇帝，他旰衣宵食，勤勤恳恳。面对乾隆晚年之后，大清国库空虚的局面，他厉行节俭，抠抠搜搜，甚至穿着打着补丁的衣服上朝。皇帝做到这个份儿上，也算"尽职尽责"了。

道光并非无所作为的昏庸帝王，他的文治武功还是有值得称道的地方。继位之初就着手整顿吏治，清查陋规，此外还试行漕粮海运，改革盐税制度，加强河防，开禁矿业。这些都卓有成效，极大地改善了清廷的财政亏空，使帝国的国库日渐充裕。

道光六年（1826年），新疆张格尔叛乱，妄图在南疆恢复其和卓家族的统治。道光调兵遣将，历时一年多，全歼叛军，并活捉匪首张格尔。

如果没有这场突如其来的鸦片战争，凭借道光的这些文治武功，完全会成为清朝历史上备受称道的皇帝。但是，倒霉的时代让他赶上来，丧权辱国的锅，他就背定了。

鸦片战争结束后，道光已在位20多年，年逾60岁。20多年克勤克俭，兢兢业业，最终还是落得战败求和，割地赔款。理想和现实，付出和收获之间的巨大落差，顿时摧毁了这个帝国最高统治者的信心，让他失去了当初励精图治的雄心壮志，变得因循守旧，无所作为起来。

在这种情况之下，耆英圣眷日隆，深受宠信，就不难理解。因为耆英能做到安抚洋夷，弥缝时艰，保证性如犬羊的洋人不再闹事。这对渴望过几天清静日子的道光而言，岂不是居功甚伟？

朝中大臣们发觉道光皇帝越来越不喜欢听闻洋务、灾荒和匪盗等坏消息，于是便投其所好，报喜不报忧，一起努力营造一幅海晏河清的太平图景。

皇上如此，大臣们就更有过之而无不及。举朝继续文恬武嬉，得过且过，浑浑噩噩，没有一丝一毫反思战败、奋发图强的迹象。

林则徐辑录了道光二十二年（1842年）京师友人的来信，编成《软尘私议》一书。其中描述鸦片战争战败，北京城里的情况为：

> 和议之后，都门仍复恬嬉，大有雨过忘雷之意。海疆之事，转喉触讳，绝口不提，即茶坊酒肆之中，亦大书"免谈时事"四字，俨有诗书偶语之禁。

茶坊酒肆贴出"免谈时事"四个大字，便可该喝酒的喝酒，该喝茶的喝茶。八旗子弟架鸟笼斗蛐蛐，日子依然悠闲自在；文武百官上朝坐衙，朝九晚五；士子文人继续四书五经，诗词歌赋，以求科举进学；平头百姓还是日升而作，日落而息，娶妻生子，继续为自家小日子奔忙。

大清还是那个大清，天下还是那个天下。总之，日月流转，一切如常。东南的几声炮响，岂能惊扰东方帝国太平依旧的美梦。

3. 皇长子奕纬亡故

鸦片战争之后，道光皇帝已经年过六旬，他将目光投向自己的儿子们，希望能找出一位堪当大任，承继大统的接班人。

道光共有九个儿子：皇长子奕纬、皇次子奕纲、皇三子奕继、皇四子奕詝、皇五子奕誴、皇六子奕訢、皇七子奕譞、皇八子奕詥、皇九子奕譓。

皇长子奕纬生于嘉庆十三年（1808年），生母那拉氏本是道光——当时的皇子旻宁藩邸的使女。奕纬出生，不过是道光一场冲动后的副产品，所以他并不喜欢和重视奕纬。童年时期的奕纬基本处于缺少父爱、自由生长的状态。

奕纬毕竟是道光的长子，嘉庆皇帝的第一个孙子。他不招父亲疼，但受爷爷爱。嘉庆二十四年（1819年），嘉庆皇帝就慷慨地封11周岁的奕纬为多罗贝勒。多罗贝勒为清朝宗室九等爵位中的第三级，地位仅次于第一级的和硕亲王与第二级的多罗郡王。

道光皇帝即位后，皇室成员基本都有封赏，唯独奕纬爵位不变，还是多罗贝勒。其母那拉氏也仅仅封为和妃，在宫中毫无地位和恩宠可言。

道光六年（1826年），皇次子奕纲出生。可惜的是，这个小皇子才活了五个月，便得病而死。

道光九年（1829年），皇三子奕继降生，但刚刚满月便病死。

两个皇子相继早殇，皇长子奕纬就成为道光的独子。在道光九年（1829年）时，他已长成21岁的大小伙儿，道光皇帝也已48岁。老子已渐渐老去，儿子也长大成人。为江山社稷计，道光皇帝必须对独子奕纬重视起来。他开始关心起奕纬的学业起居，为其延请朝中饱学之士做老师，训导奕纬读书，将他当作接班人培养。

奕纬童年不受道光重视，天不收、地不管，自由生长，顽劣成性。成年后更是游手好闲，放荡不羁。现在父皇突然关心他的学业，他不但不视为恩宠，反而觉得是约束和负担。于是父子间渐生嫌隙，关系并不和谐。

道光十一年四月（1831年5月），年仅23岁的奕纬突然暴毙而亡。对奕纬因何而死，《清史稿》等正式史册中并无记载。民间的说法是，奕纬死于一场家庭暴力。

据清宫太监回忆，道光延请朝中饱学的大臣教授奕纬读书，但奕纬顽劣成性，无心学习。老师便好言相劝说，你要认真学习，将来好做个好皇帝。谁知这个不成器的奕纬张口就说，将来等我当了皇帝，第一个就杀了你！老师被奕纬的这句话吓坏了，便跑到道光皇帝面前，原封不动地将这话告诉皇上，并请求辞去皇子老师一职，回家养老。

奕纬如此悖逆，令道光皇帝十分震怒。他便派人将奕纬找来，准备严加训斥。奕纬来到道光面前，跪地请安时，怒火中烧的道光皇帝飞起一脚，正中奕纬裆部；奕纬惨叫一声，倒地不省人事，几天之后，便不治而亡。

奕纬死后，道光哀痛万分，以皇子例治丧，进封隐志贝勒。咸丰皇帝即位后，进封他这位早逝的大哥郡王爵位。因为奕纬没有子嗣，便过继贝勒绵懿的孙子载治为后。

道光皇长子奕纬亡故的真相，并无可靠资料。但年仅 23 岁就暴毙而亡，这确实是一大悲剧。奕纬去世时，道光皇帝已 50 岁了。50 岁的皇帝竟然膝下无子，龙脉断绝，真是不胜凄凉。

4. 立储大事

道光十一年六月初九（1831 年 7 月 17 日），皇四子奕詝出生。

六天之后，即六月十五（7 月 23 日），皇五子奕誴降世。

这是奕纬去世的同年，道光皇帝接连迎来了两个儿子的降生。总算天佑大清，龙脉不绝。

道光十二年十一月廿一日（1833 年 1 月 11 日），皇六子奕訢出生。

其后，从道光二十年（1840 年）到道光二十五年（1845 年），皇七子奕譞、皇八子奕詥、皇九子奕譓相继出生。

鸦片战争战败后，道光皇帝已经年过 60，是该考虑立储大事了。皇五子奕誴过继给惇恪亲王绵恺，提前退出了立储的人选。皇七子奕譞、皇八子奕詥、皇九子奕譓还都年幼。于是，道光皇帝就将目光锁定在皇四子奕詝、皇六子奕訢身上。

清代从雍正皇帝开始，实行秘密立储制度。具体方法是：由皇帝亲书立储谕旨一式两份，一份密封在锦匣内，安放于乾清宫"正大光明"匾后，一份皇帝自己保存。待皇帝驾崩时，由御前大臣将两份遗旨取出，共同拆封，对证无误后当众宣布由谁继位。

秘密立储，全凭皇帝本人拿主意，其他人不能预知。于是道光皇帝就在奕詝、奕訢之间反复比对，举棋不定。而奕詝、奕訢之间竞争也暗中紧锣密鼓地进行着。

奕詝、奕訢竞争，各有优势和不足。

皇四子奕詝的优势有二：一者奕詝的生母钮钴禄氏是皇后。奕詝出生时，其生母为全贵妃，后被晋封为皇贵妃统摄后宫。道光十四年（1834 年），钮钴禄氏被册封为孝全成皇后。

道光二十年正月（1840 年 2 月），孝全成皇后一病不起，病逝于圆明园寝宫，时年仅 33 岁。道光皇帝对孝全成皇后感情深笃，她病逝后，道光在世期间，再未册封皇后。

二者皇长子亡故，皇次子、皇三子早殇。奕詝现在就是诸皇子中的老大，加之其生母为皇后，奕詝就成为实际上的嫡长子。按照清王朝的家法，凡是皇帝之子，不分嫡庶，均有入承大统的可能。但在宗法和礼教盛行的时代，嫡长子的地位还是备受尊崇的，在竞争储位时，具有较大的优势和权重。

奕詝的不足也很明显。第一，奕詝腿脚不好。一次在南苑皇家猎场打猎时，他不慎落马，摔伤了骨头。虽然经过宫廷御医的治疗，但还是留下后遗症，走路无法如常人。皇帝是真龙之身，岂可身有残疾。这对奕詝竞争储位，明显是一个影响。

第二，奕詝的生母钮钴禄氏已经过世，现在统摄六宫事务的是皇六子奕訢的生母静皇贵妃博尔济吉特氏。虽然奕詝从小就被静皇贵妃收养，但生母和养母，毕竟不是一回事，其中的微妙不言自明。

皇六子奕訢的优势也有二：一者奕訢天资聪慧，能文能武，深得道光皇帝欢心。在读书理政、骑马射猎各个方面，奕訢的表现都明显优于老四奕詝。道光皇帝也一直对老六奕訢十分赏识。

二者奕訢的生母静皇贵妃博尔济吉特氏，正统御六宫事务，虽无皇后之名，但有皇后之实。这在竞争储位上优势就特别明显。

奕訢的不足第一是庶出，不是皇后之子。第二是为弟，前面还有个哥哥奕詝。但整体来说，奕訢聪慧过人，文武兼备，深得父皇欢心，又有母亲助力，似乎胜算更大些。

5. "藏拙示仁"

在历代宫廷斗争中,嫡出庶出,有才无才等因素,并不能决定最后的结果,真正决定胜负的是权谋心计。四皇子奕詝本人其实资质平庸,但他的身边有一个精通权谋之术的师傅杜受田。

杜受田,字芝农,山东滨州人。道光三年(1823 年)进士,会试第一,殿试二甲第一,选庶吉士,授编修。后晋升为中允,洗马,督山西学政。

道光十五年(1835 年),杜受田被特召还京,进上书房教授皇四子奕詝读书。其后他的官职一路高升,做到工部尚书、内阁学士。但道光皇帝让他只是挂名,不必去工部和内阁上班,一心教育奕詝。

杜受田在上书房一待就是十几年,将奕詝从一个懵懂幼童,培养成饱读诗书的青年。师生日日相处,感情也日渐深厚。

道光十七年(1837 年),六皇子奕訢也入上书房读书,师从卓秉恬、贾桢等饱学官员。随着皇子们日渐长大,上书房的琅琅书声中,师父间的争斗也就在不动声色中进行着。

对立何人为储君,道光心里一直犹豫不决,难以决断。他曾赐四皇子奕詝锐捷宝刀,同时又赐六皇子奕訢白虹宝刀。从赐刀这件事上,奕詝和奕訢的师傅们,都品味出其中深长的意味。

宫廷争斗,都是鸭子洑水,表面不动,暗地里划拉个不停。这种暗斗,上不了台面,所以外人难以知晓。台面之上的较量,也就那么关键的几个回合,却决定胜负的走向。

据野史笔记《清人逸事》中记载:道光皇帝晚年,于某日命诸皇子到南苑射猎。四皇子奕詝临行前,杜受田专门叮嘱:今天射猎一定不要发一枪一箭,而且还要严令手下也不许猎杀任何动物。如果道光皇帝问起,就说时下是春季,正是鸟兽怀春孕育之时,不忍心猎杀它们以干天和;而且,作为长兄,我也不愿意用弓马一日之长,和诸弟一争高低。杜受田还强调,此事事关重大,一定要这样做,这样说,千万不可马虎大意。

奕詝牢记师傅的叮嘱，在射猎时安然不动，未发一枪一箭。射猎结束后，诸皇子回来复命。皇六子奕訢猎获最多，而四皇子奕詝一只猎物也没有。道光十分好奇，就问奕詝为什么一无所获。奕詝按照师傅教的那套说辞应对。道光听后非常高兴，称赞他道："真有仁君的风度啊！"

《清史稿·杜受田传》对此事也有简略记述：

至宣宗晚年，以文宗（奕詝）长且贤，欲付大业，犹未决。会校猎南苑，诸皇子皆从，恭亲王奕訢获禽最多，文宗未发一矢，问之，对曰："时方春，鸟兽孳育，不忍伤生以干天和。"宣宗大悦，曰："此真帝者之言！"立储遂密定，受田辅导之力也。

如果说野史的记载，不一定靠谱的话，《清史稿·杜受田传》的记载就更进一步印证了此事的真实性。

杜受田深通权谋之道，他知道按照奕詝的文武才略，远不及六皇子奕訢。于是他就采取了"藏拙示仁"的办法，设法为皇四子奕詝打造仁德的形象。在儒家思想中，仁德是本，事功是其效，如果只重事功，则难免颠倒本末。

春日射猎一事，四皇子奕詝秀出了仁德的风采，而六皇子奕訢猎获最多，沾沾自喜反而显得轻浮卖弄。道光皇帝摇摆不定的天平，开始向皇四子奕詝的方向倾斜了。

6. 立储密旨与四道遗嘱

据《清人逸事》记载，还有一次决定立储结果的较量。这次杜受田又指导皇四子奕詝赢得道光皇帝的欢心，从而彻底奠定了争储斗争的胜利。

道光晚年积劳成疾，久治不愈。道光皇帝知道自己将不久于人世，立储的事情不能再拖下去了。于是，他就召皇四子奕詝和皇六子奕訢前来讨论时政，以最终决定大清国皇位继承人。两位皇子大概都已明白父皇的用意，觐见前分别向自己的老师问计。

六皇子奕䜣的师傅卓秉恬对自己学生的才识十分自信。他告诉奕䜣，皇上如果垂询，要知无不言，言无不尽。杜受田则对四皇子奕詝说："阿哥如条陈时政，智识万不敌六爷。唯有一策，皇上若自言老病，将不久于此位，阿哥唯伏地流涕，以表孺慕之诚而已。"

奕詝见到父皇后，依计行事，果然让道光皇帝龙心大悦。他认定四皇子是仁孝之君，堪当大任，于是下定了立储的决心。

道光二十六年六月（1846 年 8 月），道光皇帝终于拿起朱笔，写下立储密旨。

立储一事，《清史稿》记载为："二十六年，用立储家法，书名缄藏。"

《清皇室四谱》中记载："二十六年六月，宣宗（道光皇帝）密定皇储，缄其名于匣。"

道光三十年正月（1850 年 2 月），道光病危，急召众大臣在床前。道光取出金匣授予众臣打开，立储密旨内容是：

皇六子奕䜣封为亲王，
皇四子奕詝立为皇太子。

整个清朝，立储密旨中对另一个皇子做出安排，仅此一例。这足以说明道光皇帝对皇六子奕䜣的偏爱，也可说明他在立储问题上的矛盾和徘徊。

道光执政后期，洋人退到沿海，朝政大体平稳。地方官报喜不报忧，令道光帝的心情逐渐好转，度过了一段相对安宁，祥和的时光。五口通商以后，海关税收不但稳定，而且逐年上升，国库日渐充实。大清帝国似乎朝着再次强盛的方向发展。

在这种平静的假象后面，大清其实已经内忧外患，危机四伏。道光皇帝深居紫禁城内，"躲进小楼成一统"，享受着表面的海晏河清，天下太平。

西方已经开始工业革命，发展一日千里。而道光还驾驭这大清这艘"破烂不堪的头等战舰"，按部就班地行驶在原先的航道之上，奉行着传统的治国方略。在继承人的选择上，他依然按照传统的仁德标准，将帝国权力的接力棒交给另一个守成者手中。大清的危殆，中国近代的积贫积弱，从此就命中注定，不可改变了。

道光三十年正月十四日（1850年2月25日），道光帝驾崩于圆明园慎德堂内，享年69岁。

鸦片战争失败，大清割地赔款，这使道光皇帝觉得自己上愧祖先，下无功德于子孙百姓。于是，他留下四道遗嘱，其内容简单说就是：

一、死后不配天，就是不要将他的神牌供奉到天坛的皇穹宇和皇乾殿内。

二、死后神牌不升祔太庙，但可以升祔奉先殿，其画像可以悬挂到寿皇殿、安佑宫。

三、死后不要在其陵寝五孔桥南为他建圣德神功碑，但要把"大清某某皇帝"的文字镌刻在明楼碑上，陵寝名称刻在明楼碑的背面。

四、死后只将他生前穿用过的几件衣服供奉在皇宫内的四执事库，以示节俭和留念。自鸣钟殿内一些不常用的砚墨，也没有必要长期保留收藏。

《清史稿》对道光的评价是"恭俭之德，宽仁之量，守成之令辟（贤明的帝王）也"，同时也指出他"能将顺而不能匡救"，"国步之濒，肇端于此"。

《清史稿》的评价，应该说十分客观。道光宽厚仁慈，厉行节俭，在传统意义上，算个不错的皇帝。如果没有鸦片战争的爆发，他完全能够凭借自己的守成之功，赢得令名。但是，鸦片战争前后，世界局势已然发生变化。他没有魄力匡救时弊，进行改革，而是继续抱着祖宗成法，延续着传统的治国方略，使大清错失了革故鼎新，进行近代化改革的大好时机。大清此后，国势日蹙；作为帝国的最高统治者，道光皇帝难辞其咎。

第二十八章 忠臣能吏的历史局限
——再论林则徐

1. 林钦差问诊洋医生

道光十九年（1839 年），林则徐离京南下主持广东禁烟大局。离京时他曾承诺，若鸦片一日未绝，本大臣一日不回。结果却是事与愿违，林则徐出了力而没落着好。禁烟引爆了中英战火，英国人驾着军舰一直闯到天津大沽口。道光皇帝一不高兴，就下令将林则徐革职拿问，充军伊犁。

美国人马士在其《中华帝国对外关系史》一书说："他（林则徐）的动机是纯洁的，他的诚挚是毫无疑问的，可是他的任务是没有希望的。"

民国史学家蒋廷黻在其《中国近代史》中也说："以中国的国力及国情，用文忠（林则徐）的方法尚有一线之望，不用则全无禁烟的希望。"

林则徐禁烟，具有不容置疑的正义性。一个国家查禁违禁品，是其内政，他国无权干涉。鸦片战争说到底，是中西方文化、制度、价值观念的冲突，查禁鸦片不过是这场冲突的导火索而已。

天朝上国的政治傲慢和对世界大势的无知，最终使英国人觉得，除了枪炮之外，别无讲道理的办法。作为这段历史的当事人，林则徐并未超出他的时代局限。本质上说，他就是一个高高在上的天朝官员。

林则徐在广州的几件事，就可以反映他当时对洋夷的态度和认识。

林则徐患有疝气病，到广州后劳累过度，旧病复发。林则徐就托人和广州的一个洋人医生——彼得·伯驾取得联系。

彼得·伯驾（Peter Parker），美国传教士、医学博士。他是美国派往中国的第一个传教士，主要任务就是在中国这片古老的土地上，传播上帝的福音。

道光十五年（1835年），伯驾来到广州，得到行商伍秉鉴等人的支持，租得广州十三行新豆栏街7号，开设诊所。伯驾看病不要钱，而是在看病过程中，将传教的小册子发给病人，希望通过为患者治病，来达到传教的目的。

伯驾的医术高明，而且看病不要钱，这让所有患者感恩戴德。于是，他们就采用中国式的表达方式——送水果、送锦旗、放鞭炮等，表示对伯驾医生的感激之情。但对伯驾传播的基督教，老百姓却并不感冒，回应者寥寥。

伯驾医术高明，声名远播。疝气患者林则徐就托人联系伯驾，询问两件事：一是西洋有无禁绝鸦片瘾的特效药；二是疝气病该咋治。

伯驾答复，西方医学没有禁绝鸦片瘾的特效药。至于治疗疝气，那是没得问题。欢迎钦差大人到诊所来，他给林大人身上绑个疝气带，再开点药就可以了。

让夷人给钦差大臣身上绑疝气带，这万万不可。天朝上国官员，将身体私密处暴露给洋人，这无论如何都是一件有伤官体和国体的事情。于是，林则徐就采取了一个变通的办法。他派去一个和自己身材相仿的人，让伯驾为其量身定制一个疝气带，然后拿回来自己绑。

有了伯驾的疝气带和药物，林则徐的疝气很快就好了。虽然林则徐自己绑疝气带的手法十分不专业，咳嗽打喷嚏的时候，疝气带容易松动滑落，自个儿跑偏。但整体而言，好像并不影响治疗的效果。

伯驾给林则徐建了一个编号为6565的病历，病历上写着："林则徐，疝病，钦差大臣，前湖广总督，即今广东、广西两大省。从医学上看，这个病案没有可以值得引起兴趣的地方。事实上，这位病人从来也没有见到过，但是我想，对于这样一位著名人物，他的行为是中英这样两个大国间破裂的近因。"

伯驾给林则徐建的病历，除了将湖广总督管辖的省份弄错之外，其他评价甚为准确。大清官制复杂，不是一个外国人能轻易弄明白的。林则徐是前湖广总督，下辖湖南、湖北两省，现任钦差大臣，代表皇上专门负责广东禁烟事宜。

伯驾还给林则徐准备了一份礼物：一本地图册、一套地理书和一个地球仪。伯驾想将这些东西送给钦差大人，但被告知：送礼物可以，但要先写下请愿书。

送个礼物还要请愿书，这什么讲究？伯驾十分郁闷，干脆就将东西一撤，这礼不送了。

2.《谕英国国王书》

林则徐在广州时，自己也感觉对西方各国情况知之甚少。所以他积极搜集西洋各国情报，让幕僚翻译，并亲自参与，编成近九万字的《四洲志》一书。

当时，林则徐所获取的情报，大都以书籍和报纸为主。朝廷大员能积极将目光延伸向海外，这在当时已经相当了不起了。林则徐是当之无愧的，开眼看世界的第一人。

可是，不改变头脑中固有的天朝上国思维，单凭一些书籍报纸获取的知识和情报，对决策的帮助十分有限，甚至会产生严重误导。林则徐从零零散散的西洋报纸、外国资料中获取情报，得出的结论就有些跑偏，这使他对敌情做出了错误的判断。

林则徐从翻译的资料中，比较清晰地了解了英国的位置、面积、人口、军力等情况。林则徐的认识是：英国是远在重洋之外的小小岛国，其主是一个二十几岁的丫头片子；该国靠贸易立国，凭借着船坚炮利，侵凌印度等地，将印度变为英国的殖民地。

这些认识没毛病，但得出的结论，就明显跑偏了。

林则徐的结论是，英国是一个蕞尔小国，绝对不可能远涉重洋，和中国交战。所以他在给道光皇帝的奏折中，信誓旦旦地保证：英国不敢用欺负其他小国的办法对付天朝上国；沿海各地出现的英国船只，根本没有获得英国国主的调遣，它们是擅作主张，跑来虚张声势，吓唬大清的。

林则徐知道英国以贸易立国，但这位天朝上国的官员，根本就不能理解贸易立国背后的权力架构，完全不同于大清的皇权专政；也不可能想到，资本家其实就是这个国家的实际统治者；更不可能了解资本家打开中国国门的决心。

所以他断然不信战争已经临近。当澳门的葡萄牙商人传言，英国政府派出的军舰已在来华的路上时，林则徐还坚称："此等谎言，原不过义律等张大其词，无足深论。"

林则徐基于自己的认识，给英国女王写了一封《谕英国国王书》。他破例召见了几个英国水手，要他们将这封信带回英国，交给英国女王。这几个水手看了林大人的信，直接就憋成了内伤——这封信太搞笑，太奇葩。

林大人《谕英国国王书》的大体内容如下：

其一，称颂大清皇帝仁慈，"扶绥中外，一视同仁"。接着表扬英国国王累世恭顺，同时指出英国的富庶是缘于和大清贸易，英国应该感激天恩。

其二，谕知英国女王，有些夷商贩运鸦片这样害人的东西，朝廷特派本大臣到广东查禁。我已严加查处，你们也应该管一管你们的夷商，让他们兢兢奉法。要知道天朝的法度，可是相当吓人的。

其三，分析中英贸易情况。中国卖给英国的东西都是利人的，就像茶叶、大黄这样的东西，你们一天也离不了。英国卖给中国的东西却是可有可无的，大清百姓没有那些洋玩意儿照样过日子。中国完全可以闭关绝市，不和你们通商。中国不这样做的原因，就是替你们考虑，让中国的茶叶、大黄等商品利于天下。

当时流传，英国人吃肉喝奶，如果没有中国的茶叶、大黄，就会大便不通，憋出毛病。林则徐显然相信这样的传说，所以就用茶叶、大黄说事，语气中露出满满的威胁。

其四，用中国的因果报应忽悠英国女王。林则徐在信中说，听闻贵国国王存心仁厚，自然不肯把己所不欲的东西，施之于人。如果贵国国王能在全国范围锄除鸦片，改种粮食，那么一定会"天所佑而神所福，延年寿，长子孙"。

林则徐写这封信的时候，英国维多利亚女王才 20 岁，还没结婚呢。让人家 20 岁的女孩子"延年寿，长子孙"，想想都觉得画面违和，十分可笑。

其五，大清查禁鸦片，没杀鸦片贩子已经是仁至义尽。英国要配合大清禁绝鸦片。否则我天朝君临万国，尽有不测神威。

最后，命令英国女王，"接到此文之后，即将杜绝鸦片缘由，速行移覆，切勿诿延"。

总之，这封《谕英国国王书》，忽悠加恐吓。对英国女王的口气就像教训孙子，尽显天朝上国钦差大臣的凛凛官威。

林则徐还打算给美国的国王也写这样一封信，可从翻译的资料看，美国连国王都没有，只靠着每四年选出一个叫总统的家伙和二十四个头人管理国家。于是，林则徐就断定，美国是个尚未开化的蛮夷之国，根本不值得写信去交流。

显然，林则徐从翻译的资料中，无法获得资产阶级民主政体的实质和内涵。美国民选的总统和二十四个州长，在他的眼中，就成了蛮夷之邦的酋长和土司头人了。

3. 黄河治水，流放伊犁

鸦片战争爆发，义律将军舰开到了天津，京师安全受到了威胁。这时候道光皇帝将引起战端的黑锅，甩给了林则徐。辛苦严禁鸦片的林大人，就被革职议罪，命返京城听候处理。

获罪后的林则徐还未起程回京，朝廷又命他以四品卿衔，在浙江军前效力。道光二十一年（1841年）夏，广州战败后。道光皇帝下旨，革去林则徐四品卿衔，从重发往新疆伊犁效力赎罪。林则徐为国效力一辈子，岂料晚年竟远谪千里之外，落得如此凄凉景象。

此时河南黄河决堤，大水泛滥。道光皇帝就任命军机大臣王鼎，暂时署理河道总督，前往河南治理黄河水患。王鼎马上保举老友，熟悉河工的林则徐襄助，希望林则徐能戴罪立功，免于远戍伊犁之苦。

在东河治水第一线，林则徐撸起袖子带领士卒百姓苦干了八个多月。终于河工告竣，水患平息，人人论功行赏。可林则徐等到的却是一道冷冰冰的谕旨："合龙之后，着仍往伊犁"。

朝廷寡恩如此，让所有人都为林则徐鸣冤叫屈。王鼎更是老泪纵横，深感愧对老友。

道光皇帝不肯赦免林则徐的原因有二：一则英军已经兵临南京城下，朝廷正在忙着同英人议和。此时赦免林则徐，担心得罪英夷，影响和议。二则道光皇帝认为林则徐办事不力，引发战火，罪在不赦。

王鼎回到朝廷后，南京议和已近尾声。一直主战的王鼎当然反对妥协投降，他认为这都是首席军机大臣穆彰阿等投降派捣的鬼。他要求道光皇帝罢黜投降派头子穆彰阿，起用林则徐，继续重整旗鼓，和英夷死磕到底。

这时候道光皇帝投降议和的决心已定，王鼎多次廷谏、哭谏都没能动摇皇帝的既定立场。性情刚烈倔强的陕西老头儿王鼎，悲愤失望之下，找了根绳子将自个儿吊死了。王鼎死后，从他的身上找到一封遗疏，上面写着："条约不可轻许，恶例不可轻开，穆不可任，林不可弃也。"

王鼎豁出老命，弄出这么大的动静，丝毫没有改变林则徐的遭遇。他照样得动身起程，踏上漫漫西行之路。

林则徐明白，自己在道光皇帝心中，已无圣眷，全是圣怨了。宦海沉浮一辈子，林则徐深知其中利害。从此之后，他就变得瞻前顾后，忧谗畏讥，谨言慎行起来。

道光二十二年（1842 年），在流放伊犁的途中，林则徐给京中友人的信中，说了一段真心话：

彼之大炮远及十里内外，若我炮不能及彼，彼炮先已及我，是器不良也。彼之放炮如内地之放排枪，连声不断。我放一炮后，须辗转移时，再放一炮，是技不熟也……余尝谓剿匪八字要言，器良技熟，胆壮心齐是已。第一要大炮得用，今此一物置之不讲，真令岳、韩束手，奈何奈何！

他在谈论了"器良技熟，胆壮心齐"八字御敌心得后，又小心翼翼地提醒友人，务必严守秘密，绝不可对外人道也。

林则徐明白，在大清刚刚失败的时候，这样的话万万不能说。这时候说英夷如何如何厉害，不但会得罪皇上，更会得罪大清所有满怀民族自尊心的官员士子。作为戴罪之臣，他只能谨言慎行，三缄其口。

道光二十二年十一月初九日（1842 年 12 月 10 日），林则徐抵达新疆伊犁。到伊犁后，林则徐一度意志消沉，郁郁寡欢，对东南局势不再关注。此时，他最关心的是京城的人事变动，期望有朝一日，得到征召回京的恩旨。

当获知鸦片战争失败后，余步云被依律处斩，奕山、奕经、文蔚、牛鉴等大员皆被判处斩监候的消息时，他对自己的处境又十分庆幸。他给家人写信说，和那些获罪的大员相比，自己处在"雪窖冰堂"的伊犁，也算是不幸中的万幸了。

曾经敢于任事、敢作敢为的林则徐，已然不复存在了。大清的官场生态，让戴罪之身的林则徐变得明智保身、谨小慎微起来。从当初立誓"鸦片一日未绝，本大臣一日不回"，到切盼恩旨的转换中，林则徐内心经历的如炼狱般的煎熬，恐怕只有他自己知道吧。

4. 新疆垦荒，陕西剿匪

林则徐贬谪伊犁，所到之处受到百姓拥戴和官员礼遇。到达伊犁后，伊犁将军布彦泰立即亲到寓所拜访，送菜、送茶，并委派他掌管粮饷。

林则徐在伊犁期间，建议屯田固边。他先协助布彦泰开垦城边的 20 万亩（133.4 平方千米）荒地，后又捐出私银，修筑河渠，灌溉农田。在林则徐的协助之下，南疆各处屯垦十分成功，伊犁将军布彦泰因此受到朝廷嘉奖。

开垦了荒地，但问题随之而来。阿克苏、和阗等地官员竞相招引回户垦荒，这让朝廷十分不安。清政府一直对新疆各回部十分戒备，担心回汉杂处，酿出事端，危及新疆安定。所以，朝臣中有叫停新疆垦荒的提议。

辛辛苦苦实施的屯垦，眼看就要被朝廷紧急叫停，布彦泰当然不甘心。于是，他就保举林则徐到南疆进行勘察，以便将实际情况奏报朝廷。

布彦泰的奏请得到了朝廷的批准，道光皇帝通过布彦泰传谕：着林则徐赴南疆勘察荒地，切实查明回汉能否相安，有无流弊乎。

道光二十四年腊月（1845 年 1 月），林则徐由伊犁出发绕行库尔勒到库车，然后逐一踏勘阿克苏、和阗、叶尔羌、喀什等南疆八城。经过八个月的长途跋涉、风餐露宿，林则徐完成了丈量土地、调查民情的勘察任务。

赴南疆勘察荒地，说明朝廷对林则徐的态度已有所转变。这个大清的忠臣良吏，终于通过兢兢业业的工作，重新赢得了朝廷眷顾的目光。

道光二十五年九月（1845 年 10 月），道光皇帝召林则徐回京，以五品京堂补用。时年，林则徐已 60 周岁，他终于在花甲之年获得恩诏。

同年十一月（1845 年 12 月），又授予林则徐三品顶戴，署理陕甘总督，命不必来京，直接赴任。

道光二十六年四月（1846 年 5 月），正式任命林则徐为陕西巡抚。任命不断变化时，林则徐一直在从新疆返回的路上。同年七月初九日（1846 年 8 月 30 日），他方才抵达西安，正式上任。

鸦片战争之后，清廷财政压力剧增。为了缓解捉襟见肘的财政难题，朝廷将搜刮之手伸向陕西。除了调拨陕西的盐税之外，还强令陕西捐银100万两，战后的赔款也向陕西摊派了不少。

清末陕西干旱少雨，贫穷落后，加上连年灾荒，民众生活十分艰难。现在又有那么多捐税摊派，得从老百姓头上搜刮。

日子苦点也就罢了，可连苦日子也过不安生，那么还过什么劲儿呢。于是，这个民风彪悍的地方，开始有人反抗。

陕西有种叫刀客的群体，他们拿着刀子走南闯北，谋求衣食。他们既行侠仗义，又违法乱纪；可能杀人越货，也会扶危济困。

在朝廷各种捐税摊派压下来的时候，最先反抗的就是这些刀客。他们从个人自发地抗捐抗税开始，逐渐向联合反抗演变。

林则徐到陕西后，施展雷霆手段，对各地此起彼伏的对抗官府行为进行打击。他责令刀客盛行的渭南、富平、大荔、蒲城等地的地方官，率领兵勇，缉捕不法之徒。他还亲自审问"马得讽纠众夺犯伤差案"，将首犯马得讽判处斩刑，就地正法，将刀客赵恩科子、史双儿等部分首从，统统发往云贵、两广边远烟瘴之地充军。同时督促关中东府、陕北各地严加征剿，务必扫除不法，靖定地方。

至道光二十六年（1846年）年底，陕西各地共缉捕刀客146人，其中以"刀匪"严加判处46人，将民间的反抗彻底肃清。林则徐铁腕镇压，赢得道光皇帝的赞赏。道光在林则徐的奏折上朱批道："所办甚好！"

镇压刀客之后，林则徐又上奏朝廷缓征钱粮赋税，平粜官仓粮食，发动士绅富商出钱出粮赈济贫苦老幼，通过一系列的赈灾举措，一定程度上缓解了灾荒，保证了陕西的安定。

林则徐不愧是久经宦海的老江湖，大清官场上的练达官吏。短短几个月光景，软硬兼施，双管齐下，他将民生凋敝、危机四伏的陕西带入了平安稳定之中。

可是，对东南形势、大清未来，林大人似乎再无建言。重新起用后的林则徐，再次归位到鸦片战争以前，熟门熟路地做起了娴于政务的地方大员。

5. "星斗南"

道光二十七年三月（1847 年 4 月），云南爆发滇西回民起义。林则徐又成了大清镇压乱民的"救火队长"，被擢升为云贵总督，主持征剿大计。

历经广州禁烟、东南抗英、远谪伊犁、主政陕西、调任云贵，林则徐的后半生围着大清的国土转了个圈。一个花甲老人，经过这般折腾，就是铁打的身子也吃不消。

道光二十九年（1849 年）秋，林则徐多次奏请开缺回籍养病，终获道光皇帝恩准。道光三十年三月（1850 年 4 月），回到家乡福建侯官县。

林则徐本在老家安心养病，不料两个黄毛蓝眼珠子的夷人，竟然大摇大摆地进了福州城，住进了神光寺。这让抗英老英雄林则徐，顿时新仇旧恨一起涌上心头。于是，林则徐便亲自出马，闹出了汹汹一时的"神光寺事件"。

在处理神光寺洋人租住的问题上，闽浙总督刘韵珂和福建巡抚徐继畲主张和平交涉，从容劝谕。而林则徐却要调兵演炮，武力相逼，将广州反入城的那套手段照搬过来。

刘韵珂、徐继畲对林则徐的过激建议置之不理，结果激怒林则徐。林则徐动员福建籍在京官员，弹劾刘、徐两人投降卖国，最终导致福建两位大员倒台。

徐继畲在上奏咸丰皇帝时辩解说，林则徐虽"忠忿所激，洵足令人钦重"，但"博一时之名望，而不计黎庶之安危"，这种做法十分不可取。

徐继畲在给堂兄的家书中，指责林则徐的行为是"意在沽名"。

沽名不沽名姑且不谈，但为了驱逐两个进城的洋人，就发出战争威胁，这也太缺乏理性了吧。试想，世界各国哪有这样办理外交的。林则徐晚年的这场抗夷表演，与他"睁眼看世界"的思想实在不相称。

道光三十年九月（1850 年 10 月），新皇帝咸丰任命林则徐为钦差大臣，前往广西平定会匪作乱。当时清廷还不知道广西那边究竟发生了什么情况，将日后席卷大半个中国的太平天国运动，当成了天地会、三合会等发起的反清复明运动。

"救火队长"林则徐接到谕旨后,马上带病出发,行至潮州普宁,病入膏肓,不得不暂住普宁行馆。道光三十年十月十九日(1850 年 11 月 22 日)辰时,林则徐大呼三声"星斗南",而后气绝身亡,享年 66 岁。

林则徐逝世后,极具哀荣。朝廷将他生前一切处分全部开复,按照总督例赐恤,并且赠予太子太保衔,谥号文忠。

对林则徐去世前大呼三声"星斗南",后人猜测纷纷。有说星斗南者,暗示俄罗斯将为中国祸患。有说星斗南,按照福建方言,乃是"新豆栏",那是广州十三行所在地。林则徐临死喊出"新豆栏",实指广州行商怀恨林则徐,派人暗中下毒,谋害林则徐。

在众多推测中,我倒更愿意相信,林则徐喊出的是"新豆栏"。因为新豆栏街 7 号有个诊所,那里有个医生叫伯驾,伯驾曾治好了林则徐的疝气病。林则徐在久病不治的时候,他一定想起了新豆栏的那个诊所,想起了那个叫作伯驾的医生,想到了伯驾疗效确切的西方医学。

第二十九章 白挨的一场胖揍

1. 卖国贼琦善的际遇

说完林则徐的际遇，我们再看看战后林则徐的政敌琦善的情况。

道光二十一年二月（1841年3月），奉旨抚夷的琦善，被道光皇帝以"擅予香港，辜恩误国"的罪名，革职锁拿，押解京城严讯。

琦善押解回京后，先被籍没家产，然后交由刑部审讯。道光派出了四位宗室王公，与大学士、军机大臣、六部尚书共同会审琦善，其专案组级别之高，阵容之强大，堪称史无前例。

经过将近半年的审讯，琦善对英人妥协退让的事是实有，但投降卖国做汉奸的事情，却是查无实据。

即便如此，琦善也难逃罪责。道光二十一年七月（1841年8月），琦善最终被判斩监候，只等道光皇帝大笔一挥，秋后勾决。还好，没到秋后，琦善就被加恩释放，命其到浙江军营效力。此时在浙江主持军务的扬威将军奕经，嫌琦善名声太臭，不愿意接收琦善。于是，道光皇帝就改命琦善发遣张家口军台充当苦役。

鸦片战争结束后，朝廷上下都明白，当初琦善在广州捣鼓出的《穿鼻草约》，其实要比《南京条约》划算得多。此时道光皇帝对琦善的怨气也就渐渐消散。

道光二十二年腊月（1843年1月），琦善被赏戴四等侍卫顶戴，充任叶尔羌帮办大臣。道光二十三年二月（1843年3月），又授予二品顶戴，任热河都统。

这段时间，奕山、奕经、文蔚等战后判处斩监候的大员，也陆续被加恩释放，重新起用。鸦片战争的罪员一个个重新出来做官，这让朝廷充满正义感的言官们看不下去了。有个叫陈庆镛的御史上疏弹劾，指责道光皇帝刑赏失措。道光迫于朝廷清流的舆论压力，只好罢去琦善、奕山、奕经、文蔚等人官职。罢职后的琦善，被道光勒令闭门思过。

道光二十三年十月（1843年11月），琦善被授予正四品二等侍卫，充任驻藏办事大臣。其后历任四川总督、协办大学生、陕甘总督兼署青海办事大臣。琦善重登高位，官至封疆大吏。

道光皇帝驾崩后，新皇咸丰登基，清廷对外政策逐渐转向强硬，当初妥协投降的大臣们再次失去圣心眷顾。恰好琦善在青海滥杀无辜被弹劾。咸丰皇帝就将琦善革职拿问，发配到吉林效力赎罪。

咸丰三年（1853年）年初，太平军攻克武昌，随时有挥军北上的可能。琦善再度出山，先以三品顶戴署理河南巡抚，驻防河南、湖北边界，防止太平军北上。后又任命为钦差大臣，加授都统，主掌江北大营，专办剿防军务。

咸丰四年（1854年），琦善因病逝于江北大营，享年69岁。琦善死在前线军营，也算勤于王命，因公殉职。朝廷以总督例赐恤，赠太子太保、协办大学士，谥号文敏。

琦善是个能吏干员，为政颇有建树。因为广州议和，最终落下一个汉奸卖国贼的名声，从此声名狼藉，遭后世唾弃。客观来说，琦善对英夷妥协退让是真，但卖国投降则是冤枉。中国人一向有忠奸对立的传统，琦善有妥协的污点，再稍微打扮打扮，就成了扮演卖国贼的绝佳人选。

鸦片战争之后，琦善历任多职，但未见其对战后大清走向有只言片语的建言。他还是重新回到能吏干员的角色，在原来熟悉的岗位上，为大清江山尽心尽力，从不懈怠。

琦善算是尽到了本分，可作为曾经和英夷打过交道的大员，难道对未来时势就没有半点感触和想法？若真没有，琦善的跟头就算白栽了。若有感而不发，则大清的胖揍就算白挨了。

2. 耆英的悲催岁月

鸦片战争之后，扬威将军奕经、靖逆将军奕山、参赞文蔚、两江总督牛鉴都被判处斩监候。时隔不久，他们都被加恩赦免，重新起用。果勇侯杨芳战后开缺回籍养病，闽浙总督颜伯焘罢官回籍。作为历史的当事人，他们对这场战争都无见于世人、传于后世的反思。

浙江提督余步云于道光二十二年（1842 年）被判处斩监候，次年便被依律处斩，成为战后唯一被处决的高级官员。余提督在战场上畏敌如虎，多次临阵而逃，被砍了脑袋也不算冤枉。

战后抚夷的大员们，际遇也堪称坎坷。

《南京条约》签订后，伊里布奉命南下广州，继续同英夷交涉。南下时，这老头儿就抱恙在身。到广州不到半年，他就一命呜呼，倒在卖国的第一线。

伊里布病死后，换耆英出场，继续谈判。耆英出马，同英、美、法等西洋诸国签订许多卖国条约，糊里糊涂地将国家主权拱手让人。对此，耆英并不自知，反而扬扬得意，自认为抚绥了洋夷，为大清立下了大大的功劳。

耆英在广州时，反入城斗争闹得沸沸扬扬。广东官府夹在英夷和广州士绅之间，左右为难，两头受气。滑头的耆英意识到广东已成是非之地，再待下去，早晚得出事。于是，他就设法打通京师关节，为自己谋求退路。经过一番运作，耆英终于争取到一个回京述职的机会。有此良机，不撤退还等什么呢？耆英马上将广州的烂摊子一撂，溜回了京城。

回京后的耆英风光无限，被赐双眼花翎，以协办大学士管理礼部、兵部。

不久，又升迁为文渊阁大学士。

可是好景不长，咸丰皇帝继位后，耆英马上就迎来了人生中的悲催岁月。

咸丰早就对抚夷议和的耆英不满，登基后立刻拿耆英开刀，将他面斥罢官，打发回去抱孙子。后来，耆英的儿子犯罪，他也受到连坐，被宗人府圈禁。

咸丰七年（1857 年）冬，第二次鸦片战争爆发。次年（1858 年），英法联军打到天津。咸丰皇帝这才想起擅长和洋夷打交道的耆英，于是赏给耆英一个三品侍郎衔，派他到天津同洋鬼子谈判。

耆英十分珍惜这次复出的机会，他屁颠儿屁颠儿地赶到天津，希望再度安抚洋夷，为朝廷效力。谁知，迎接他的竟然是一场突如其来的羞辱。

当初在广州，耆英对付洋人的办法是示以信义、私交笼络。为此，他不惜通过各种手段向洋人示好，譬如认璞鼎查的儿子为干儿子、和璞鼎查交换夫人的照片等。但在上奏朝廷的文件中，耆英则骂英夷性如犬羊，说自己和他们打交道，就像吉林人捉老虎，熟悉了性情，就有办法制服云云。

表面上和人家亲亲热热，背后又骂人家是畜生，说和人家打交道类似于驯兽，这确实有失厚道。不过，在大清官场上，这种明一手暗一手的事情多了去了，根本就不算个事。可是，如果私下骂人的把柄被捉住了，那事情就得另当别论了。

第二次鸦片战争爆发，洋人攻陷广州，发现了耆英背后骂他们的文稿。洋人十分愤怒，没想到温文友善的耆英，竟是这样虚伪的小人。

耆英到达天津，很快进入角色，准备同英法代表谈判。这时，英法谈判代表拿出当年耆英背后骂人的底稿，当众朗读起来。朗读完了以后，郑重声明，耆英人前一套，人后一套，完全没有信义，他们绝对不会和这样的人进行谈判。

耆英的老脸算是丢光了，他再也没法在天津待下去了。于是，耆英就撂下工作，自己跑回北京。咸丰皇帝愤怒了：如此有组织没纪律，眼里还有没有皇上，还有没有国法！

天子一怒，雷霆万钧。咸丰皇帝下谕：着僧格林沁派员将耆英锁枷押解来京，交巡防大臣、军机大臣会同宗人府、刑部严讯具奏。

耆英被押解回京审讯议罪，被定为绞监候。绞监候这样的死刑缓期执行，只要假以时日，找人说清，一般不会真的丢了性命。耆英好歹也算宗室大臣，保住性命应该问题不大。

可是，一朝天子一朝臣，属于耆英的黄金时代早已经一去不复返了。当年他在朝中炙手可热，令人嫉恨；现在想要弄死他的人，可就不是一个两个，咸丰皇帝的宠臣肃顺就是其中之一。

耆英当年深受道光宠信，经常受到公开表扬。咸丰登基以后，看这个投降派十分不爽，多次当面斥责。从炙手可热，到挨训受气，耆英心里也十分委屈。于是他就写了一副对联："先皇奖励有为有守，今上申斥无才无能。"

耆英也就是发发牢骚，但在肃顺的眼里，这就是藐视皇上，是弄死耆英的绝佳罪证。于是，在肃顺的撺掇下，咸丰皇帝下旨，赐耆英自尽。自以为聪明的耆英，就这样送了老命，终年72岁。

耆英失势，黄恩彤也跟着耆英倒霉。黄恩彤因议和有功，官做到广东巡抚，可没过多久，便遭到弹劾，被降三级留任。黄恩彤与两广总督徐广缙等大员不和，耆英回京述职后，黄恩彤失去了靠山，在广东混得憋屈无限，不久便辞职回了老家。耆英被咸丰皇帝赐死，黄恩彤就彻底失势，从此再未出仕。

议和抚夷的官员，经常和外国佬打交道，对外面世界日新月异的变化，应该了然于心。但他们跟洋鬼子打交道，本就犯了忌讳，岂敢奢谈洋夷的好处，鼓呼变革。

他们不过是奉旨办差，只要努力弥缝，勉强做到民夷相安，就算不负皇恩。因此，他们妥协退让，迁延推诿，也是时势所迫，不得不为之。

官场人精刘韵珂，战后升任闽浙总督。他在任内，把精力放在和洋人斗心眼儿，使蔫儿坏上。刘韵珂竭力阻拦洋商到福州贸易，通过种种上不了台面的手段，让洋商在福州无利可图，失望而去。

这样的消极斗争，让回籍养病的林则徐看着十分不顺眼。福州"神光寺事件"，林则徐纠集福建籍在京官员弹劾刘韵珂、徐广缙。刘韵珂见势不妙，顺势以年老多病，奏请回籍调理。咸丰皇帝倒也干脆，准了他的假，不久又干脆撸了他的官。

刘韵珂回乡后，优游岁月，精研书法，日子倒也过得自在。同治三年（1864年），刘韵珂寿终于山东汶上老家，享年 73 岁。

总体来说，无论是作为皇帝的道光、咸丰，还是曾经和洋人交过手的各位大员，他们都没有从此次战争中汲取教训，没有反思大清落后的原因，更没有产生奋起改革的动力。大清举国上下，星星还是那个星星，月亮还是那个月亮，丝毫没有变化。鸦片战争这场胖揍，大清算是彻底白挨了。

3. 魏源："师夷长技以制夷"

鸦片战争之后，虽举朝浑浑，但放开眼量关注西洋的官员士子还是出现了几个。林则徐是睁眼看世界的第一人。而将林则徐的思想发扬光大的，则为林则徐的好友，湖南人魏源。

魏源，原名远达，字默深，又字墨生、汉士，号良图。乾隆五十九年（1794年），生于湖南邵阳隆回县。其家世代耕读兼事农商，家境颇为富裕，但到魏源降世时家道中落，生活已不再优裕。

魏源自幼聪慧好学，17 岁中秀才，29 岁高中举人，此后在江苏布政使衙门、巡抚衙门充任幕宾。魏源博学多才，在江苏官绅中颇有声望。中举后，向进士冲刺的道路上，魏源的运气就显得差了些，屡次应试皆不第。

道光十二年（1832 年），魏源在南京城西买地建宅，闭门读书。此时的魏源是一个精研典籍义理的理学家，曾写下不少经世致用的理学著作。林则徐时任江苏巡抚，他对魏源的学问十分赏识，两人交往密切。

鸦片战争爆发，沿海战事屡屡失利。魏源走出书斋，入两江总督裕谦幕府，襄助抗英。道光二十一年七月（1841 年 8 月），林则徐革职远戍伊犁，刚刚动身，又改命折往东河治水效力赎罪。在镇江，林则徐和魏源相会。林则徐将在广州时搜集、翻译的外国资料及《四洲志》的手稿交给了魏源，并嘱托他进一步搜集、研究外国的情况和资料，编撰成书以开阔国人视野。

受林则徐重托，魏源马上开始研究整理，于次年（1842年）年底就编撰成《海国图志》50卷。其后又不断增补扩充，道光二十七年（1847年）增补刊刻为60卷，咸丰二年（1852年）增补刊刻为100卷。

《海国图志》是一部世界地理和历史知识的综合性著作，详细叙述了世界舆地和各国历史、政制、风土人情、科学技术等。它通过海外知识的记述，打破了自以为是的天朝观念，给闭塞已久的中国以全新的近代世界概念。

魏源说，夷之长技有三：一战舰，二火器，三养兵练兵之法。编撰《海国图志》的目的，就是为了"师夷长技以制夷"，就是为了强国御侮，匡正时弊，振兴国脉。

林则徐引领魏源走上睁眼看世界的道路，魏源报之以皇皇巨著，将看世界的视野拓展得更加宽广。但是，这样的皇皇巨著并未引起当时国人的广泛关注。大清的官员还是像以前那样，唯皇命是从，该咋样办差还咋样办差。广大的士子们依然埋首四书五经之中，铆足了劲儿向科举路上的一个个关卡冲刺，期望用圣人之言，拱开升官发财的大门。

魏源自己也不能免俗，他也要通过科举来证明自己。

道光二十五年（1845年），魏源终于得偿所愿，高中进士，此时，魏源已52岁。中进士后，魏源被分发江苏，任东台、兴化知县，咸丰元年（1851年），授高邮知州。

咸丰三年（1853年），太平天国兴起，江苏已成战乱之地。魏源因"迟误驿报、玩视军机"被革职，不久又命复职。时局艰危，年岁已高，魏源已无心仕途，遂辞官归去。辞官后魏源潜心佛学，研究佛学经典，撰成《净土四经》。

咸丰六年（1856年），魏源游杭州，暂居僧舍，此时他已身染疾病。咸丰七年三月初一（1857年3月26日），卒于杭州东园僧舍，终年63岁。

魏源故去后，《海国图志》才受到重视。镇压太平天国之乱中崛起的汉族士绅们，见识了洋枪洋炮的威力，明白了中西方的差距，于是决心"师夷"，开展洋务。这时候，洋务派官员才明白魏源是他们心意相通的先行者。可惜的是，他们的觉醒，比魏源晚了至少十几年，而中国的近代化变革，也错失了十几年的机会。

4. 徐继畬：世界很大，强国很多

当初，因处理福州"神光寺事件"与林则徐意见不合，而被言官弹劾的徐继畬，也是鸦片战争之后难能可贵的清醒者之一。

徐继畬，字松龛，又字健男，别号牧田，山西代州五台县（今山西省忻州市）人。徐继畬出身仕宦之家，幼时即受儒学熏陶。道光六年（1826年），32岁的徐继畬高中进士且为朝考第一，选翰林院庶吉士。年纪轻轻就入翰林院，这为他日后的仕途显达奠定了良好的基础。

鸦片战争期间，徐继畬任福建汀漳龙道，在漳州组织防御。后不断升迁，先后任两广盐运使、广东按察使、广东布政使。在此期间，徐继畬和广大天朝官员一样，熟读诗书典籍但对外部世界知之甚少。使他开阔眼界的契机，缘于他工作的需要。

道光二十三年（1843年），徐继畬迁任福建布政使。道光帝让他以布政使之职，专门办理开放厦门、福州两口通商通行事宜。面对这样一个全新的差事，徐继畬发现自己虽为翰林出身，但对夷务几乎全然无知。身负皇命办理外交，岂能对夷务如同睁眼瞎子。就在徐继畬犯难的时候，一个叫雅裨理（David Abeel）的美国传教士给予了他及时的帮助。

雅裨理，美国归正会传教士，道光十年（1830年）来华传教，同年又被派遣到南洋考察。道光十九年（1839年），雅裨理重返中国，开始学习汉语，准备传教。道光二十二年（1842年），他到福建厦门鼓浪屿建立布道所，正式开始传教。

道光二十四年（1844年），中英就外国人在新开口岸厦门的活动范围进行交涉。雅裨理通晓华文和闽南方言，所以被邀请充当中英交涉的翻译。

雅裨理做翻译，是他和徐继畬接触的开始，也是徐继畬获得系统外国知识的开端。

雅裨理担任翻译时，表现得立场公正，赢得了徐继畬的好感。正急于获取西方知识的徐继畬屡屡会见雅裨理，请教世界各国地理、历史、政治、文化、科技等知识。雅裨理觉得和徐继畬这样的朝廷大员交往，会成为他拓展传教事业的良好契机。如果能将这位高官引领到信仰上帝的路上，基督教便会在福建一带落地生根，蓬勃发展。

雅裨理对徐继畬十分热情，他积极地提供书籍资料。徐继畬凡有疑问，雅裨理都会详加解说。可是，徐继畬还是令雅裨理失望了。因为徐大人对天堂里的上帝没兴趣，他一门心思就想了解西方各国的情况。

精心研读雅裨理提供的资料，徐继畬眼界大开。他终于知道了地球有多大，天朝不算个啥。于是，徐继畬决定写一部书——《瀛寰志略》。他要告诉国人世界很大，强国很多；西方不是蛮夷，人家的文明已走在天朝的前面。

道光二十六年（1846 年），徐继畬升任福建巡抚，和官场人精、时任闽浙总督的刘韵珂搭班子共事。基于对西方比较系统的了解，徐继畬在福建巡抚任上处理外交事务，表现出异于其他天朝官员的理性，使福建基本保持民夷相安的局面。

道光二十八年（1848 年），《瀛寰志略》撰成并刊出。该书首先以地球为引子，介绍了东西半球的概况。之后按亚洲、欧洲、非洲、美洲的顺序依次介绍了世界各国的历史地理、风土人情。

相比魏源的《海国图志》，《瀛寰志略》的内容更加详尽靠谱，认识更加深刻。其中对西方的民主制度，更是详加介绍并表现出一定程度的推崇。

《瀛寰志略》对美国第一任总统华盛顿的认识堪称独到：

米利坚（即美利坚）合众国之为国，幅员万里，不设王侯之号，不循世袭之规，公器付之公论，创古今未有之局，一何奇也！泰西古今人物，能不以华盛顿为称首哉!

《瀛寰志略》刚一出版,就引起天朝舆论的一片哗然。朝野上下纷纷指责徐继畬替洋人说话,是不折不扣的汉奸。有个叫李慈铭的京官指斥徐继畬:"轻信夷书,夸张外夷,尤伤国体。"当时在京城任高官的曾国藩也指责《瀛寰志略》张大夷人,夸张夷情。

全面了解西方的徐继畬,在大清缙绅士子的眼里,成了妥协投降、替洋人说话的汉奸典型,举朝人人侧目。

道光三十年(1850年),福州"神光寺事件",徐继畬得罪了林则徐,被京城言官参劾。次年(1851年),咸丰皇帝以徐继畬"身膺疆寄,抚驭之道,岂竟毫无主见,任令滋扰",将他革职,调入京城面讯。

回京面圣后,徐继畬被降职为太仆寺少卿。曾经的封疆大吏,学贯中西的思想先行者被咸丰一纸谕令,变成了"弼马温",而且还是副的。

咸丰二年(1852年),徐继畬被吏部罢黜,理由是他在福建巡抚任上,逮捕罪犯延迟。

宦海多年,徐继畬自然明白,所谓逮捕罪犯延迟,不过是欲加之罪。

5. 先行者的悲凉

徐继畬被罢黜后,回到老家山西五台县。此时太平军正进攻湖湘,捻军响应于北方,山西已烽烟遍地。徐继畬回乡后组织团练,协助防守山西辽州(今左权县)、上党、阳城等地。

徐继畬为官清廉,罢归后日用艰难。咸丰六年(1856年),山西平遥超山书院聘他为书院山长。教学之余,他倾心于诗文写作和学术研究,如此度过十年岁月。

徐继畬学通古今,明于时知,却被珠投璧抵,罢黜不用。但即便如此,他依然初心不改，办团练协助官府平乱，做山长教书育人，允文允武，贡献心力于桑梓。

第二次鸦片战争，大清又挨了一通胖揍。英法联军攻入北京，咸丰帝仓皇逃往承德避暑山庄。英法强盗们闯入皇家宫苑圆明园，肆意劫掠，然后再放了一把大火，将这个"万园之园"烧了精光。

这时候大清的统治者们才明白，天朝上国根本不是洋夷的对手。要想富强，必须学习人家的船坚炮利。朝中的洋务派官员终于知道，被罢黜回家的徐继畲，其实是天朝里难得的明白人，《瀛寰志略》是一本具有非凡价值的好书。

同治四年（1865年），徐继畲被重新起用，命参通商事务，以三品京堂在总理各国事务衙门行走，协助恭亲王奕訢办理洋务。此时，徐继畲已是古稀之年。

同治五年（1866年），总理衙门重印《瀛环志略》，"中外奉为指南"。同年，朝廷授徐继畲太仆寺卿，授二品顶戴。

同治六年正月（1867年2月），徐继畲被任命为总管同文馆事务大臣，即中国最早的新式高等学校的校长。徐继畲获此重任，本想积极有为，为国培养全新的洋务人才。可是以大学士倭仁等为首的保守派，对开办同文馆肆意攻讦和阻挠。大清熟读四书五经的士子也以学习西洋语言文化为耻。最终同文馆竟然开了门，却招不到生。

徐继畲大失所望，他只能忍辱负重，勉力履职，力保同文馆的存在，为中国新式教育留下一丝星火。

徐继畲在《瀛寰志略》中对美国政体的介绍，对华盛顿的推崇，得到美国人的热烈回应。同治六年（1867年）秋，美国驻华公使蒲安臣（Anson Burlingame），受美国第十七任总统安德鲁·约翰逊之托，将华盛顿油画像的复制品赠送给徐继畲，以表达对这位东方清醒者的敬意。

在赠送仪式上，徐继畲致辞答谢说："因思贵国中华盛顿首建奇勋，创为世法，以成继往开来之功，其必传于世无疑也。"他一如既往地肯定和推崇西方民主政治，其见识不但超过当时一般缙绅士子，更超过了当时主持洋务运动的大臣。他的见识洞穿了时光；国人真正理解，至少要在维新变法之时。

同治八年二月（1869 年 3 月），徐继畬已 75 高龄。他以老病乞休，朝廷赐以二品顶戴致仕。致仕回乡后，他又回到平遥超山书院教书。

同治十二年三月初三日（1873 年 3 月 30 日），徐继畬病终于山西五台县冶镇东街"司马第"家中，享年 79 岁。

在美国首都华盛顿市中心坐落着一个高大的大理石方尖碑，它就是美国第一任总统华盛顿的纪念碑。在巨大的华盛顿纪念碑内部，有一个汉字石碑，上面刻着：

钦命福建巡抚、部院大中丞徐继畬所著《瀛环志略》曰："按，华盛顿，异人也。起事勇于胜广，割据雄于曹刘。既已提三尺剑，开疆万里，乃不僭位号，不传子孙，而创为推举之法，几于天下为公，骎骎乎三代之遗意。其治国崇让善俗，不尚武功，亦迥与诸国异。余尝见其画像，气貌雄毅绝伦。呜呼，可不谓人杰矣哉！米利坚合众国以为国，幅员万里，不设王侯之号，不循世袭之规，公器付之公论，创古今未有之局，一何奇也！泰西古今人物，能不以华盛顿为称首哉！"

大清国浙江宁波府镌

耶稣教信辈立石

咸丰三年六月初七日合众国传教士识

这块石碑是大清浙江宁波府祝贺华盛顿纪念碑落成，送给美国政府的礼物。1998 年 6 月 29 日，第四十二任美国总统克林顿访华，在北京大学演讲。他旧事重提，感谢徐继畬对华盛顿和美国政体的肯定。

克林顿的演讲，有一段话令人动容：

我十分感谢这份来自中国的礼物。它直探我们作为人的内心愿望：拥有生存、自由、追求幸福的权利，也有不受国家干预的言论、异议、结社和信仰等自由。这些就是我们美国 220 年前赖以立国的核心理念。这些就是引导我们横跨美洲大陆登上世界舞台的理念。这些就是美国人今天仍然珍惜的理念。

当年一直未被公议认可的思想先行者，却在 150 多年后受到如此评价，徐继畬真的应该从地底下爬出来，和克林顿先生握个手。

6. 梁廷楠的制夷之策

还有一个人，也必须提及。此人叫梁廷楠，本是具有西洋知识的士绅，但后来思想却日趋保守。他的转变足以说明传统影响之强大，中国近代变革之不易。

梁廷楠，字章冉，号藤花亭主人，广东顺德人。道光十四年（1834 年），中副榜贡生，后受聘入海防书局，编纂《广东海防汇览》。其后任澄海县（今广州澄海区）教谕，学海堂学长，越华、粤秀书院监院。鸦片战争前入过林则徐的幕府，后亦入两广总督祁贡、徐广缙幕府。

梁廷楠接触夷务较早，对西洋的认识也早于同时代的官宦士绅。鸦片战争之后，他出于筹海防夷的目的，撰写《耶苏教难入中国说》《合省国说》《兰仑偶说》《粤道贡国说》四本书。道光二十六年（1846 年），将这四本书合编一部，取名《海国四说》。

"耶苏"即为耶稣，《耶苏教难入中国说》介绍西方基督教；"合省国"即美利坚，《合省国说》介绍美国；"兰仑"指英国首都伦敦，此处泛指英国，《兰仑偶说》则为英国的介绍；《粤道贡国说》则介绍南洋、西洋诸国。整部《海国四说》也是对世界各国地理、历史、文化、政治等知识的介绍。其中对英美介绍尤其详细，对基督教的看法十分深入独到。

梁廷枏编撰《海国四说》是为了筹海防夷，其"制夷"目的更为明显。所以在广州反入城斗争中，梁廷枏表现得十分积极。在反对英人入城时，他奔走呼号，联络士绅，组建团练，为反入城斗争出力尤多。

广州反入城斗争胜利，梁廷枏因护城有功，受到朝廷重视。咸丰元年（1851年），朝廷赐封他为内阁中书，后又加侍读衔。

鸦片战争在广东的前前后后，为梁廷枏所亲历。战后他将自己耳闻目睹的历史事件详加记录，撰成《夷氛闻记》一书。这本书记述详尽，成为研究鸦片战争的重要史料。

从《夷氛闻记》中，不难发现梁廷枏思想日渐趋向保守。鸦片战争失败的悲愤和广州反入城斗争胜利的鼓舞，使梁廷枏的制夷之策，越来越倾向于"畏之以威"，越来越强调对夷人一味强硬。更有甚者，他晚年开始认为学习西方会使中国礼崩乐坏，万劫不复，因此明确反对"师夷长技以制夷"的主张。

梁廷枏的转变，代表了中国传统知识分子面对西方文化冲击时的恐慌。他的日趋保守，说明传统文化对近代中国变革的强大阻力。

7. 日本捡了便宜

魏源的《海国图志》初版时，才印了区区一千册。直到魏源去世，清廷决心开展洋务，《海国图志》"师夷长技以制夷"的观点才被洋务派官员所认同。

徐继畬的《瀛寰志略》，刚一出版，就招来骂声一片。徐继畬也跟着倒了霉，成了举朝人人侧目的汉奸。洋务运动时期，多数缙绅士子对《瀛寰志略》中西方政体的论述，还是不以为然。

咸丰元年（1851年），日本的长崎海关从一艘中国的商船中没收了一批违禁货物，其中包括三本《海国图志》。这本来是一件小得不能再小的事，却引发了意想不到的结果。

海关没收的《海国图志》，很快受到了日本人的重视。这本书似乎具有魔力，凡是见到它的日本人，都立刻被其中内容吸引，一读就放不下来。

很快，《海国图志》的声名就在日本贵族和武士学者中流传开来。大家都争相传播，希望一睹为快。但日本只查抄了三本，资源严重不足。于是，手抄本便开始在社会上流传。为了获得原版，有人不惜驾船出海，到中国购买。

咸丰三年（1853 年），长崎海关又从中国商船上查出二十多本《海国图志》。这时候海关再也不像先前那样直接没收，而是态度恭敬地全数买下。

当时日本正处于幕府时代的末期，其封闭保守，比清廷有过之而无不及。他们查禁一切可能对他们的统治带来危害的东西，其中图书查禁尤为严格。

但是，官方查禁难以遏制民间阅读《海国图志》的欲求。面对如此汹汹的大潮，日本幕府政府索性放开对《海国图志》的查禁，而是由官方组织翻译，出版日文版，然后卖书换银子。

官方出版的日文版《海国图志》一经上市，就引发抢购热潮。巨大的市场需求，使《海国图志》一版再版，先后印刷出版了十五版。而且价格年年飙升，成为日本人崇奉异常的奇书。

《瀛寰志略》其后也传入日本，引发争相阅读。它和《海国图志》一样，反复再版，受到热烈追捧。日本学者评价它为"通知世界之南针"。

《海国图志》《瀛寰志略》传入日本时，正是日本幕府统治的末期。日本社会正在酝酿一场推翻幕府统治，变革政体的革命。这两本书从清廷漂洋过海而来，正好为日本知识阶层指明了维新改革的方向。魏源、徐继畬本意在唤醒国人睁眼看世界，可国人浑浑，反倒让日本人捡了便宜。

1853 年 7 月，美国海军准将马休·佩里（Matthew Calbraith Perry），率舰队驶入江户湾浦贺海面。佩里向日本江户幕府递交了美国总统的国书，并向江户幕府致意。

所谓国书，就是要求日本开放通商港口；所谓致意，其实是表面客气的威胁。

佩里率领的舰队是近代先进的黑色铁甲战舰，这种海上巨无霸一样的铁家伙，日本人还是第一次见到，他们内心惊骇无比。所以日本历史称美国舰队的这次来访为"黑船事件"。

面对美国人的威胁，日本江户幕府马上就尿了。但是国内倒幕运动正此起彼伏，他们也不敢贸然答应美国开埠通商的要求。两难之间，幕府只有拖延，许诺美国人第二年春天给予答复。

1854 年 3 月，佩里舰队如期而至。这次佩里不再客气，率领舰队闯入江户湾内，到达横滨附近才停船。美国人要来硬的，江户幕府没了退路，只好在横滨签订了《日美亲善条约》。此后，英国、俄国、荷兰等国家也趁火打劫，逼迫日本签订通商条约。自此，日本闭关锁国的时代结束。

国门开放，幕府统治也随之崩溃。1867 年，日本倒幕派发动政变，推翻幕府统治。从此，日本进行明治维新，开启了资本主义改革的道路。

日本岛国，船小好掉头。他们面对近代变局，及时抽身调头，进行革新。大清背负的传统太过沉重，鸦片战争挨了一场胖揍，依然举朝浑浑噩噩，徘徊在原先的老路上。

大清，一场胖揍真的算是白挨了。

附录 1 《战争，以鸦片为名》大事记

鸦片战争前

1684 年（康熙二十三年） 康熙下令开海贸易，设粤、闽、浙、江四海关，史称"四口通商"。

1755 年（乾隆二十年） 英国东印度公司的商船船长洪仁辉，首次驾船到宁波贸易。其后，外国商船开始前往宁波口岸贸易。

1757 年（乾隆二十二年） 清政府宣布关闭广州以外所有通商口岸，实行"一口通商"政策。

1759 年 6 月（乾隆二十四年五月） 洪仁辉等一行 12 人，驾"成功"号三桅商船，从广州出发，北上京师告御状。

1759 年 7 月（乾隆二十四年闰六月）起 两广总督李侍尧等受命审理洪仁辉案。粤海关监督李永标被抄没家产，革职流放；洪仁辉"在澳门圈禁三年"；曾帮过洪仁辉的民人刘亚匾被处死；其他涉案人等皆受处罚。

1759 年 12 月（乾隆二十四年十月） 两广总督李侍尧制定《防范外夷规条》。

1793 年 7 月（乾隆五十八年五月） 英国马戛尔尼使团来华。

1802 年（嘉庆七年） 英国兵船借口防止法国侵占澳门，开进伶仃洋面。

后经清方阻止，英船退出。

1808 年（嘉庆十三年）　英舰借口对抗法国，强占澳门，登陆黄埔。清方调兵封锁澳门，英军撤离黄埔。

1813 年（嘉庆十八年）　清政府制定《官吏、兵弁及人民吸食鸦片治罪则例》。

1815 年（嘉庆二十年）　清政府制定《查禁鸦片烟章程》。

1816 年（嘉庆二十一年）　英国阿美士德使团访华，嘉庆皇帝未予接见。

1938 年（道光十八年）冬　道光皇帝决心查禁鸦片，选任湖广总督林则徐为钦差大臣，赴广州专办禁烟事务。

1839 年（道光十九年）

3 月 10 日（正月廿五日）　钦差大人林则徐抵达广州。

3 月 18 日（二月初四日）　林则徐颁布《谕洋商责令夷人呈交烟土稿》。

3 月 24 日（二月初十日）　英国驻华商务监督义律从澳门抵达广州英国商馆。同日，林则徐下令：终止一切中外贸易，封锁商馆，撤退仆役，断绝供应。

3 月 28 日（二月十四日）　义律"敬禀钦差大人"，上缴鸦片 20283 箱。

3 月 29 日（二月十五日）　林则徐下令恢复对商馆的供应。

5 月 2 日（三月十九日）　林则徐认为收缴鸦片工作如期完成，撤销对商馆的封锁。

5 月 22 日（四月初十日）因具结问题产生分歧，义律命令所有英人离境，所有英船不得进广州入港口贸易。

5 月 24 日（四月十二日）　义律等人离开广州前往澳门。

6 月 3 日～6 月 23 日（四月廿二日至五月十三日）　虎门销烟。

7 月 7 日（五月廿七日）　英国水手在广州沙尖嘴村纵酒行凶，打死村民林维禧。

8月12日（七月初四日） 义律拒不交凶，在英船上自立法庭，审判林维禧案。

8月24日（七月十六日） 林则徐宣布驱逐澳门英夷出境。

8月26日（七月十八日） 澳门的英商及家属，离开澳门漂浮栖居海上。

9月4日（七月廿七日） 中英广州九龙海战爆发。

11月3日（九月廿八日） 中英广州穿鼻海战爆发。

1840年（道光二十年）

4月（三月） 英国议会通过对华用兵的决议案。

6月下旬（五月底） 英国对华远征军总司令兼全权代表懿律来华，英军集结广州海域。

6月28日（五月廿九日） 懿律下令，封广州入口所有河道。

7月3日（六月初五日） 中英第一次厦门之战。

7月5日（六月初七日） 中英第一次定海保卫战。定海镇总兵张朝发重伤身亡。

7月6日（六月初八日） 定海失陷，知县姚怀祥投水殉国。

8月6日（七月初九日） 英国军舰抵达天津大沽口外，宣示武力。

8月12日（七月十五日） 伊里布任钦差大臣，主持浙江军务。

8月19日（七月廿二日） 道光皇帝收到英军的《巴麦尊致中国皇帝钦命宰相书》。

8月20日（七月廿三日） 道光皇帝通过琦善，谕旨英军：返棹南还，听候办理。

8月30日（八月初四日） 琦善会见英方代表，劝说英军南下广州。

9月15日（八月二十日） 懿律等率领英舰起碇南下。

9月16日（八月廿一日） 定海青岭村民包祖才活捉英国陆军炮兵上尉安突德。

9月17日（八月廿二日） 道光任命琦善为钦差大臣，准备驰驿前往广东，查办事件。

9月28日（九月初三日） 道光下旨将林则徐、邓廷桢革职，交部议处。

10月2日（九月初七日） 伊里布同义律等英方代表人会谈，企图用战俘换失地。无果。

10月3日（九月初八日） 琦善进京面圣后，离京南下，赴任广东。

11月6日（十月十三日） 懿律和伊里布私下议和，宣布浙江停战。

11月15日（十月廿二日） 懿律率领部分舰船离开定海，南下。

11月29日（十一月初六日） 琦善到达广州。此间，懿律染病辞职，返回英国。义律接任全权代表。

1841 年 （道光二十一年）

1月7日（道光二十年腊月十五日） 英军攻陷广州虎门沙角和大角炮台。清军副将陈连升及其子陈鹏举战死。

1月10日（道光二十年腊月十八日） 英军围困虎门镇远、靖远、威远等炮台，并破坏清军布置在江面上的木排铁链。

1月20日（道光二十年腊月廿八日） 义律单方面宣布《穿鼻草约》。

2月11日（正月二十日） 广东巡抚怡良密奏道光皇帝，弹劾琦善私许香港。

2月20日（正月廿九日） 道光皇帝下谕：琦善擅予香港，辜恩误国，着即革职锁拿，押解京城严讯。

2月25日（二月初五日） 舟山英军登船南下，伊里布收复定海。

2月26日（二月初六日） 中英虎门大战，广东水师提督关天培战死。

3月2日（二月初十日） 惩办琦善的谕旨到达广州。琦善被锁拿进京。

3月5日（二月十三日） 果勇侯杨芳抵达广州。

3月6日（二月十四日） 道光皇帝下谕："伊里布革去协办大学士，拔去双眼花翎，暂留两江总督之任。"

3月13日（二月廿一日） 英军攻陷了广州大黄滘炮台。果勇侯杨芳的马桶战术失败。

3月18日（二月廿六日） 英军占领广州城西南角的商馆。广州城岌岌可危。

3月19日（二月廿七日） 义律提议，休战通商。

3月20日（二月廿八日） 英军退出广州，通商恢复。

4月14日（三月廿三日） 靖逆将军奕山抵达广州。

4月16日（三月廿五日） 清廷命林则徐以四品卿衔赴浙，听候谕旨。

5月21日（四月初一日） 奕山下令火攻英舰，但英舰一艘未损，而清军木排、民船却损失殆尽。

5月22日（四月初二日） 英军反攻，分兵两路进攻广州城。

5月26日（四月初六日） 广州升白旗投降。

5月27日（四月初七日） 靖逆将军奕山同义律签订《广州和约》。

5月29日（四月初九日） 三元里乡民抗英斗争爆发。

5月31日（四月十一日） 广州知府余保纯出面，解散三元里义军。

6月1日（四月十二日） 双方各自退兵，广州停战通商。

6月28日（五月初十日） 道光革去林则徐四品卿衔，从重发往新疆伊犁，效力赎罪。

7月（六月） 道光下旨将伊里布商议定罪。不久，伊里布被革职，发往军台效力赎罪。

8月（七月） 琦善被判斩监候，改命发遣军台效力赎罪。

8月10日（六月廿四日） 新任全权代表璞鼎查抵达香港。

8月19日（七月初三日） 道光帝命林则徐折往东河效力赎罪。

8月26日（七月初十日）　第二次厦门之战，英军攻陷厦门石壁防线，厦门失守。

8月（七月）　林则徐在镇江会见魏源，赠《四洲志》资料给魏源，希望魏源编辑成书。

9月26日（八月十二日）　第二次定海之战爆发。

10月1日（八月十七日）　定海土城防线失守，寿春总兵王锡朋、处州总兵郑国鸿、定海总兵葛云飞战死。

10月2日（八月十八日）　英军包围定海县城，县城守军溃逃，定海失陷。

10月10日（八月廿六日）　英军进攻镇海。浙江提督余步云临阵脱逃，镇海失陷。钦差大臣、两江总督裕谦投水殉国。

10月12日（八月廿八日）　英军兵临宁波，浙江提督余步云再次临阵脱逃，宁波失陷。

10月30日（九月十六日）　奕经出任扬威将军，领军南下。

1842年（道光二十二年）

3月10日（正月廿九日）　扬威将军奕经发动浙东反攻战，出兵三路，对定海、镇海、宁波同时发起进攻。

3月13日（二月初二日）　清军进攻定海、镇海、宁波失利，英军开始由防御转入进攻。英军进逼奉化，浙江提督余步云再次临阵脱逃。

3月15日（二月初四日）　英军进攻慈溪，副将朱贵战死。

3月16日（二月初五日）　英军进逼长溪，参赞大臣文蔚率部撤退。扬威将军奕经也从曹娥江前线撤退至杭州。清军浙东反攻战彻底失败。

3月21日（二月初十日）　浙江巡抚刘韵珂向道光皇帝密奏"十可虑"。

3月下旬（二月中旬）　东河河工告竣，水患平息。道光下旨，林则徐仍遣戍伊犁。

3 月 28 日（二月十七日） 道光谕旨：耆英着驰驿前往浙江，署理杭州将军；伊里布着改发浙江军营效力。

4 月 12 日（三月初二日） 道光任命耆英为钦差大臣。

5 月 9 日（三月廿九日） 新任钦差大臣耆英到达杭州。

5 月 18 日（四月初九日） 英军进攻乍浦。乍浦海防同知韦逢甲力战重伤身亡；李廷贵、张淮泗所率陕甘援军苦战殉国；乍浦副都统长喜力战不屈，后投水殉国。乍浦失陷。

6 月 16 日（五月初八日） 英军进攻吴淞口，江南提督陈化成拼死力战，英勇殉国，吴淞口失守。宝山清军弃城逃跑，英军占领宝山县城。

6 月 19 日（五月十一日） 上海守军出逃，英军占领上海。

7 月 21 日（六月十四日） 英军进攻镇江，京口副都统海龄率部激战。城破后依然领兵巷战，战至最后，自焚殉国。

8 月初（六月末） 英军兵临南京。扬言勒索赎城费 300 万元，否则就要攻城。同时，耆英、伊里布派张喜等和英方交涉，要求停战议和。

8 月 14 日（七月初九日） 中英双方正式谈判在南京城外静海寺举行。

8 月 29 日（七月廿四日） 《南京条约》签署，鸦片战争结束。

战　后

1842 年 11 月 8 日（道光二十二年十月初六日） 广州爆发火烧夷馆事件。

1842 年 12 月 10 日（道光十一月初九日） 林则徐抵达戍所新疆伊犁惠远城。

1842 年（道光二十二年）年底 魏源编撰成《海国图志》50 卷。

1843 年 1 月（道光二十二年腊月） 琦善重获起用，以四等侍卫顶戴，充任叶尔羌帮办大臣。

1843 年 3 月（道光二十三年二月） 伊里布病死于广州。

1843 年 3 月（道光二十三年二月） 琦善被授予二品顶戴，任热河都统。后历任驻藏办事大臣、四川总督、协办大学生、陕甘总督兼署青海办事大臣等职。

1843 年 4 月（道光二十三年三月） 耆英被再次授予钦差大臣头衔，前往广州继续和英方谈判。

1843 年 7 月（道光二十三年六月） 广州反入城斗争开始。

1843 年 7 月 22 日（道光二十三年六月廿五日） 中英签订《五口通商章程：海关税则》。

1843 年 10 月 8 日（道光二十三年八月十五日） 中英在广州虎门签订《五口通商附粘善后条约》，即史称的《虎门条约》。

1844 年 2 月 24 日（道光二十四年正月初五日） 美国公使顾盛率使团抵达澳门。

1844 年 7 月 3 日（道光二十四年五月十八日） 在澳门的望厦村中美两国签订《望厦条约》。

1844 年 8 月中旬（道光二十四年六月底） 法国全权公使拉萼尼率团来华。

1844 年 10 月 24 日（道光二十四年九月十三日） 中法签订《黄埔条约》。

1845 年 10 月 28 日（道光二十五年九月廿八日） 林则徐重获起用，命回京以五品京堂候补。

1845 年 11 月 29 日（道光二十五年十一月初一日） 宫慕久公布《上海土地章程》。

1846 年 2 月（道光二十六年正月） 道光皇帝下旨，弛禁基督教。

1846 年（道光二十六年） 梁廷楠合编《海国四说》。

1847 年（道光二十七年） 魏源增补刊刻《海国图志》60 卷。

1848 年（道光二十八年） 徐继畬撰成《瀛寰志略》，在福建刊刻出版。

1849 年 4 月 9 日（道光二十九年三月十七日） 英国公使文翰宣布，广州入城一事予以搁置。至此，历时七年的广州反入城斗争结束，广州民众获得胜利。

1849 年（道光二十九年）秋　道光皇帝恩准林则徐开缺回籍。

1850 年 2 月 25 日（道光三十年正月十四日）　道光帝驾崩，咸丰皇帝继位。

1850 年（道光三十年）夏　福州发生"神光寺事件"。

1850 年 10 月（道光三十年九月）　咸丰任命林则徐为钦差大臣，前往广西平定会匪作乱。

1850 年 11 月 22 日（道光三十年十月十九日）　林则徐病逝于潮州普宁行馆。

1851 年（咸丰元年）　咸丰皇帝革去徐继畬福建巡抚之职，调回京城问讯。

1851 年（咸丰元年）　《海国图志》传入日本。

1852 年（咸丰二年）　魏源收录徐继畬《瀛寰志略》部分内容，将《海国图志》增补刊刻为 100 卷。

1853 年（咸丰三年）初　琦善以三品顶戴署理河南巡抚，后又任命为钦差大臣，加授都统主掌江北大营，专办剿防军务。

1854 年（咸丰四年）　琦善因病逝于江北大营。

1858 年（咸丰八年）　耆英在天津谈判，私自回京，被锁拿问罪。咸丰皇帝赐其自尽。

1866 年（同治五年）　总理衙门重印《瀛环志略》，"中外奉为指南"。

1873 年 3 月 30 日（同治十二年三月初三）　徐继畬病终。

附录 2 《南京条约》内容

1908 年（光绪三十四年），上海海关总税务司编撰出版了一本《中外条约集》。这本书分上下两册，收录了自 1689 年（康熙二十八年）至 1908 年（光绪三十四年），签订的中外条约。《南京条约》录于《中外条约集》卷一的 351～356 页。杜哥现将其条款照录于下，以供各位看官窥得《南京条约》之原貌。

一八四二年八月二十九日，

道光二十二年七月二十四日，南京。

兹因大清皇帝，大英君主，欲以近来之不和之端解释，止肇衅，为此议定设立永久和约。是以大清大皇帝特派钦差便宜行事大臣太子少保镇守广东广州将军宗室耆英，头品顶戴花翎前阁督部堂乍浦副都统红带子伊里布；大英伊耳兰等国君主特派全权公使大臣英国所属印度等处三等将军世袭男爵璞鼎查；公同各将所奉之上谕便宜行事及敕赐全权之命互相较阅，俱属善当，即便议拟各条，陈列于左：

一、嗣后大清大皇帝、大英国君主，永存平和，所属华英人民，彼此友睦，各住他国者，必受该国保佑，身家全安。

二、自今以后，大皇帝恩准英国人民带同所属家眷，寄居大清沿海之广州、福州、厦门、宁波、上海五处港口，贸易通商无碍；且大英国君主派设领事、管事等官住该五处城邑，专理商贾事宜，与各该地方官公文往来；令英人按照下条开叙之列，清楚交纳货税、钞饷等费。

三、因大英商船远路涉洋，往往有损坏须修补者，自应给予沿海一处，以便修船及存守所用物料。今大皇帝准将香港一岛给予大英国君主暨嗣后世袭主位者，常远据守主掌，任便立法治理。

四、因大清钦差大宪等于道光十九年二月间，经将大英国领事官及民人等强留粤省，吓以死罪，索出鸦片以为赎命，今大皇帝准以洋银六百万员偿补原价。

五、凡大英商民在粤贸易，向例全归额设行商，亦称公行者承办，今大皇帝准以嗣后不必仍照向例，乃凡有英商等赴各该口贸易者，勿论与何商交易，均听其便；且向例额设行商等，内有累欠英商甚多，无措清还者，今酌定洋银三百万员，作为商欠之数，准明由中国官为偿还。

六、因大清钦命大臣等向大英官民人等不公强办，致须拨发军士讨求伸理，今酌定水陆军费洋银一千二百万员，大皇帝准为偿补，唯自道光二十一年六月十五日以后，英国因赎各城收过银两之数，大英全权公使大臣为君主准可，按数扣除。

七、以上三条酌定银数共二千一百万员，应如何分期交清开列于左：

此时交银六百万员；

癸卯年六月间交银三百万员，十二月间交银三百万员，共银六百万员；

甲辰年六月间交银二百五十万员，十二月间交银二百五十万员，共银五百万员；

乙巳年六月间交银二百万员，十二月间交银二百万员，共银四百万员；

自壬寅年起至乙巳年止，四年共交银二千一百万员。

倘有按期未能交足之数，则酌定每年每百员加息五员。

八、凡系大英国人，无论本国、属国军民等，今在中国所管辖各地方被禁者，大清大皇帝准即释放。

九、凡系中国人，前在英人所据之邑居住者，或与英人有来往者，或有跟随及伺候英国官人者，均由大皇帝俯降御旨，誊录天下，恩准全然免罪；且凡系中国人，为英国事被拿监禁受难者，亦加恩释放。

十、前第二条内言明开关，俾英国商民居住通商之广州等五处，应纳进口、出口货税、饷费，均宜秉公议定则例，由部颁发晓示，以便英商按例交纳；今又议定，英国货物自在某港按例纳税后，即准由中国商人遍运天下，而路所经过税关不得加重税例，只可按估价则例若干，每两加税不过分。

十一、议定英国住中国之总管大员，与大清大臣无论京内、京外者，有文书来往，用照会字样；英国属员，用申陈字样；大臣批覆用札行字样；两国属员往来，必当平行照会。若两国商贾上达官宪，不在议内，仍用禀明字样为着。

十二、俟奉大清大皇帝允准和约各条施行，并以此时准交之六百万员交清，大英水陆军士当即退出江宁、京口等处江面，并不再行拦阻中国各省商贾贸易。至镇海之招宝山，亦将退让。唯有定海县之舟山海岛、厦门厅之鼓浪屿小岛，仍归英兵暂为驻守；迨及所议洋银全数交清，而前议各海口均已开辟俾英人通商后，即将驻守二处军士退出，不复占据。

十三、以上各条均关议和要约，应俟大臣等分别奏明大清大皇帝、大英君主各用玺、亲笔批准后，即速行相交，俾两国分执一册，以昭信守；唯两国相离遥远，不得一旦而到，是以另缮二册，先由大清钦差便宜行事大臣等、大英钦奉全权公使大臣各为君上定事，盖用关防印信，各执一册为据，俾即日按照和约开载之条，施行妥办无碍矣。要至合约者。

道光二十二年七月二十四日，即英国记年之一千八百四十二年八月二十九日，由江宁省会行大英君主汗华丽船上钤关防。

主要参考书目

马士. 2000. 中华帝国对外关系史：第一卷 [M]. 张汇文，姚曾廙，杨
　　志信，等译. 上海：上海书店出版社.

文庆，等. 2008. 筹办夷务始末：道光朝 [M]. 上海：上海古籍出版社.

杨国桢. 2004. 林则徐传 [M]. 北京：人民出版社.

茅海建. 2014. 天朝的崩溃 [M]. 北京：生活・读书・新知三联书店.

费正清，等. 2007. 剑桥中国晚清史：上 [M]. 张谷若，译. 北京：中
　　国社会科学出版社.

顾长声. 2004. 传教士与近代中国 [M]. 3 版. 上海：上海人民出版社.

萧致治，杨卫东. 2005. 西风拂夕阳：鸦片战争前中西关系 [M]. 武汉：
　　湖北人民出版社.

蒋廷黻. 2004. 中国近代史：插图本 [M]. 上海：上海古籍出版社.

虞和平，孙丽萍. 2009. 穿越时空的目光：徐继畬及其开放思想与实
　　践 [M]. 北京：中国社会科学出版社.

端木赐香. 2013. 1840 大国之殇 [M]. 北京：当代中国出版社.

稻叶君山. 2008. 清朝全史 [M]. 北京：中国社会科学出版社.